모두를 위한 녹색정치

정책으로 본 독일 녹색당

모두를 위한 녹색정치

김인건 · 박상준 · 손어진 ——— ㅣ뮌헨클럽ㅣ

정책으로 본 독일 녹색당

추천사

과거에 비해 홍수와 가뭄 같은 기상이변이 잦아졌다. 이에 따라 세계적으로 기후 위기에 관한 관심이 고조되고, 정치적으로는 각국에서 녹색당 활동이 활발해지고 있다. 그런데 우리의 위기 인식은 아직 부족하고, 이를 대변할 녹색당의 존재감도 찾아보기 어렵다. 이런 상황에서 독일 녹색당의 성공 사례는 많은 시사점을 준다.

1980년 창당된 독일 녹색당은 1998년 사민당과의 연정에 참여하여 원전 중단의 성과를 거두었다. 2021년 7월 유럽의 서부와 중부에서 대규모 홍수로 인해 수백 명이 사망한 사건은 독일 시민들의 환경 의식을 더욱 고취했다. 그에 따라 최근 2021년 9월에 치러진 연방총선에서도 녹색당은 14.8%의 역사상 최고 득표율을 기록하면서, 신호등 연정의 일원이 되어 독일의 기후와 환경 정책을 주도하고 있다. 독일과 같은 비례대표제 선거 제도가 도입된다면, 한국의 녹색당도 지금보다 훨씬 더 활성화될 것이다.

흔히 환경보호는 경제 성장과 대립한다는 생각을 가지기 쉽다. 2020년 강령 개정을 통해 독일 녹색당은 환경보호와 경제 성장이 서로 모순되지 않고, 지속가능한 발전의 토대가 된다는 '사회-생태적 시장경제'의 방향을 제시한다. 시장경제의 결과가 기후정의에 부합해야 한다는 것으로, 이러한 탈탄소 경제를 위해서는 대규모 국가 투자, 규제와 세금, 기후 관세 등이 필요하다는 입장이다.

우리 사회에서 녹색당이나 환경문제가 자주 언급되고 있기는 하지만, 실제로는 그에 대해 우리는 잘 모르거나 알더라도 피상적 수준에 그치고 있다. 이런 상황에서 독일 녹색당의 역사와 다양한 정책을 자세하게 소개하는 이 책은 한국 녹색당을 포함한 여러 정당이나 정치인은 물론, 점점 더 황폐해지는 지구의 미래를 걱정하는 모든 이에게 필독서가 될 것이다.

조성복(독일정치연구소장, 『독일 정치, 우리의 대안』 저자)

추천사

우리는 기후위기 시대를 살고 있다. 지구의 평균기온은 매년 역대 최고를 갱신하고, 세계 곳곳에서 계절마다 극단적인 이상기상 현상이 기승을 부린다. 2050년까지 탄소 중립을 달성하여 계속해서 뜨거워지는 지구의 평균기온을 산업화 이전보다 2℃(바람직하게는 1.5℃) 이상 높아지지 않도록 방지하는 일은 인류의 생존을 위해 반드시 확보해야 할 저지선이 되었다.

기후위기가 먼 미래의 불확실한 이야기가 아니라는 사실이 갈수록 명백해지고, 파괴적인 기상재난이 일상화되어감에 따라 기후위기에 대한 정부와 정치의 역할에 대한 시민들의 목소리 또한 커져가고 있다. 대표적인 기후운동인 '미래를 위한 금요일'은 2018년 스웨덴의 환경운동가 그레타 툰베리가 금요일 등교를 거부하고 시위에 나서며 시작되었다. 전 세계적인 기후운동으로 확대된 기후시위를 주도한 청소년들은 각국의 어른들과 정치계에 미래세대를 위한 긴급하고 책임 있는 기후 대책을 요구한다. 유럽에서는 이러한 기후운동이 강력하게 전개되어 핵심적인 정치 의제로 자리 잡았다.

2021년 연방의회 선거를 앞둔 독일에서도 이러한 정치적 변화가 두드러졌다. 2019년 12월 시작된 갑작스러운 코로나 팬데믹, 유례 없는 고온 현상을 기록한 2020년의 무더운 여름, 2021년 7월 중순 유럽과 독일 일부 지역을 강타한 기록적인 폭우 등을 겪으면서 기후위기는 독일 사람들에게도 지금 눈앞에 닥친 최우선 과제가 되었다. 16년간의 집권을 마무리하던 메르켈 정부의 기후보호법이 헌법재판소로부터 '온실가스 감축 부담을 미래세대에 일방적으로 전가한다'며 위헌 판결을 받으면서 기후에 대한 여론의 관심은 더욱 뜨거워졌다.

독일의 변화를 이끈 녹색당

기후가 2021년 총선의 핵심의제로 떠오르자 녹색당이 큰 주목을 받았다. 이전부터 녹색당은 적극적인 온실가스 배출 감축과 석탄발전 중단, 재생에너지 대폭 확대 등 다른 정당보다 앞서서 적극적인 기후 정책을 주장했기 때문이다. 기후위기를 가장 진지하게 우려하고, 실질적인 변화를 이끌어낼 정당으로서 녹색당을 지지하는 시민들이 지속적으로 늘어났다. 지지율 조사에서 한때 기민/기사당 연합과 사민당을 제치고 1위를 차지하며 독일 최초의 녹색당 총리 배출이 거론되기도 했다.

선거 결과, 녹색당은 역대 총선 중 가장 높은 성적인 14.8% 득표를 얻으며 3위를 기록, 전체 735석 중 118석을 얻는 성과를 거둔다. 선거전의 기대에는 못 미치는 결과였지만, 녹색당은 사민당과 자민당과 함께 연립정부를 구성하며 16년 만에 다시 행정부에 참여하게 된다. 사민당 올라프 숄츠 총리가 이끄는 내각의 16개 부처 중 녹색당은 기후/경제, 외교, 농업, 환경, 가족 등 총 5개 부처의 장관을 맡았다.

독일 정치의 주역으로 성장한 지금의 녹색당 뒤에는 부침을 거듭하며 발전해 온 40여 년의 역사가 있다. 1980년 창당한 녹색당은 제도권에 대한 저항의 상징이었고, 기성 정치 체제에 대한 도전이었다. 환경 보호와 탈핵, 평화, 제도권 정치의 개혁을 요구하는 시민사회의 지지를 모아 연방의회에 등장한 녹색당은 독일의 정치 지형을 바꾸어 놓았다. 사민당, 기민/기사당 연합, 자민당의 공고한 3당 체제는 흔들렸고, 환경 분야를 독일 정치에서 빠질 수 없는 중요 의제로 부상시켰다. 이러한 정치적 변화가 이후 독일의 환경 정책 발전에 구조적인 밑거름이 되었다.

녹색당이 독일 사회에 자리 잡는 동안 독일 사회와 녹색당은 상호작용 속에서 변화를 겪었다. 독일 제도권 정치의 원심력 속에서 녹색당은 내부적으로 현실주의 분파와 근본주의 분파 간의 격렬한 갈등을 겪었고, 점차 현실주의 정치 세력이 당의 중심을 자지한다. 다른 한편에선 독일 정치와 사회가 녹색당의 방향으로 조금씩 변해 왔다. 탈핵은 좌파적인 사민당조차 반대하는 급진적인 주장이었지만, 녹색당 등장 이후 사민당은 물론 전통적으로 핵발전을 지지해 온 기민/기사당 연합도 결국엔 탈핵을 받아들여 2023년을 기점으로 독일은 완전한 탈핵국가가 되기에 이른다. 또한 1986년 녹색당이 도입한 여성할당제는 다른 정당들이 여성의원의 비율을 높이는 데 영향을 주었다. 독일 사회의 진보적인 제도와 인식 발전에 있어서 녹색당의 기여는 분명하다.

기후위기 시대,
기후정치가 실종된 한국

기후위기는 결코 유럽과 독일만의 문제가 아님을 우리도 잘 알고 있다. 2019년 국제에너지기구IEA 조사에 따르면, 전 세계 온실가스 배출량 6위와 7위를 나란히 독일과 한국이 차지했다.[*] 물론 1인당 배출량을 따지면 독일이 한국보다 훨씬 적고, 배출량도 점점 줄어드는 추세다. 하지만 그럼에도 두 국가 모두 기후변화 현상의 주범 중 하나라는 사실은 부정할 수 없다. 몇 년 사이 한국에서도 대기오염과 미세먼지, 폭염, 장마 등을 겪으면서 환경과 기후문제가 심각하다고 인식하는 사람들이 많아졌다.

2020년 한국 그린피스가 진행한 '기후위기에 대한 유권자 인식 조사' 결과에 따르면, 응답자의 88%가 기후위기 문제가 심각하다고 답했고, 90%는 우리 삶에 영향을 미친다고 응답했다. 226개 기초지방자치단체까지 기후위기 비상사태를 선포했고, 청소년들이 정부를 상대로 기후위기로부터 생존권을 보장해 달라고 요구하는 헌법소원을 제기하기도 했다.

그러나 한국의 중앙정치에서는 시민들의 요구에 책임 있게 대응하

• 2017년 기준 전 세계 총 온실가스 배출량은 328억 톤이었고, 1~5위는 중국(93억 톤), 미국(48억 톤), 인도(22억 톤), 러시아(15억 톤), 일본(11억 톤)이다. 독일은 7억 1,880만 톤, 한국은 6억 톤이었다. 2019년 기준 한국의 온실가스 배출량은 6억 6,182톤이다.

는 기후정치가 실종된 듯하다. 문재인 정부가 2020년 내놓았던 한국형 그린뉴딜 종합계획에도 탄소중립을 위한 구체적인 기획안이 결핍되었다. 그러다보니 2021년 '탄소중립기본법'이 제정되어 탄소중립 이행이 법제화되는 가운데, 그와 동시에 신규 석탄화력발전소가 건설되는 웃지 못할 상황이 펼쳐졌다. 차기 윤석열 정부도 탄소중립을 실현한다며 원전 비중을 늘리려 하거나, 석탄화력발전소 감축에 대해서는 미온적으로 대처하고, 지난 정부의 신재생에너지 정책을 폐지했다.

양대 정당들이 상대를 공격하기 위한 정쟁에 몰두하고, 경제 성장과 부동산 이익 등을 위한 대동소이한 성장지상주의 정책만을 이야기하는 동안 환경과 기후 의제는 뒤로 밀려났다. 기후위기를 인류와 한국 사회 그리고 미래세대에 대한 부정의한 위기로서 진지하게 인식하고, 실질적이면서도 강력한 대응을 촉구하는 정치 세력을 우리 의회에선 찾아보기 어려운 것이 현실이다.

한국에도 녹색정치 세력이 없었던 것은 아니다. 공해반대운동에서 시작해 난개발 반대, 생태 및 자연 보호운동, 반핵운동, 기후운동 등 다양한 환경운동을 벌인 시민사회의 역사가 그것이다. 2000년대에는 '초록당'을 창당하고자 한 초록정치연대의 정치 세력화 시도가 있었으며, 2011년 후쿠시마 사고의 영향으로 2012년 한국 녹색당이 창당되었지만, 창당 이후 10여 년이 지난 현재까지 단 1명의 국회의원도 배출하지 못하고 원외정당으로 존재한다.

녹색정치 세력이 독일과 달리 한국에서 주요 정치 세력으로 성장하지 못한 데는 여러 요인들이 있겠지만, 그중 독일과 비교해 차이가 두

드러지는 점은 양당 중심의 정치적 구조이다. 특히 대한민국의 선거 제도인 소선거구제와 연합정당에 대한 사실상의 금지 등은 다당제의 가능성을 가로막는 주요 걸림돌로 꼽힌다. 양당제 구조를 개선하고자 한 준연동형 비례대표제로의 선거법 개정마저 비례의석을 독식하기 위한 거대 양당의 위성정당 창당으로 형해화되어 정당 정치의 퇴행을 낳았다. 줄어든 소수정당의 의석수만큼 녹색정치를 비롯한 진보정치의 공간도 쪼그라들었고, 양당 중심의 극심한 진영 대결이 한국 정치를 지배하게 되었다.

그런 점에서 독일 녹색당이 주요 정당으로 발전할 수 있었던 구조적인 요인인 독일의 연동형 비례대표 선거제와 다당제 정치체제의 역할에 대한 관심이 요구된다. 한국과는 달리 독일은 다당제와 연립정부 구조로 인해 합의의 정치가 제도화되어 있다. 한국에서 다당제 정치개혁이 실현된다면 그것이 어떻게 작동될 것인지, 다당제 정치 지형에서 녹색정치 세력은 어떠한 도전에 맞닥뜨리고 또 어떠한 역할을 할 수 있을지 참고가 될 수 있기를 희망한다.

이 책이 나오기까지

이 책은 2020년 창당 40주년을 맞은 독일 녹색당에 대한 기획 연재기사에서 시작되었다. 마침 그때 독일에서는 한국의 국회의원 선거에 해당하는 연방의회 선거가 있었다. 당시 녹색당은 2019년 유럽의회 선거에서 20% 득표를 기록하며 녹색바람을 일으켰고, 2021년 연방의회 선거에서 기후위기 대응이 총선의 핵심 의제로 부상하면서 높은 지지를 받고 있었다. 저자들은 당시 독일의 정치적 상황을 이해하기 위해 녹색당을 자세히 살펴볼 필요성을 느꼈고, 독일 녹색당의 40년 역사를 통해 독일 사회를 조망하는 연재기사를 함께 기획했다.

해당 기사는 2021년 시사주간지 《시사인》의 지면을 빌어 5차례, 여성주의 저널 《일다》에 9차례 연재되었다. 지난 40여 년간 독일 녹색당이 정당 정치와 독일 사회의 변화 과정에서 어떤 발전 과정을 겪었고, 나름의 영향을 미쳤는지 설명하려 했다. 그리고 이를 한국 사회에도 시사점이 큰 기후위기, 평화, 여성, 성소수자, 난민, 농업, 환경 등의 주제를 통해 살펴보고자 했다. 다행히 기사는 한국 사회의 변화를 고민하는 독자들로부터 호응을 얻었다. 하지만 지면의 제약으로 어쩔 수 없이 생략하거나 요약해야 하는 내용이 많았다. 여러 지면에 나눠진 연재기사를 한 곳에 정리하고 미처 다루지 못한 내용과 주제를 보충하여 새롭게 책으로 출간하게 되었다.

이 책은 독일 녹색당의 지난 활동을 정책별로 다루는 동시에, 독일 녹색당의 발자취를 따라가며 그 변천사를 보여주고자 했다. 세 명의 공동저자가 각각의 주제에 따라 기후보호(김인건), 경제(김인건), 노동 및 사회(손어진), 여성(손어진), 환경(박상준), 평화외교(김인건), 다문화 난민(손어진), 농업(박상준), 유럽연합(김인건), 정당 내 민주주의(손어진)로 서술자를 나누었으나, 함께 모든 원고를 검토하며 의견을 조율했다. 각각의 장을 집필한 저자와 주제의 특성에 따라 서술 방식과 분량이 다르다는 점, 또한 녹색당의 주요 정책에 대한 내용을 중심으로 중요한 정치적 사건을 기술하고 있어 부분적으로 중복된 서술도 있다는 점을 미리 언급한다.

저자인 김인건, 박상준, 손어진은 유럽에서 활동하고 있는 한국 녹색당 당원이다. 저자들의 공통된 정치적 지향은 자연스럽게 독일 녹색당에 대한 관심으로 이어졌다. 저자들은 뜻을 함께하는 동료들과 '움벨트Umwelt'(독일어로 '환경'을 의미)라는 이름으로 조사와 언론 기고, 번역, 출판을 통해 독일 및 유럽의 녹색정치에 관련된 주제들을 한국에 소개해왔으며, 이 책의 출판과 그 마중물이 된 연재기사 또한 움벨트 활동의 일환으로 이뤄졌다.

책이 나오기까지 도움을 주신 분들이 많다. 프로젝트의 기획과 준비 과정에 도움을 준 움벨트의 다른 동료들과 이 책을 함께 고민하고 토론하며 원고를 쓴 저자 동료들에게 가장 먼저 고마움을 전한다. 또한 우리의 글을 한국에 소개할 수 있게 지면을 제공해준 《시사인》과 《일다》에 깊은 감사의 마음을 전한다. 기사를 연재하면서 독일 녹색당에 대한 조사와 연구를 더 심도 있게 진행할 수 있었다. 끝으로 연재기사를 다시 출판용 원고로 만들기 위해 함께 고민해준 열매하나 출판사의 박수희 편집자에게 감사드린다.

독일과 프랑스에서

김인건, 박상준, 손어진

차례

1장 · 기후보호 정책

100년 만의 대홍수

2021년 7월 14일부터 15일까지 독일 서부 지역에 기록적인 폭우가 내렸다. 가장 많은 비가 내렸던 라인란트-팔츠Rheinland-Pfalz 주州와 노르트라인-베스트팔렌Nordrhein-Westfalen 주는 24시간 동안 지역에 따라 100~150mm의 강우량을 기록했다. 독일 기상청은 이번 폭우가 100년에 한 번 발생할 만한 양이라고 발표했다. 폭우가 이틀간 지속되면서 결국 180명이 넘는 사망자가 발생했고 삶의 기반이 파괴되었다.

특히 라인란트-팔츠의 아르바일러Ahrweiler 지역이 큰 피해를 보았다. 인구 13만 명인 아르바일러에서 133명에 달하는 사망자가 나왔고, 330명 이상이 나무나 지붕 위로 올라가 헬기의 구조를 받았다. 무너진 다리 숫자만 62개였으며, 19곳의 어린이집과 유치원, 14곳의 학교가 파괴되었다. 독일 정부는 이번 홍수로 독일 전 지역에 걸쳐 철도, 도로, 다리, 통신망, 가스, 전기, 수도 공급망에 피해가 발생했고, 복구에 8조 원 이상이 소요될 것으로 전망했다.

국제기후연구 단체인 세계기상기여WWA: World Weather Attribution는 2021년 8월 보고서를 통해 독일뿐만 아니라 서유럽의 여러 국가를 휩

쓸었던 7월의 폭우가 기후변화의 영향일 가능성이 높다고 발표한다. 기후변화로 인해 이런 극단적인 기후현상이 나타날 가능성이 최소 1.2배에서 최대 9배까지 높아졌다는 것이다. 보고서의 공동 저자인 프리데리케 오토Friederike Otto 박사는 기자회견에서 서유럽의 이상 폭우는 산업국가 또한 극단적 기후현상의 영향에서 자유롭지 않다는 것을 보여준다고 말했다.

그해 9월 26일 연방의회 선거를 앞두고 발생한 이번 비극으로 선거에서 승리해야 한다는 녹색당Bündnis 90/Die Grünen의 바람은 더욱 절실해졌다. 녹색당은 기후보호Klimaschutz를 중심 공약으로 삼았고, 여론조사에서도 기후위기 대응에 가장 능력 있는 정당으로 평가받았다. 독일은 이미 지난 몇 년간 기후변화를 크게 경험했고,[1] 기후위기를 경고하는 언론과 시위대의 목소리도 점점 커졌다. 2019년 2월부터 독일 전역에서 활발하게 진행된 청소년과 청년 주축의 기후보호 시위인 '미래를 위한 금요일FFF: Fridays for Future'은 특히 기후위기에 대한 독일 시민의 인식 변화에 큰 영향을 미쳤다.[2] 시민들이 기후변화를 체감하고 기후보호를 당면 과제로 인식하면서 녹색당의 지지율은 제1당을 목표로 할 만큼 높아졌다.

2019년 5월 유럽의회European Parliament 선거 결과는 기후위기에 대한 독일 사회의 인식을 분명히 보여준 사건이었다. 녹색당은 20.5%의 득표율로 역사상 가장 좋은 성적을 거둔다. 지난 선거보다 9.8% 높은 득표율일 뿐만 아니라, 처음으로 사민당SPD을 밀어내고 기민/기사당 연합CDU/CSU에 이어 2위의 자리에 올랐다. 언론 역시 기후변화를 녹색당의 선전 요인으로 평가했다. 반면 기존 거대 양당인 기민/기사당 연합과 사민당은 지난 선거에 비해 많은 표를 잃었다. 선거 이후 이들 정당의 주요 정치인들도 기후위기 대응이 자신들의 주요 정치 의제가 되어야 한다고 발언하기 시작한다.

2021년 7월 대홍수가 발생하자 언론은 두 달 뒤에 있을 연방의회 선거에 녹색당이 이를 어떻게 활용할지 주목했다. 하지만 결론적으로 녹색당은 비극적 사건을 자신들의 정치와 연결하지 못했다. 폭우가 쏟아지는 가운데 녹색당 소속 연방의원 1명이 다른 당과 비교해 녹색당만이 기후변화 대응을 최우선 공약으로 한다는 내용을 트위터에 올렸지만, 홍수 피해가 심각해지자 자신의 경솔함을 사과하는 해프닝이 벌어졌을 뿐이다. 녹색당은 기후변화에 관해 이야기하기보다 비극을 정치에 이용한다는 비난을 피하는 자기 검열을 택했다.

해당 선거에서 녹색당은 지지층 확장을 위해 기존과는 다른 전략을 선택했다. 과거 녹색당이 공격적으로 목소리를 높이며 기존 사회에 자신의 주장을 전달하려 했다면, 이번에는 사회 각층의 목소리에 귀 기울이는 모습을 보이려 한 것이다. 이를 위해 녹색당은 2명의 당대표를 중심으로 잡음을 불러일으킬 돌출 발언이 나오지 않게 단속했다. 이런 전략이 일정 부분 성공하여, 선거 기간 언론은 녹색당이 가장 프로페셔널한 정당의 모습을 보였다고 평가했다. 녹색당은 대홍수 앞에서도 동일한 전략을 유지하며 고통을 당한 사람들에게 공감을 표시하고, 재난 극복을 위한 강력한 지원을 요구했다. 비극 앞에서 기후위기를 강조하는 행위는 자칫 사람들의 반감을 자극할 수 있다는 것이 녹색당의 판단이었다.

___ 금지와 혁신 사이 _____

녹색당이 신중한 선거 전략을 택한 데는 분명한 이유가 있었다. 여느 때보다 집권 가능성이 높아졌기 때문이다. 2021년 연방의회 선거를 준비하면서 녹색당은 당의 후보를 총리로 세우고, 주도적으로 정권을 창출하기 위해 많은 공을 들였다. 내각제 국가인 독일에서는 연방의회 선거 이후 여러 당 간의 연정을 통해 정부가 조직되는 경우가 많다. 총리를 임명하고 내각을 구성하기 위해서는 의회 과반의 동의를 받아야 하기 때문에 선거 결과에 따라 집권당과 총리를 결정하는 다양한 경우의 수가 발생한다.[3]

2019년 유럽의회 선거를 기점으로 높아진 녹색당의 지지율은 독일 최초 녹색당 총리의 탄생 가능성을 높였다. 승리의 키워드는 '기후위기'였다. 하지만 집권당이 되려면 기후변화를 막아야 한다는 당위만으로 충분하지 않았다. 더 많은 지지를 받으려면 기후위기 대응은 물론 그것을 독일의 발전과 연결하는 정책과 이미지를 구축해야 했다. 이미 오랜 시간 녹색당은 새로운 미래 전망을 제시하는 데 공을 들여왔다.

2021년 연방의회 선거에서 녹색당은 기후변화가 가져올 수 있는 위기에 대해서는 최소한의 발언만 했다. 분명 기후위기라는 현실은 녹색당에게 집권당을 향한 명분과 기회를 제공했지만, 다른 한편으론 그 목표가 기후위기에 대한 적극적 발언을 어렵게 했다. 대중은 기후위기에 불안감을 느끼면서도 위기보다는 낙관적인 미래에 대한 이야기를 좋아했고, 기후위기에 대응하는 강력한 정책을 원하지 않았기 때문이다. 정당으로서 녹색당이 처한 딜레마가 여기 있다. 유권자의 요구와 기후변화를 가장 잘 막을 수 있는 방법은 일치하지 않을 때가 많다.

독일 제1공영방송인 《아에르데ARD》의 설문조사 결과는 기후정치의 딜레마를 잘 보여준다. 2019년부터 2021년까지 '기후위기에 대한 강한 대응이 필요한가'라는 질문에 응답자의 약 80%가 꾸준히 기후위기 대응이 '필요하다', '매우 필요하다'고 답했다. 하지만 '대응이 필요하다'는 대답과 '어떤 대응을 선호하는가'란 질문 사이에는 차이가 있었다.

2021년 6월 《아에르데》는 비슷하면서도 조금 다른 두 개의 질문을 통해 기후변화를 바라보는 독일 시민의 이중적 입장을 확인했다. '기후보호를 위해 내 일상에 제약이 생기는 것은 원하지 않느냐'라는 첫 번째 질문에 응답자의 32%만이 '그렇다'고 대답했으며, 63%는 '그렇지 않다'고 대답했다. 일상의 불편도 감수하겠다는 사람이 63%라는 결과만 본다면 독일 시민은 기후보호 정책을 수용할 준비가 비교적 잘 된 것으로 보인다. 하지만 같은 응답자에게 동시에 던져진 또 다른 질문은 기후정치의 까다로움을 드러낸다.

'국가가 기후에 악영향을 주는 시민의 생활양식을 금지해야 하는가'라는 질문에 43%만이 '그렇다'고 했고, 53%는 '그렇지 않다'고 대답했다. 기후위기에 대한 높은 인식에 비하여 개인의 생활양식에 개입하는 정책에 대해서는 거부감이 컸다. 정책에 대한 구체적인 항목으로 가면 현실은 더 분명해진다. 고속도로 속도 제한[4]이나, 육류 가격 인상, 상품 생산에 대한 탄소세 도입 등에는 그래도 절반 가까운 사람이 '올바른 정책 방향'이라고 응답했지만, 내연기관 자동차에서 전기 자동차로의 전환, 연료/석유 가격의 높은 인상에 대해서는 각각 37%와 22%만이 긍정적으로 응답했다.[5] 개인의 일상과 밀접한 자동차에 대한 제약이나 가계 지출에 직결되는 난방비 상승에 대해서는 거부감이 컸다.

설문조사뿐 아니라 녹색당의 지난 경험 역시 기후정치에서 강한 규제나 위기를 말하는 것이 선거에 효과적이지 않음을 보여준다. 2021년 9월 선거를 코앞에 두고 생태적 관점을 중요시하는 좌파 신문으로 평가받는《타쯔Taz》는 '금지와 공포'를 내세운 선거운동이 녹색당에 악영향을 줄 수 있다고 경고한다.《타쯔》가 문제 삼은 것은 녹색당의 총리후보Kanzlerkandidat였던 안나레나 배어보크Annalena Baerbock의 발언이었다. 독일 제2공영방송인《쩨데에프ZDF》토크쇼에 출연한 배어보크는 내연기관 자동차에서 전기차로의 전환과 관련하여 "모든 금지는 혁신의 동력이기도 하다"라고 발언한다.《타쯔》는 바로 이런 발언이 '녹색당은 시민들을 교육하고, 규제하여, 시민의 삶을 통제하려 한다는 이미지를 재소환한다'고 지적한다. 녹색당을 뽑지 않으면 커다란 재앙이 찾아올 수도 있다는 묵시록적 정치는 과거의 정치이며, 금지를 강조하는 방식으로는 유권자 다수를 설득할 수 없다는 내용이었다.《타쯔》의 지적처럼 배어보크의 해당 발언은 많은 비판 여론을 불러일으켰다.

기후정치는 가능한가

녹색당은 오랫동안 '금지정당Verbotspartei'이라는 이미지와 싸워왔다. 2013년 가장 많은 발행 부수를 자랑하는 독일의 대표적 신문《빌트Bild》가 '녹색당이 우리에게 고기를 금지시키려 한다'라는 제목의 자극적인 보도를 했다. 당시 녹색당은 공공 구내식당 및 학교 식당에서 고기를 먹지 않는 '채식의 날Veggie day'을 도입하겠다는 공약을 내걸었을 뿐이었다. 이미 대부분의 구내식당과 학교 식당에서 채식 메뉴가 제공되었고, 채식의 날을 지정한 지자체도 여럿 있었기에 특별한 공약은 아니었다.

하지만 다른 정당과 보수 언론은 이를 핑계로 녹색당을 공격했다. 많은 언론이 녹색당의 공약을 비웃었으며 정치인들도 이에 동참했다. 결국 2013년 선거 내내 녹색당은 에너지 전환 같은 중심 공약이 아니라 채식의 날이나 금지정당 논쟁에 끌려다녔다. 그 뒤로 녹색당은 과감한 정책 주장보다 금지정당 이미지를 버리기 위해 노력했고, 2017년 연방의회 선거에서는 스스로 금지정당이 아니라는 점을 강조하기에 이른다.[6]

2018년 1월 안나레나 배어보크와 로베르트 하벡Robert Habeck이 당의 공동대표가 되면서 녹색당은 새로운 전환기를 맞는다. 두 당대표는 필요한 규제에 대해서는 과감하게 말하면서도 과거에 비해 대중의 욕구에 더 친화적인 발언을 시작했다. 두 사람 모두 대외적으로 이념보다는 실용적인 정치를 중요시하는 인물로 평가받았기 때문에 가능한 일이었다.[7] 예를 들어 두 당대표는 '화석연료를 지나치게 많이 소비하는 스포츠카를 향한 개인의 욕구에는 아무런 문제가 없으며, 중요한 것은 정치를 통해 탄소배출을 줄일 수 있는 사회를 만드는 것'이라 말한다. 두 사람은 기후/생태보호의 측면에서 문제가 되는 생활양식을 포용하는 모습을 보였으며, 빈곤이나 경제 성장, 안보 등 지금까지 녹색당의 주요 의제가 아니었던 문제에 대해서도 적극적으로 발언했다.

녹색당은 기존의 다른 정당들과 더 가까운 기업이나 노조와도 적극적인 교류를 시도했다. 기후위기에 대응하기 위한 규제나 정책을 다양한 이해집단의 요구와 조화시키는 데 일정 정도 성공을 거두었다. 《타쯔》에서 문제 삼은 "모든 금지는 혁신의 동력이기도 하다"라는 발언도 녹색당의 기후보호 정책이 '혁신'을 지향한다는 점을 강조한 것이었다. 다만 치열한 선거전 상황에서 언론과 정치권이 '금지'를 부각했을 뿐이다. 2021년 연방의회 선거를 준비하면서도 녹색당은 기후위기 대응의 초점을 '어떻게 하면 기후 정책을 더 많은 사람과 연결할 것인가'에 맞추었다. 사실 이런 대중화 전략은 오랜 시간 준비된 것이다.

녹색당의 싱크탱크 역할을 하는 하인리히 뵐 재단Heinrich Böll Stiftung이 녹색당과 함께 2014년부터 해마다 진행하는 '녹색당 이야기Die Grüne Erzählung' 행사는 녹색당의 기후 정책이 장기적으로 어떤 방향성을 띠는지 잘 보여준다. 1997년부터 2017년까지 뵐 재단의 공동대표를 역임한 랄프 퓍스Ralf Fücks는 2014년 행사에서 발표한 글을 통해 "생태적 정치가 다수의 지지를 얻기 위해서는 위기를 기회로 바꿀 수 있는 거대한 녹색당만의 서사가 필요하다"라고 밝혔다. 또한 그는 녹색 산업혁명과 생

태적 현대화에 대한 이야기 없이는 원하는 변화를 끌어낼 수 없다고 주장했다.[8]

픽스는 2015년 행사 글에서도 '기후위기 앞에서 타협은 없다'나, '기후위기가 우리가 무엇을 해야 할지 알려준다' 같은 주장은 반정치적 인식을 바탕에 두고 있다며, 정치는 '대안 없음'이 아닌 '대안 제시'가 가능해야 한다고 썼다. 그는 기존의 주요 가치인 '생태'와 더불어 '사회' 역시 녹색당에 중요하다고 강조한다. 픽스는 기후위기 대응이나 자연 생태의 중요성만을 강조하다 보면 일반적인 사회적 정의와 긴장관계에 놓일 수 있다고 봤다. 때문에 녹색당에서도 과거처럼 환경을 위한 경제의 축소나 금지 등을 이야기할 것이 아니라 '진보, 새로운 일자리, 지속가능한 부'를 말해야 한다고 주장했다.[9]

녹색당 이야기 행사에서 거론된 내용들은 2020년 개정된 녹색당의 네 번째 강령에도 상당 부분 반영되었다. 강령 개정 직전에 열렸던 '변화'라는 제목의 2020년 행사에서 녹색당 공동대표인 하벡과 뮌헨 대학의 아민 나세히Armin Nassehi 교수가 나눴던 대담은 새로운 강령이 어떤 큰 그림을 그리는지 잘 보여준다. 나세히는 변화에 직면한 사람들의 저항은 매우 강하기 때문에 사람들이 변화를 안정적으로 수용할 수 있도록 과거와 미래 사이에 연속성을 부여하는 것이 정치의 중요한 역할이라고 조언한다. 그의 조언은 변화를 주도하면서 사람들에게 안정감을 줄 수 있다면 녹색당도 사회 전체를 어우르는 집권당이 될 수 있음을 시사한다. 기후위기를 막기 위한 대전환을 준비하면서도 동시에 사람들의 삶을 중심에 두어야 한다는 뜻이다.

탄소배출세와 기후보호부

2020년 11월 20일부터 22일까지 800명의 대의원이 참석한 전당대회에서 녹색당은 새로운 강령을 채택한다. 기후보호와 혁신, 사회적 정의 등을 함께 연결하려는 시도의 집약이었다. 강령 제목인 '존중과 보호'는 독일 헌법에 해당하는 기본법Grundgesetz 제1조 1항 "인간의 존엄은 불가침적이며, 이를 존중하고 보호하는 것은 모든 국가 공권력의 의무이다"에서 따왔다. 녹색당이 독일 사회 구성원의 다양한 요구와 필요를 포괄하겠다는 뜻을 보여준다. 강령 부제인 '변화가 안정을 만든다'라는 말을 통해서도 알 수 있듯이, 녹색당은 기후위기에 대한 적극적 대응이 사회의 안정적 발전을 위해서 중요하다 말한다.

넓게 보면 창당 초기부터 녹색당은 강령에서 생태와 조화를 이루는 사회를 강조해 왔다. 하지만 구체적인 방법론에서는 시대별로 큰 변화를 겪었다. 초기 녹색당은 생태와 조화를 이루는 삶을 위해서 탈핵[10]이나 반자본주의를 중요하게 생각했다. 하지만 1993년과 2002년에 개정된 두 번째, 세 번째 강령에서는 반자본주의적인 성격이 조금씩 옅어진다. 특히 세 번째 강령부터 '지속가능성Nachhaltigkeit'이란 개념을 새롭게 도입하면서 큰 틀에서 생태적 삶과 사회 전체의 지속가능한 발전을 연결시키기 시작했고, 시장경제에 대해서도 새롭게 평가할 수 있는 틀을 마련했다.

2020년의 네 번째 강령은 여전히 생태적인 삶을 강조하면서도 이에 못지않게 사람들의 삶을 중심에 둔다는 특징을 보인다. 강령 제1장은 '삶의 기반을 보호한다'라는 제목 아래 기후, 에너지 전환, 주거, 사회적 정의를 하나로 묶어 녹색당 정치의 새로운 핵심 목표를 제시한다. 구체적으로는 지구의 기온 상승을 산업화 이전과 비교해 1.5도 이하로 유지해야 한다는 기후보호 목표가 녹색당 정책의 기초라고 명시한 다음, 이것이 탄소배출 감소와 현대 기술을 통한 100% 재생에너지로의 전환을 통해 가능할 것이라 말한다.

제2장 '미래를 향해 경영한다'에서는 "경제는 인간과 공동체를 위해 봉사해야 하고 그 반대가 되어서는 안 된다. 기후중립, 복지, 정의의 측면에서 지속가능한 부가 미래 경제 체제의 핵심이다"라며 우선순위를 밝힌다. 이어서 "미래 경제에 대한 평가는 성장이 아닌 삶의 질을 중심에 두고 이루어져야 한다"고 기술하며 새로운 평가 기준을 제시한다. 여기서 눈여겨볼 것은 기본적으로 인간, 공동체, 삶의 질을 중시하면서도, 다른 한편에서는 기술 변화와 지속가능성을 기준으로 하는 새로운 국제적 질서 안에서 독일 경제가 국제적 경쟁력을 갖도록 지원하겠다고 약속한다는 점이다. 녹색당 나름의 경제 성장을 말한 대목이다.

2021년 6월 12일 녹색당은 전당대회를 통해 연방의회 선거 공약을 통과시킨다. 공약의 핵심은 역시 기후보호였다. 녹색당은 대대적인 사회 인프라 전환을 추진하고, 다른 부서의 정책이 기후보호에 맞지 않을 경우 거부권을 행사할 수 있는 기후보호부 신설을 내걸었다. 또한 정책에 속도를 내기 위해 새 정부가 들어선 뒤 최초 100일 동안 기후보호 특별팀을 운영할 계획도 발표한다.

녹색당은 선거 공약으로 '온실가스 배출량을 2030년까지 최소

70% 이상 줄일 것'을 제시한다. 앙겔라 메르켈Angela Merkel 정부에서 세운 독일 최초의 기후변화 대응법에선 1990년 대비 2030년까지 온실가스 배출량을 55% 감축하겠다는 목표를 세웠는데, 이보다 진일보한 것이다.[11] 세부적으로는 2021년 1월 1톤당 25유로(약 3만 5,000원)로 도입된 탄소배출세(이하 탄소세)를 2023년에는 60유로(약 8만 원)까지 올릴 것을 제시하며, 독일의 가장 중요한 전력 공급원인 석탄발전을 2030년까지 중단하겠다고 약속한다.[12] 또한 기후보호 전환을 위해 2022년에만 150억 유로(약 20조 원)를 투자할 계획이며, 풍력과 태양광발전을 비약적으로 늘리기 위해 에너지 전환에 대한 법률도 개정하겠다고 발표한다.

또한 녹색당은 탄소세로 마련된 재원을 시민들에게 에너지 지원금의 형태로 돌려줘 난방비나 차량 유지비 증가를 보완하겠다고 공약한다. 여기에 해마다 500억 유로(약 67조 원)를 생태적 사회 전환에 투자해 안정적인 일자리를 만들겠다고 했다. 더불어 당시 9,6유로(약 1만 3,000원)였던 최저임금을 12유로(약 1만 6,000원)까지 올리고 그동안 많은 비판이 있었던 장기실업급여 체계 '하르츠IV'[13]를 잠정적으로 폐지하겠다는 계획도 공약에 포함시킨다. 녹색당은 가장 중요한 정치 의제인 기후보호를 앞세우면서도 그것을 일상적 삶에 대한 보호와 연결시키고자 노력했다. 구체적이면서도 긍정적인 사회 변화 방향을 제시하고, 시장경제 주체들에 대해서도 분명한 역할을 부여하는 방식이 녹색당의 새로운 선거 전략이었다.[14]

신호등 연정

녹색당은 2021년 연방의회 선거에서 14.8% 득표로 전체 735석의 연방하원 의석 중 118석을 차지했다. 사민당, 기민/기사당 연합에 이은 3위였다. 지난 선거보다 5.8% 높은 득표율이었지만 선거전을 시작할 때 가졌던 기대에 비하면 아쉬운 결과였다. 기후보호를 미래를 위한 사회 발전이나 시민의 삶을 보호하는 정책과 연결한 녹색당의 노력은 초기에 일정한 성과를 거두었다. 하지만 선거전이 치열해지면서 다른 정당과 많은 언론이 녹색당의 금지정당 이미지를 다시 환기시켰다.

특히 탄소세 인상 공약이 많은 공격을 받았다. 비판자들은 탄소세 인상으로 거둔 세금을 '에너지 지원금'으로 서민에게 돌려주는 세부 내용보다는 탄소세 인상이 에너지 비용 증가로 작용해 일반 서민이 내연기관 자동차를 사용하기 어려워진다는 점만을 부각했다. 그들은 녹색당이 전기차를 강요한다고 공격했다. 그런데 또 다른 한편에서는 녹색당의 새로운 흐름에 대한 비판이 있었다. 경제 발전을 중시하느라 소비를 통제하지 않는다는 비판이다. 이들은 기후보호를 더 강조하며 소비를 줄이고 경제 성장 중심의 사회에서 벗어나야만 한다고 주장했다.

선거 이후, 녹색당은 기후보호를 명분으로 사민당이 주도하는 사민당-녹색당-자민당 연정에 참여한다. 새로운 정부는 각각의 정당이 상징하는 적색, 녹색, 황색 때문에 신호등 연정이라 불린다. 이들은 각각의 색상만큼이나 정책 노선에서 큰 차이를 보인다. 또한 사민당은 녹색당을 경쟁자로 생각했고, 자민당FDP은 녹색당의 공약을 강하게 비판해 왔기 때문에 녹색당 입장에서 연정 협상이 쉽지 않았다. 반드시 연정에 참여해 기후보호 정책을 실현하려는 녹색당의 목표가 정치적 약점으로 작용하기도 했다. 다른 정당들은 녹색당이 기후보호 정책 외 다른 사안에 대해서는 양보할 준비가 되었다고 파악하였을 뿐 아니라, 심지어 기후보호 정책에서도 녹색당이 의견 차이를 이유로 협상장을 박차고 나가진 않으리라 생각했기 때문이다.

신호등 연정은 기후보호가 새 정부의 가장 중요한 과제 가운데 하나라는 것에 합의했으며, 지구 기온 상승을 1.5도 이하로 유지할 수 있는 길을 열겠다고 명시했다. '더 많은 진보를 감행하다Mehr Fortschritt wagen'라는 제목이 붙은 연정합의서 안에는 '기후'라는 단어가 198번 등장한다. 하지만 실제 탄소 감축 목표는 녹색당이 제시했던 만큼 강화되지 않았다. 지난 정부가 제정한 2030년 탄소배출 65% 감축, 2045년 기후중립이라는 목표가 그대로 유지되었다. 또한 합의서는 '이상적으로 2030년까지 탈석탄을 이룰 수 있을 것'이라고 서술할 뿐, 녹색당 공약처럼 탈석탄을 확실히 내걸지 않았다. 탄소세도 지난 정부가 세운 2025년까지 1톤당 55유로(약 7만 6,000원)로 올리겠다는 목표가 유지되었다. 녹색당이 내걸었던 단기간 60유로(약 8만 3,000원)까지의 상승은 사민당 반대로 통과되지 않았다.

녹색당은 내연기관 자동차가 배출하는 온실가스를 줄이기 위해 고속도로에서 자가용의 운행 최대 속도를 시속 130km로 제안하자는 공약을 내걸었지만, 합의를 통과하지 못했다. 내연기관 자동차의 빠른 퇴출과 전기자동차로의 전환을 촉진하기 위해 녹색당은 새 내각의 교통부 장관직을 원했지만, 이 자리는 결국 내연기관 자동차 산업에 친화적인 자민당으로 넘어갔다. 거기에 재정부 장관 자리까지 자민당에 넘어가면서 기후보호를 위한 막대한 사회 인프라 전환에 필요한 비용을 어떻게 조달할 것인지도 문제로 남았다. 자민당은 세금 인상과 정부의 재정 확대를 가장 강력하게 반대하는 정당이기 때문이다.

녹색당이 얻어낸 것도 있다. 신호등 정부는 독일의 주요 전력 공급원인 석탄발전 중단을 위해 2030년까지 재생에너지 비율을 80%로 높이는 목표에 합의한다. 이를 위한 방안으로 풍력과 태양에너지, 천연가스발전의 비중 증가가 제시되었다. 산업용 건물 지붕에 태양광발전 설비 설치를 의무화하는 등의 조처를 통해 태양에너지 생산량을 3배 이상 늘릴 계획이며, 해양 및 내륙 풍력발전의 증대도 예정되었다.

연정에서 녹색당이 얻어낸 또 다른 하나는 경제기후보호부BMWK: Bundesministerium für Wirtschaft und Klimaschutz 신설이다. 경제기후보호부는 기존의 경제에너지부를 에너지 전환과 기후보호라는 목표에 맞춰, 독일 경제 전반을 전환하는 총괄 부서로 확장한 것이다. 녹색당의 처음 요구처럼 경제기후보호부가 다른 내각의 정책에 대해 거부권을 갖지는 않았지만, 연정합의서에 정부의 모든 부서는 입법 과정에서 새로운 정책이 기후에 미치는 영향과 독일의 기후보호 목표와의 충돌 가능성을 평가해야만 한다는 내용이 포함됨으로써, 새 정부에서 가장 강력한 힘을 발휘할 것으로 평가되었다. 부총리 겸 경제기후보호부 장관으로 녹색당 공동대표인 로베르트 하벡이 임명된 것도 인상적이다. 그는 앞서 슐레스비히-홀슈타인Schleswig-Holstein 주에서 부총리 및 에너지 전환·농업·환경부 장관직을 성공적으로 수행한 경험이 있다.

현재 독일의 정치 체제 안에서 연정은 피할 수 없는 길이며, 연정 협상은 언제나 합의와 양보를 요구한다. 기후보호를 위해 정권에 참여해야 한다는 녹색당의 명분은 다른 한편에서 기후보호를 위한 정책 중 일부는 양보할 수밖에 없는 상황을 만들었다. 총리 배출까지는 아니더라도 녹색당이 다른 정당과 함께 두 정당만으로 연정을 꾸릴 정도의 선거 결과를 내지 못한 것이 아쉬움으로 남는다. 안나레나 배어보크를 총리후보로 지명한 직후까지만 해도 녹색당은 기민/기사당 연합과 연방의회 선거 여론조사에서 1, 2위를 다투었고, 최대 28%의 지지율을 기록했기에 더욱 그렇다.

배어보크는 참신한 젊은 후보이면서도 실무 능력이 뛰어나다는 평가를 받았다. 공격적인 언행이나 사회 비판적인 목소리를 자제하고 기후위기보다는 전환을 통한 밝은 미래를 이야기하기로 결정한 녹색당의 선거 전략 역시 여론을 통해 높게 평가받았다. 하지만 총리후보인 배어보크가 연방의회에 부수입을 신고해야 하는 의무를 뒤늦게 이행한 것이 알려졌고, 개인 이력 가운데 일부가 사실과 다르다는 지적을 받아 수정하는 상황이 발생하면서 녹색당의 지지율은 급격히 떨어졌다. 선거에 임박하여 서둘러 출판한 배어보크의 저서가 다른 책의 일부를 수정 없이 가져다 썼다는 비판도 있었다. 구체적 내용을 살펴보면 큰 흠결은 아니었지만 녹색당 지지가 견고하지 않은 상황에서 총리후보의 실수는 치명타가 되었다.

어찌 보면 표면적으로 녹색당의 지지율 하락은 배어보크 개인의 문제 때문으로 보인다. 하지만 기후위기에 대해 적극적으로 말하지 않고 방어적이었던 선거 전략 자체의 한계를 지적하는 의견도 있다. 공격받을 수 있는 요소를 제거하는 방식만으로는 유권자들에게 녹색당 정치의 핵심 내용인 기후보호를 충분히 설득하지 못하고, 그렇게 끌어올린 지지율은 쉽게 무너질 수 있어 선거에 승리할 수 없었다는 주장이다. 실제로 배어보크의 입지가 좁아지면서 적극적으로 대응하지 못하는 사이, 녹색당의 기후보호 정치는 다시금 '금지정당'이라는 비판을 강하게 받아야만 했다. 결국 상대의 헤묵은 공격에서 끝까지 벗어나지 못한 셈이다.

아쉬운 선거 결과가 당면한 기후위기를 더 적극적으로 말하지 못해서인지, 아니면 여전히 지나치게 많은 규제를 이야기했기 때문인지에 대해서는 의견이 갈린다. 하지만 기후보호 정책의 필요를 분명하게 설득하지 못한다면 그 실현은 불가능하다는 것이 신호등 연정을 구성하는 협상 과정에서 드러났다. 녹색당은 사민당과 자민당이라는 쉽지 않은 파트너와 함께 정부에 참여했다. 신호등 연정에서 녹색당의 정치적 능력은 기후보호 목표의 실행 정도로 평가될 것이다.

2장·사회-생태적 시장경제 정책

기후 문제는 경제 문제

기후위기는 비행기를 타고 온다

2019년 '미래를 위한 금요일' 시위가 전 세계에 확산되면서 독일과 일부 유럽 지역에서는 새로운 신조어가 유행했다. 사람들은 에스엔에스 SNS를 통해 공항에서 비행기 탑승을 기다리는 자신의 모습을 공유하면서 양심의 가책을 토로하거나, 기차역의 풍경이 담긴 사진과 함께 휴가나 출장을 위해 자신이 비행기가 아닌 기차를 선택한 이유를 공유했다. 여기에 비행기를 탈 때 느끼는 부끄러움이나 기차를 타는 것에 대한 자랑스러움을 뜻하는 신조어가 해시태그로 달렸다.[1]

2019년 8월 독일의 주간지 《짜이트Zeit》는 항공기가 $1km$ 이동할 때 승객 1인당 이산화탄소배출량은 285g으로 기차의 14g에 비해 매우 높다고 밝혔다. 독일에서 카리브해까지 왕복 항공편을 이용할 경우 탑승객 한 사람이 배출하는 이산화탄소는 4t톤에 달하며 이는 탄자니아 국민 80명이 1년간 배출하는 양과 동일하다. 항공 부문의 탄소배출량은 지구 전체 배출량의 2.5%를 차지한다. 항공기는 자동차와 함께 기후보호 정책에 관해 이야기할 때 자주 논쟁의 대상이 되는 소재이다. 교통은 주요 탄소배출원일 뿐만 아니라, 산업 시대의 상징이며, 전 지구적으로 연결된 경제 시스템을 대표한다. 그런데 자동차가 포기할 수 없는 일상과 밀접하다면 비행기는 다른 교통수단과는 조금 다른 성격을 지닌다. 월등히 높은 1인당 탄소배출량과 전 세계 인구 중 산업 국가의 주민만이 주로 이용한다는 점이 그렇다. 항공기 이용은 기후보호를 위해 산업 국가 시민들이 포기해야 할 삶의 방식 중 대표적인 것으로 여겨진다.

녹색당 안에서도 항공기 이용은 논쟁 대상이다. 최근까지는 유럽 내 단거리 노선의 폐지나 비행기 연료세 인상 같은 정책적 수단을 주로 언급해 왔다면, 2021년 연방의회 선거부터는 항공기 이용이 기후변화에 미치는 악영향보다 대안을 강조하는 방식을 선호했다. 녹색당은 철도에 대한 대대적 투자를 통해 2030년까지 단거리 항공 노선을 불필요하게 만들겠다고 공약한다. 다만 철도로 대처할 수 없는 장거리 항공 노선에 대해서는 문제 삼지 않았다.

2021년까지 녹색당 원내대표를 역임했던 안톤 호프라이터Anton Hofreiter의 발언은 녹색당의 변화된 모습을 선명하게 보여준다. 그는 비행기가 사람들을 연결하는 멋진 발명품이며, 기후보호를 위해 생활 수준을 낮춰야 한다는 주장은 잘못이라 말한다. 그는 다만 '탄소배출이 없는 합성연료 기술 개발 전까지는 탄소배출량 규정이 필요하다'고 보았다. 호프라이터의 발언은 독일의 진보 언론 《타쯔》의 연방의회 책임기자인 울리히 슐테Ulrich Schulte와의 대담 중에 나온 것으로, 우리 시대의 삶과 기술 문명을 낙관적으로 바라보는 녹색당 기후보호 정책의 방향성을 분명히 담고 있다.[2]

달라진 녹색당의 기후보호 정책은 기후위기를 만들어낸 가장 큰 원인인 기술의 발전 및 인간의 소비와 향유를 문제 삼지 않는다. 이에 따르면 기술이 만든 위기는 새로운 기술이 해결하며, 기술로 인해 인간이 누릴 수 있는 즐거움과 세계를 다니며 다양한 사람들을 만나는 기쁨은 사라질 필요가 없다. 문제는 발전의 방향과 속도를 어떻게 조정하는가이다. 호프라이터의 발언에 등장하는 '기술 개발'과 '배출량 규정'은 서로 독립적인 두 가지 요소가 아니다. 규정은 기술 개발의 방향과 속도에 영향을 주어야 하며, 여기에 녹색당 기후보호 정책의 핵심이 있다.

녹색당은 '사회-생태적 시장경제Sozial-ökologische Marktwirtschaft'라는 새로운 질서를 통해 앞으로의 기후보호와 지금까지 독일인들이 누리던 삶의 지속이라는 상반된 목표를 이룰 수 있다고 이야기한다. 사회-생태적 시장경제는 기존 독일 경제 질서를 설명하던 '사회적 시장경제Soziale Marktwirtschaft'를 계승하면서도 그 안에 기후변화에 대한 적극적 대응을 포함시키겠다는 의미다.

사회적 시장경제에서 사회-생태적 시장경제로

2019년 11월 녹색당은 빌레펠트Bielefeld 시에서 열린 전당대회를 통해 새로운 경제 정책을 확정한다. 이날 전당대회는 녹색당이 2021년 연방의회 선거를 준비하는 과정의 일환으로 언론의 주목을 받았다. 전통적으로 경제 정책은 녹색당의 강점이 아니었지만, 기후위기에 대한 관심이 높아지고 지지율이 오르면서 녹색당의 경제 정책도 중요하게 다뤄졌다. 기후위기에 대한 적극적 대응은 경제 산업 분야의 전환을 의미했다.

흥미롭게도 언론은 녹색당의 새로운 경제 정책을 상반된 측면에서 소개한다. 한편에서는 녹색당이 시장경제의 가치와 독일의 전통적 경제 노선을 계승했다는 평가가 있다. 환경정당의 이미지가 강했던 녹색당이 기후보호를 넘어 경제, 사회 분야로 의제를 확장하여 집권정당이 되기 위한 길을 준비한다고 해석한 것이다. 하지만 다른 한편에서는 기후보호를 위한 규제의 수단을 체계화하고 시장경제의 한계를 설정한다고 평가하며, 다른 정당과의 연정 시 충돌 요소가 많다고 해석한다.

언론 해석만으로는 녹색당의 새로운 경제 정책은 모순되어 보인다. 시장경제에 대한 긍정과 통제를 동시에 말하는 건 상호 충돌한다고 생각할 수도 있다. 녹색당 대표 로베르트 하벡은 전당대회 직전 조간신문 《벨트Die Welt》와의 인터뷰에서 시장경제가 '가장 효과적으로 창조력을 발휘하고 혁신을 추진할 수 있는 수단'이라고 설명한다. 녹색당이 시장경제를 긍정하는 이유는 그것이 탄소중립의 가속화를 위한 효과적인 수단이기 때문이다.

하지만 다른 한편에서 녹색당은 시장이 엄청난 속도로 창조와 파괴 모두를 가능하게 하는 강력한 도구이기에, 시장경제가 기후보호를 위한 혁신적 힘을 발휘하려면 적합한 정치적 가이드라인이 필요하다고 보았다. 하벡은 인터뷰에서 시장경제를 정확한 규칙에 따라 움직이는 체제라고 규정하면서 이것이 루트비히 에르하르트Ludwig Erhard가 주창한 사회적 시장경제라고 말한다.

사회적 시장경제는 현대 독일 경제의 기본 모델이자 경제 부흥을 설명하는 핵심 단어이다. 이는 시장경제가 자율적으로 잘 작동하기 위한 조건으로 정확한 법과 제도의 필요를 강조한다. 한마디로 사회적 시장경제는 '사회'라는 단어가 주는 느낌과는 다르게 본래 시장의 자율적 작동을 위한 법과 제도에 방점이 찍힌 경제 이념이다. 에르하르트는 오해를 피하기 위해 '시장경제는 그 자체로 사회적'이라며 사회적 시장경제가 '시장'에 강조점을 둔다는 것을 분명히 했다.

사회적 시장경제는 질서자유주의Ordoliberalismus 경제 사상에 뿌리를 둔다. 이는 1930년대 말에 시작된 신자유주의 흐름의 일환이었다. 사실 1900년대 초기만 하더라도 서구 학자들은 파시즘 국가나 사회주의 국가에서 추진한 계획경제 체제를 인간의 자유를 억압하는 것으로 보고 반대했다. 하지만 그들도 1920년대 세계 경제 대공황을 겪으며 자유방임주의에 문제의식을 느꼈다. 이들은 계획경제에는 반대했지만 시장의 자율적 가격 경쟁 시스템을 유지하기 위해서는 강력한 규칙이 필요하다고 생각했다. 특히 국가에게는 법을 만들고 시장을 관리할 역할이 있다고 봤다. 사유재산의 보장, 계약의 보장, 화폐와 은행의 안정 등이 그것이다.[3] 독일의 질서자유주의자들은 독과점이나 담합같이 일부 경제 집단에 권력이 집중되는 것을 막아 공정한 경쟁이 지속적으로 발생할 수 있도록 해야 시장경제가 잘 작동할 수 있다고 생각했다.[4]

제2차 세계대전 직후 서구의 다른 국가에서는 신자유주의 경제학이 중요한 역할을 하지 못했지만 독일은 질서자유주의를 바탕으로 새로운 경제 체제를 구성한다. 특히 서독의 초대 경제부 장관이었던 기민당 정치인 루트비히 에르하르트는 사회적 시장경제를 서독 경제의 기본 모델로 삼았다. 그는 서독 초대 총리였던 콘라드 아데나우어Konrad Ade-nauer가 네 차례 연임하는 동안 계속해서 경제부 장관에 임명되었다. 그렇게 에르하르트는 1949년부터 1963년까지 패전으로 폐허가 된 서독 경제를 이끌어 독일 부흥의 아버지로 불린다.

마찬가지로 기민당은 사회적 시장경제를 앞세워 보수정당으로서 독일의 국민 정당으로 자리 잡는다. 이 과정에서 독일 국민들은 사회적 시장경제의 가장 중요한 내용이었던 시장경제의 규칙뿐 아니라, 당시 독일이 펼친 사회복지 정책 또한 그 일부로 인식한다.[5] '사회적 시장경제'는 독일 경제 성장을 대표하는 아이콘일 뿐 아니라, 사회복지 제도를 포함하여 큰 틀에서 독일 사회의 부유함을 상징하는 정책이다. 그렇기 때문에 독일의 다른 정당들도 점차 사회적 시장경제를 받아들인다. 대표적으로 사민당은 이미 1959년 사회적 시장경제를 자신들의 경제 정책으로 내세웠다.[6]

2019년 녹색당은 사회적 시장경제를 계승하고 발전시켜 사회-생태적 시장경제를 독일의 새로운 경제 정책으로 제안한다. 이는 사회적 시장경제를 공정한 경쟁을 위한 틀로 받아들이면서, 구체적인 방법으로 기후정의를 위한 규정을 새롭게 제시한 것이다. 독과점이나 담합을 하는 기업은 시장경제의 정당한 참여자가 아닌 것처럼, 기후정의 규정을 지키지 않는 기업에게는 불이익이 돌아가야 한다. 또한 사회-생태적 시장경제는 시장경제의 결과 또한 기후정의에 부합해야 하며, 마지막으로 세계적 경쟁력을 갖출 것을 요구한다. 녹색당은 미래 시장에서는 전 세계적으로 기후중립[7]이 요구될 것이며 이미 주요 산업 국가들이 이를 목표로 움직인다고 평가한다. 때문에 한 발자국 빠른 혁신을 통해 사회-생태적 시장경제를 안정시켜야 독일 기업의 글로벌 경쟁력이 높아진다고 주장한다.

대규모 국가 투자

사회-생태적 시장경제는 2020년 발표된 녹색당의 새 강령과 2021년 연방의회 선거 공약에서도 핵심 내용으로 등장한다. 다만 세부 내용이 강조점에 따라 기후보호 정책, 경제 정책, 사회 정책, 산업 정책 등으로 재배치되었다. 사회-생태적 시장경제로의 전환을 위해서는 전체 사회의 포괄적인 변화가 필요하고, 변화를 위해서는 다양한 분야에서 지원과 규제가 동시에 일어나야 하기 때문이다. 그중에서도 녹색당이 주장하는 사회-생태적 시장경제로의 전환은 우선적으로 기후보호를 위한 것이기에 이 책에서는 기후보호 관련 사안을 중심으로 이를 살펴보려고 한다. 사회-생태적 시장경제에는 크게 세 가지의 핵심 정책이 있다.

첫째는 대규모 국가 투자이다. 에너지 전환을 중심으로 하는 탈탄소 경제를 위해서는 대규모 투자가 필요하다. 구체적으로는 재생에너지 전력 비중의 빠른 확대, 교통 전환을 위한 철도의 확장 및 전기차 충전소 설치, 난방 시스템 전환, 그린 수소 생산을 위한 투자 및 지원 등이다. 대규모 투자 지원은 공공 인프라뿐 아니라 탄소배출 없는 생산 방식을 지향하는 기업에게도 해당된다.

탄소중립 산업으로의 전환을 위해 녹색당이 특히 강조하는 공약은 기업과 국가의 '기후보호계약Klimaschutzvertrag'이다. '탄소차액거래계약Carbon Contracts for Difference'이라고도 불리는 이 공약은 기업이 탄소배출 감축을 통해 장기적으로 얻는 이득을 보장한다. 유럽연합의 '탄소배출권 거래 제도ETS'는 산업별로 기업에게 일정한 탄소배출권을 부여해, 어떤 기업이 기준 이상으로 탄소를 배출할 때는 탄소배출권을 구입하고 기준보다 적게 탄소를 배출하면 탄소배출권을 판매하는 제도이다.

기후보호계약은 탄소 감축을 목표로 하는 기업에게 적정한 탄소배출권 판매 가격을 보장한다. 탄소배출권의 실제 거래 시세가 계약 기준보다 낮으면 국가가 부족분을 기업에 제공하고, 거래 시세가 계약 기준보다 높으면 기업은 추가 이익을 국가에 돌려주는 방식이다. 녹색당은 현재 탄소배출을 감축하는 기업이 그렇지 않은 기업에 비해 이득을 얻을 수 없는 수준으로 탄소배출권 거래 가격이 낮게 형성되었다고 보고, 현재보다 높은 수준에서 탄소배출권 판매 가격을 보장하겠다고 공약한다.

이러한 대대적인 투자 지원을 위해 우선 해결되어야 하는 것은 재정 조달이다. 녹색당은 재정 지원을 위해 독일 기본법에 명시된 '국가채무 제한Schuldenbremse'의 개혁을 주장한다. 이 법안은 기민/기사당 연합과 사민당의 연정으로 구성된 메르켈 1기 정부 주도로 2009년 연방하원과 상원을 통과했다. 증가하는 국가 채무의 한도를 정하여 안정적인 재정 운영을 위한 법안으로, 2016년부터 독일 연방정부의 연간 신규 부채를 국내총생산(이하 GDP)의 0.35%로 제한하고, 2020년부터는 주 정부의 신규 부채를 금지한 것이다. 법안 통과 이후 메르켈 정부는 독일의 경제 호황에 힘입은 높은 세수와 긴축 재정을 통해 높은 재정 흑자를 기록했으며, 이는 메르켈 총리 시대 독일 경제의 중요 특징으로 평가되고 있다.

2019년 녹색당은 새로운 경제 정책안에서 "교육, 혁신, 연구, 기후 보호를 위해 투자하지 않는 것 또한 미래에 빚을 지우는 일"이라 말한다. 그러면서 탈탄소 경제로의 전환을 위한 투자와 독일 전체의 공공 인프라 개선을 하나로 묶어 국가 재정 정책의 새로운 방향을 제시한다. 하벡은 《쥐드도이치 짜이퉁Süddeutsch Zeitung》과의 인터뷰에서 국가의 대대적 투자가 필요한 이유는 "미래를 위한 것일 뿐만 아니라 과거 정부의 투자 공백을 메우기 위한 것"이라고 밝힌 바 있다. 메르켈 정권의 긴축 재정 정책은 재정 건전성에 기여했지만, 공공 인프라나 교육 등에 대한 투자는 부족하다는 비판을 받아 왔다. 녹색당은 이러한 비판과 불만을 탈탄소 전환과 연결시켰다.

구체적으로 녹색당은 독일의 채무 제한 수준을 유럽연합 회원국이 재정 건전성을 유지하기 위해 체결한 '유럽연합 안정 및 성장 협약'[8]에 맞게 변경할 것을 제안한다. 이 협약에서는 각 국가의 연간 재정 적자가 GDP 대비 3%, 총 부채가 GDP 대비 60%를 넘지 않도록 규정한다. 다만 녹색당 역시 불필요한 재정 지출의 급속한 증가를 막기 위해 새로운 국가 채무의 목적을 공공 투자로 한정하는 보완책을 제시했다.

2019년 결정된 새로운 국가 채무안을 바탕으로 녹색당은 2021년 연방의회 선거에서 앞으로 10년 동안 기후중립을 위한 사회 전환과 공공 인프라 투자에 해마다 500억 유로(약 67조 원)를 사용하겠다고 공약한다. 기존 독일 정부의 정책 방향을 뒤집는 녹색당의 투자 공약은 각계각층에서 긍정적인 평가를 받았다. 친노동조합 성향의 경제, 사회 정책 연구소 '한스 뵈클러 재단HBS: Hans-Böckler-Stiftung'은 녹색당이 공약한 투자 계획이 실행될 경우 한 해 최대 4%의 추가적 경제 성장이 있을 것으로 추정했다. 친기업 성향인 '독일 경제 연구소Institut der Deutschen Wirtschaft'의 미하엘 휴터Michael Hüther 소장도 당시의 낮은 금리를 고려하여 지금이 대대적 투자를 위한 역사적 적기라며, 녹색당의 정책이 현실적 금융환경을 잘 반영한 것에 높은 점수를 줬다. 또한 독일산업연맹BDI 협회장인 요아킴 랑Joachim lang은 "인프라, 교육, 주택, 기후보호, 디지털화를 위한 공격적인 투자는 향후 10년간 필수 불가결한 것"이라며 녹색당의 공약을 긍정적으로 평가했다.

___ 규제와 세금

사회-생태적 시장경제의 두 번째 핵심 정책은 규제와 세금이다. 이는 2019년 제정된 독일의 기후보호법Klimaschutzgesetz 개정을 뜻한다. 국가의 대규모 투자가 민간도 함께 변화에 참여할 수 있는 동력을 제공한다면, 규제와 세금은 탄소 감축 목표에 맞춰 사회와 기업이 단계적으로 변화를 추진하도록 기준을 마련한다. 규제와 세금에 대한 언급은 강제적이며 부정적인 느낌을 주지만, 다른 한편에서는 기업과 개인이 변화를 준비하고 실행할 수 있는 분명한 가이드라인을 제시하여 장기적인 안정성을 부여한다.

　기존의 기후보호법은 독일이 2050년까지 기후중립을 이뤄야 하며, 2030년까지는 1990년 대비 탄소배출량을 55% 감축해야 한다고 명시한다. 더 자세히 들여다보면 이 법은 산업별로 감축해야 할 탄소배출량을 규정한다. 특히 유럽연합 탄소배출권 거래 제도에 아직 포함되지 않은 난방과 교통 분야 연료에 대해서도 2021년부터 이산화탄소 1톤당 25유로(약 3만 4,500원)의 탄소 가격을 부가하고, 이후 가격을 점차 상승시켜 2025년에는 55유로(약 7만 6,000원), 2026년에는 최소 55유로에서 최대 65유로(약 8만 9,000원)까지 올리는 계획을 제시한다.

　2021년 4월 29일 연방헌법재판소Bundesverfassungsgericht는 독일의 기후보호법이 제시하는 이산화탄소 감축 목표가 미래 세대에 지나치게 탄소 감축의 책임을 부가한다며 위헌 판결을 내린다.[9] 독일 기후보호 정책에 새로운 기준이 마련된 셈이다. 이 판결을 통해 기존 기후보호법은 법적으로도 최소 기준치를 충족하지 못하는 한계를 드러냈다. 2021년 6월 연정을 구성하던 기민/기사당 연합과 사민당은 해당 판결에 맞춰 하원과 상원에서 기후보호법 개정안을 통과시킨다. 새로운 개정안에 따르면 독일은 1990년 대비 2030년까지 최소 65%, 2040년까지는 88%의 탄소배출량을 감축해야 한다. 그리고 2045년에는 탄소중립에 도달해야 한다. 또한 새로운 개정안은 2023년부터 2030년까지 분야별 연간 탄소배출 감축 목표를 상향 조정하여, 2031년부터 2040년까지의 감축 목표도 수립했다.

녹색당은 한 발 더 나아가 2019년의 최초 기후보호법과 2021년 개정안 모두를 불충분하다고 평가했다. 탄소 감축 목표도 낮았지만, 목표 달성을 위한 구체적인 실행 방안이 부족하다는 것이다. 그래서 녹색당은 2021년 연방의회 선거 공약으로 기존 기후보호법보다 더 과감한 감축 목표와 이를 실행하기 위한 세밀한 실행 방안을 제시한다. 녹색당은 2030년까지 최소 70%의 탄소배출량 감축과 20년 내 탄소중립 도달을 공약으로 내세운다.

공약의 구체적인 이행 차원에서 녹색당은 유럽연합 탄소배출권 거래 제도 개혁을 통해 탄소배출권 총량을 줄이자고 제안한다. 지금까지는 탄소배출권 가격이 높지 않아 전력 업체와 산업계가 기존에 사용하던 석탄을 재생에너지로 대체할 요인이 충분하지 않다고 판단했기 때문이다. 녹색당은 이런 시도가 효과를 보지 못할 경우 독일 내 탄소배출권 최소 거래 가격을 60유로로 확정할 것을 주장한다. 더불어 2038년까지로 예정되었던 석탄발전소의 운행 중단을 2030년으로 앞당기고, 교통과 난방 연료에 대한 탄소배출권 가격도 2023년부터 60유로로 올리겠다고 공약한다. 화석연료를 사용하는 내연기관 자동차의 신규 판매를 2030년부터 금지하는 것 또한 기후보호 공약에 포함되었다.

극우정당인 '독일을 위한 대안당AfD'을 제외하면 독일 주요 정당들은 모두 기후보호법을 인정한다. 하지만 기후보호법의 목표를 달성하기 위한 필수적 규제나 세금 부과 같은 구체적인 정책 실행에는 소극적이다. 유권자들을 설득하기가 쉽지 않기 때문이다.[10] 교통과 난방 연료에 부과하는 탄소세 상승이 대표적인 예이다. 이 책의 1장에서 언급한 것처럼 2021년 연방의회 선거 기간 중 녹색당의 총리후보였던 안나레나 배어보크는 이미 시행 중인 탄소세를 근거로 휘발유 가격의 상승이 필요하다고 말하여 여러 언론과 정당 들에게 집중 공격을 받았다. 하지만 녹색당이 서민의 주머니 사정을 고려하지 않은 오만한 정책을 편다고 비판하던 주요 정치인들이 얼마 뒤 기후보호를 위해서는 휘발유 가격의 상승이 불가피하다고 인정하는 아이러니한 상황이 벌어지기도 했다.

탄소 감축이라는 목표 달성을 위해 가장 필수적이라고 평가받는 석탄발전의 중단에 대해서도 녹색당 외 다른 정당들은 소극적이다. 사실 석탄발전은 독일의 전력 생산에서 가장 높은 비중을 차지한다. 연방 통계청에 따르면 2021년 전체 전력 생산량 중 석탄발전 비중은 30.2%였다. 에너지 싱크탱크인 '에너지 브레인풀Energy Brainpool'은 2021년 8월 충격적인 보고서를 발표한다. 독일이 2038년에야 석탄발전을 중단할 경우, 독일에 남은 탄소배출 허용량 가운데 석탄발전소가 차지하는 비중은 최대 73%에서 최소 39%라는 내용이다.[11] 기후보호 전문가들은 2021년 개정된 기후보호법이 제시하는 탄소 감축 목표를 달성하기 위해서는 석탄발전소의 빠른 운행 중단이 필수적이라고 평가했으며, 이를 실현하려면 탄소배출권 가격을 높여 석탄발전의 수익성을 감소시키는 것 또한 주요한 정책적 수단이라고 이야기한다.

기후 관세

사회-생태적 시장경제를 위한 마지막 핵심 정책은 기후 관세이다.

녹색당은 사회-생태적 시장경제로의 전환이 독일 경제의 세계적 경쟁력을 높일 것이라고 약속한다. 하지만 이를 위해서는 독일뿐 아니라 다른 나라에서 생산되는 상품의 가격에도 기후와 환경에 미치는 영향이 전가되어야만 한다. 따라서 녹색당은 유럽연합과 비교해 기후보호 정책이 없는 다른 국가로부터 유럽의 산업을 보호해야 한다고 주장한다. 이는 자연스럽게 유럽연합 차원에서 수입품에 대한 기후 및 생태 관세 부가 논의로 이어진다.

2021년 연방의회 선거 과정에서 녹색당은 '기후보호 긴급 정책 Klimaschutz-Sofortprogramm'을 발표한다. 여기엔 앞에서 언급한 투자나 세금 같은 정책을 포함해 정권 교체 후 기후보호를 위해 긴급히 추진해야할 다양한 정책과 내용이 담겼다. 그중 마지막 항목에 해당하는 것이 외교 정책이다. 녹색당은 기후보호를 위한 외교 정책에서 특히 2021년 발표된 유럽연합의 기후보호 정책 패키지인 '핏포55Fit for 55' 관련 독일이 이를 강하게 추진할 수 있는 원동력이 되어야 한다고 밝혔다.

핏포55는 2021년 7월 유럽연합 집행위원회가 발표한 '유럽 그린딜European Green Deal' 실행을 위한 법안 모음이다. 앞서 2019년 12월 유럽연합 집행위원회는 2050년까지 유럽연합의 탄소중립을 목표로 유럽 그린딜을 발표한다. 향후 10년간 약 1조 유로(약 1,380조 원)의 예산을 들여 유럽연합의 에너지 전환, 산업 전환, 교통 전환 등을 추진해 지속가능한 성장과 미래 일자리를 보장하면서도 탄소중립을 이루겠다는 야심 찬 계획안이다. 2021년 4월 유럽의회와 유럽연합 회원국은 '유럽 기후보호법European Climate Law'에 합의해 그린딜의 법적 기초를 마련했으며,

2030년까지 탄소 감축 목표를 40%에서 55%로 상향 조정한 바 있다.

구체적으로 핏포55에는 재생에너지 전력 비중을 2030년까지 32%에서 40%로 확대하고, 2035년부터 신규 내연기관 자동차를 판매 금지하겠다는 등의 내용이 담겼다. 또한 집행위원회는 탄소배출권 거래 제도를 개혁하여 일부 산업에 기본 보장하던 탄소배출량을 줄이고, 한 해 거래할 수 있는 탄소배출권에 대한 축소 역시 가속화하겠다고 발표한다. 또한 유럽연합 내 운항되는 항공기의 항공유와 교통과 난방 연료도 탄소배출권 거래 제도에 포함시킨다.

이와 더불어 핏포55의 핵심은 '탄소국경조정제도CBAM: Carbon Border Adjustment Mechanism'의 강화이다. 이 제도는 유럽연합 회원국이 수입한 상품 중 유럽연합 기준에 비해 낮은 탄소 비용을 지불한 품목에 붙는 탄소세로 일종의 기후 관세이다. 기후 관세는 처음부터 유럽 그린딜 계획의 핵심이었다. 이미 2020년 유럽연합 회원국 정부 수반들은 합의를 통해 2023년부터 기후 관세를 실행하기로 결정한 바 있다. 핏포55는 이에 더해 관세 해당 품목을 확대하고, 탄소배출권 거래 제도를 통해 구체적인 탄소 가격 부과 방법을 결정한 조치이다. 이처럼 유럽 수출에 큰 영향을 주기 때문에 한국 언론도 핏포55의 탄소국경조정제도를 중점적으로 소개했다.

녹색당은 유럽 그린딜 계획이 발표될 때부터 기후보호 기준 강화와 기후 관세에 찬성하며 더 나아가 이런 정책의 강화를 요구한다. 흥미롭게도 녹색당은 2021년 연방의회 선거 공약의 사회 정책에 유럽연합 차원의 기후 관세를 포함시켰다. 기후 관세는 탄소배출권 비용 절감을 이유로 유럽연합 내 일자리를 해외로 이전하려는 시도를 막는 공약이기도 하다. 결국 녹색당 정책과 유럽 그린딜 모두 기후중립 사회로의 전환을 통해 기후보호는 물론 유럽연합 내 경제와 산업 경쟁력 강화를 꾀한다. 기후중립이라는 목표가 유럽 기업의 경쟁력 약화로 이어지면 안된다고 생각한 것이다. 유럽인들에게 기후 관세는 기후 전환의 필수적인 요소이다.

___ 이제는 에너지 전환이다

2021년 연방의회 선거에서 14.8%의 득표율로 3위를 차지한 녹색당은 사민당, 자민당과 연정 협상에 들어갔다. 연정 협상에서는 내각의 각 부처 장관직을 두고 정당 간에 치열한 수 싸움이 펼쳐진다. 연정에 참여하더라도 원하는 장관직을 얻어야 자신의 핵심 정책을 추진할 가능성이 높아지기 때문이다. 녹색당은 재무부를 강력히 원했다. 사회-생태적 시장경제로의 전환이라는 야심찬 기후 정책을 성공적으로 이끌기 위해서는 대규모 투자가 필요한 만큼 예산을 다루는 재무부가 필요했다.

결과적으로 녹색당은 재무부 장관을 확보하지 못했다. 오랫동안 재정 문제를 자신들의 주요 의제로 생각하는 자민당의 강력한 요구 때문이다. 녹색당이 자민당에게 양보해야만 했던 또 다른 부서는 교통부이다. 기후보호 정책의 핵심인 교통 전환을 책임지는 부서가 자민당에게 넘어간 셈이다. 득표율 1위로 연정 협상을 주도한 사민당은 독일 자동차 산업의 보호를 위해 산업계의 이익을 더 중요시하는 자민당 편을 들었다.

최종적으로 연방내각의 16개 장관직 가운데 녹색당에게는 경제부, 환경부, 농업부, 외무부, 가족부 총 5개 부서가 돌아갔다. 사민당과 자민당은 각각 7개와 4개 부서를 차지한다. 녹색당이 맡은 부서 가운데 기후중립을 포함한 사회-생태적 시장경제로의 전환을 책임질 부서는 경제기후보호부다. 재무부 자리를 양보한 녹색당의 강력한 요구로 지난 정권의 경제에너지부가 기후보호 관련 내용이 추가된 경제기후보호부로 확대 개편된 것이다.

경제부는 이미 지난 정권에서 에너지 전환 업무를 추가하며 경제에너지부로 확대된 바 있는데, 마찬가지로 환경부에서 담당하던 기후보호 분야를 더하며 기후보호와 에너지 전환을 경제 개혁과 발전 측면에서 다룰 수 있는 거대한 부서가 탄생한다. 실제로 경제기후보호부는 환경부에 기후보호라는 이름만을 더한 것이 아니라 담당 실무자들을 데려와 활동의 내실을 기하였다. 장관이 된 녹색당의 하벡은 사회-생태적 시장경제로의 전환 및 기후보호를 책임지는 중요한 역할을 맡은 셈이다.

2022년 1월 초 하벡은 공식 기자회견을 통해 기후보호를 위한 긴급 정책을 예고한다. 장관 업무를 시작한 이래 존재감을 드러낸 첫 일정이었다. 핵심은 공격적인 재생에너지 비중 확대였다. 하벡은 지금까지 독일의 기후위기 대응을 평가하며 기자회견을 시작한다. 지난 10년간 독일의 탄소배출량은 연간 평균 1,500만 톤 감소했다. 하지만 기후보호법에 명시된 1990년 대비 2030년까지 최소 65% 감축이라는 목표를 달성하기 위해서는 2030년까지 연간 3,600만에서 4,100만 톤이 감축되어야 한다. 하벡은 목표 달성을 위해서는 감축 속도가 지금보다 3배는 빨라야 한다고 말한다. 현재 추세로는 2030년까지 50% 감축이 가능할 뿐이다. 그래서 그는 2045년까지 기후중립을 이루고, 2030년까지 전체 전기 사용량의 80%를 재생에너지로 충당하겠다는 큰 목표를 밝힌다. 하벡은 이를 위해 재생에너지법EEG: Erneuerbare-Energien-Gesetz 개정을 중심으로 재생에너지 생산량의 빠른 증가를 위한 정책안을 예고한다. 독일 통계청 자료를 보면 2021년 전체 전기 사용량의 42%는 재생에너지에서 나왔다.

경제기후보호부 발표에 따르면 현재 독일의 연간 총 전기 사용량은 약 560TWh테라와트시지만, 2030년에는 715TWh까지 증가할 것으로 예상된다.[12] 기후중립을 위해서는 산업, 교통, 난방에 필요한 에너지도 전기를 전환하여 마련해야 한다. 그렇기 때문에 재생에너지를 이용한 전기 생산량은 기존 전력 생산을 대체하는 것 이상으로 증가해야만 한다. 하벡은 2022년 말까지 법 제정을 포함해 기후보호 긴급 정책의 실행 준비를 마치겠다고 밝힌다. 그리고 이를 위한 첫 과정으로 4월에는 재생에너지 확대를 위한 첫 번째 정책 패키지를 내각에서 통과시킬 것이라 예고했다.

하벡의 경제기후보호부는 이후 매우 정신없는 일정을 보낸다. 갑작스러운 러시아의 우크라이나 침공이 독일의 에너지 수급에 커다란 위기를 가져왔기 때문이다. 독일은 지금까지 러시아에 대한 에너지 의존도가 매우 높았다.[13] 하지만 러시아산 에너지에 대한 경제 제재에 참여하라는 외교적 압박이 높아지며 하벡은 대체 공급 경로를 찾기 위해 세계를 누벼야 했다. 독일 내에서는 에너지 문제에 대해 부정적 예상이 많았다. 러시아가 먼저 에너지 공급을 끊을 가능성도 있었고, 천연가스를 대체하려면 석탄발전소뿐 아니라 핵발전소 운행까지 연장해야 한다는 주장이 나왔다. 녹색당이 세운 에너지 전환 속도에도 차질이 생길 것이라는 전망도 나왔다.

하지만 2022년 4월 6일 하벡은 1월 예고한 재생에너지 정책 패키지를 발표한다. 약 600장에 달하는 내용에는 재생에너지법, 해상풍력에너지법 등의 개정을 포함한 총 56개의 법안 변경과 조처가 담겼다. 하벡은 "재생에너지의 확장은 공공의 최대 관심사이며 국가 안보의 문제가 되었다"라는 말과 함께 정책을 발표한다. 신호등 연정이 당초 계획한 대로 2030년까지 전체 전기 사용량의 80%, 2035년까지 사용량의 대부분을 재생에너지로 충당하겠다는 목표가 공식화된 순간이다. 핵심은 재생에너지 확장의 가속화였다. 구체적으로 살펴보면 에너지원별로 2030년까지 발전 용량 목표치가 발표된 것이 인상적이다. 이를테면 육상풍력발전의 경우 2030년까지 매년 10GW기가와트 규모로 설비를 확보하여 총 115GW의 발전 설비를 갖출 계획이 확정되었다. 재생에너지 인프라 개발을 지연시키고 어렵게 하는 각종 절차나 규제를 완화하는 것도 정책 패키지의 주요 내용 가운데 하나였다.

재생에너지는 해답인가

독일은 에너지 전환을 성공적으로 진행한 국가로 알려졌는데 녹색당은 그 과정에서 큰 역할을 해 왔다. 특히 재생에너지법은 독일의 에너지 전환을 상징한다. 창당 시기부터 탈핵을 가장 중요한 정치 의제로 내세운 녹색당에게 탈핵 결정과 재생에너지법 제정은 큰 수확이었다.[14] 2001년 환경부 장관이었던 녹색당의 위르겐 트리틴Jürgen Trittin은 재생에너지법이 통과되고 1년간의 변화를 결산하는 보고를 통해 "재생에너지의 사용은 생태적으로 의미 있을 뿐 아니라, 경제적으로도 이득이다"라고 발언한다. 재생에너지의 경제성과 미래 발전 동력으로서의 가능성을 강조한 말이다. 당시 결산 보고에는 재생에너지 확대가 탄소배출량 감축을 통해 기후보호에 긍정적 영향을 미친다는 언급도 있었지만, 재생에너지 산업이 가져올 일자리 확대와 미래 가능성이 더 강조되었다. 실제로 재생에너지법 통과 이후 재생에너지 분야에서 한 해 동안 약 7만 개의 새로운 일자리가 생겼다.

트리틴 환경부 장관은 보고 말미에 "2010년 이후에도 계속해서 재생에너지가 확대되어야 장기적으로 지속가능한 에너지 전환을 이룰 수 있다"라며, 2010년을 목표로 세운 10년 정책의 초기부터 그 이상의 미래를 바라보았다. 그의 말처럼 정권이 바뀌는 가운데도 재생에너지법은 유지되어 독일 내 재생에너지 전력 비중은 지속적으로 증가한다. 그 사이 세부적인 법은 여러 차례 계정되었지만 에너지 전환을 뜻하는 독일어 '에네르기벤데Energiewende'는 재생에너지로의 전환과 경제 성장을 동시에 이룩한 독일의 성공적 변화를 상징하는 단어가 되었다.

2002년 개정된 녹색당의 세 번째 강령에는 재생에너지의 미래에 대한 밝은 청사진이 들어 있다. 재생에너지는 미래의 혁신 기술이며, 독일이 세계 시장에서 경쟁력을 가질 수 있는 분야라는 것이다. 2000년 재생에너지법을 만들었던 녹색당은 강령을 통해 '핵에너지와 화석연료의 시대에서 태양에너지 시대로의 전환은 이미 시작되었다'라며, '미래의 지속가능한 에너지 경제를 위해 전력을 다하겠다'고 밝힌다.

2002년 강령에서 또 하나 눈여겨 볼 지점은 '지속가능성'이란 개념의 등장이다. 이때부터 지속가능성은 녹색당 정치의 중심에 들어왔다. 창당 초기엔 시장경제와 경제 성장에 대한 부정적 인식이 뚜렷했던 녹색당은 지속가능성을 통해 생태와 경제 성장을 연결시킬 수 있었다. 이는 '생태적인 것이 새로운 성장 분야를 창조한다', '생태적 경제가 일자리를 만들어낸다' 같은 강령으로 나타난다. 더 나아가 녹색당은 기후변화를 막기 위한 탄소배출량 감소, 즉 지속가능성을 목표로 한 에너지 전환을 생태적 경제의 대표적 예로 제시한다. 이후로 지속가능성과 경제 성장을 연결하거나 기후보호와 경제 성장을 연결하는 것은 녹색당뿐만 아니라 독일 정치의 일반적 경향이 되었다. 물론 언급의 강도와 횟수, 정책의 구체성에서는 큰 차이를 보인다.[15]

현재 에너지 전환이라는 용어에는 기후보호뿐 아니라 다양한 의미가 함께 따라온다. 이 장의 서두에 소개했던 슐테와 호프라이터의 대담을 떠올려 보자. 기후보호를 위해 현재 인간이 누리는 기술, 소비 등을 포기할 필요가 없다는 호프라이터의 발언은 녹색당의 기후보호 정책을 넘어 '인류의 생존과 관련된 중대한 질문'에 대한 답이다.[16] 에너지 전환에 따라붙는 기술 혁신, 경제 성장 등을 누리면서도 기후위기를 막는 것이 진짜 가능한지를 되물을 필요가 있다.

슐테는 구체적으로 독일이 현재의 경제 수준을 유지하면서 대부분의 에너지 수요를 재생에너지로 충당하는 일이 가능한지 평가한다. 그의 말을 요약하면 '기술 발전을 통한 에너지 효율성의 증가를 고려해도 현재 수준의 경제와 소비를 유지하면서 탄소중립을 이루는 것은 불가능해 보인다.' 녹색당이 말하는 사회-생태적 시장경제는 항공기, 교통, 산업, 난방 등 대부분 분야의 에너지를 재생에너지 전력으로 대체하는 걸 전제하기 때문에 상상할 수 없을 정도로 많은 전기를 필요로 한다. 슐테가 인용한 연구에 따르면 현재 기준으로 항공기 분야에서만 탄소중립을 이루려 해도 독일에서 생산된 재생에너지 전기 전부를 사용해야 한다.

___ 녹색당이 말하는 새로운 부

녹색당이 이야기하는 에너지 전환이나 지속가능한 성장은 그동안 꾸준히 비판을 받아 왔다. 독일의 대표적인 포스트성장 경제학자인 니코 페히Niko Paech가 대표적이다. 그는 "기술에 대한 믿음이 오류인 것은 기술의 실현이 불가능하기 때문이 아니라, 그것이 현재의 생활 방식을 고민하지 않게 만들기 때문이다"라고 말한다. 그는 녹색당처럼 기술 발전으로 지금과 같은 삶을 유지하면서 동시에 기후와 생태를 보호하겠다는 건 정치적으로는 성공적이었지만, 실제 기후보호나 생태보호를 위해서는 성공적인 방식이 아니라고 주장한다.[17]

페히는 노동시간과 임금을 줄이고, 이에 맞춰 소비도 줄여야 한다고 말한다. 그리고 지금과 같은 글로벌 소비 경제가 아니라 지역 경제와 순환 경제가 필요하다고 주장한다. 페히뿐만 아니라 현재 기후보호 방식의 문제를 이야기하는 많은 사람들은 소비의 축소가 필수라고 주장하거나, 최소한 에너지 효율성과 대체 기술이 탄소중립을 가능하게 할 만큼 충분히 발전하기 전까지는 소비와 경제 규모의 축소가 불가피하다고 말한다.

물론 녹색당이 기술 발전과 성장만을 주장하거나, 소비의 축소나 생활 방식의 변경을 전혀 이야기하지 않는 것은 아니다. 다만 방식이 좀 다를 뿐이다. 녹색당 소속 연방의회 의원으로 오랫동안 활동했고, 경제학자이기도 한 게르하르트 식Gerhard Schick은 녹색당이 기존의 성장 담론에 대항하기 위해 탈성장을 주장할 필요는 없다고 말한다. 그는 녹색당이 이데올로기적인 논쟁에 빠질 필요가 없으며, 대규모 투자를 통한 '그린뉴딜Green New Deal' 같은 정책을 펴면서도 부유함의 의미와 삶의 질에 대한 긍정적인 논쟁을 이끌어야 한다고 주장한다.[18]

게르하르트 식은 경제 성장이 목표가 아니라도 기후보호를 위해서는 에너지 전환이 필요하다고 주장하지만, 경제 성장의 부정적인 면만 강조하다가는 경제 성장이냐 아니냐에 대한 이분법적이고, 소모적인 논쟁에서 벗어나기 어렵다고 보았다. 그는 삶의 질을 평가하려면 경제 성장뿐 아니라 다양한 요소가 고려되어야 한다며 관점의 전환을 요청한다. 게르하르트 식은 시민들에게 삶의 질을 평가하는 요소에 좋은 환경과 기후가 포함된다는 점을 설득할 수 있다면, 탄소세 같은 정책이나 특정 분야의 소비를 줄이려는 시도 또한 긍정적인 반응을 끌어낼 수 있다고 말한다.

녹색당 강령과 선거 공약에는 경제 성장에 대한 긍정과 성장의 한계에 대한 내용이 공존한다. 녹색당은 창당 초기부터 삶의 질에 관심을 기울였으며, 경제 성장을 말하면서도 그것이 반드시 좋은 삶을 보장하진 않는다는 점을 분명히 해 왔다. 앞에서 중요하게 언급했던 2019년 녹색당 경제 정책안의 1번 항목은 '새로운 부의 개념Ein neuer Wohlstand' 이다. 이 개념을 설명하면서 녹색당은 '부 개념을 경제 성장에서 분리하고, 경제 성장을 자원 소비로부터 최대한 분리할 필요가 있다'라고 말한다. 동시에 'GDP는 이미 부와 삶의 질을 측정하기 위한 좋은 기준이 아니다'라는 입장을 취한다.

1968년부터 독일 경제부 장관은 해마다 연초 경제 보고를 통해 독일의 지난해 경제를 돌아보고 앞으로의 전망을 발표해 왔다. 특히 GDP 성장에 대한 전망이 중요한 부분을 차지하는 자리다. 그런데 2022년 1월에는 변화가 생겼다. 이 자리에서 하벡은 기후보호 긴급 정책 외에도 또 한 가지 중요한 발표를 한다. 그는 전반부에는 기존 장관들과 비슷한 내용을 말했지만, 후반부에는 지금까지 없었던 새로운 내용을 이야기했다. 경제기후보호부 차원에서 '부 또는 행복을 측정하는 새로운 기준'을 만드는 프로젝트를 추진하겠다고 언급한 것이다.

여기에는 재생에너지 비율, 지도급 인사의 여성 비율, 사회 불평등,

기업의 창업 숫자, 출생률, 육아시설의 숫자 등 국가의 부를 측정하는 새로운 기준이 망라되었다. 하벡은 새로운 측정 기준이 당장 경제 성장률에 대한 관심과 발표를 대체하지는 않을 것이라고 전제하면서도, 새로운 부의 개념을 도입하여 삶의 질에 대한 사회적 논의를 심화시키고 그에 대한 이해를 발전시키겠다는 목표를 밝힌다.

신호등 연정에서 녹색당이 주도하는 경제기후보호부는 기후변화를 막고 사회-생태적 시장경제로 독일 경제를 전환해야 하는 막대한 과제를 안았다. 2030년까지 독일의 재생에너지 전력 비율을 80%까지 늘리는 것, 탄소배출량 감축 목표를 지키는 것 모두 호락호락하지 않은 일이다. 하지만 녹색당은 경제 성장과 삶의 질에 대한 새로운 시각을 만들어내려는 과제를 스스로 만들고 추진하는 중이다. 결국 미래를 위한 전환은 우리의 의식과 삶의 변화 또한 요구하기 때문이다.

3장 · 노동 및 사회 정책

시민들요, 살려주요, 요금개혁

생태사회적 녹색경제

1980년 녹색당은 첫 강령을 통해 "기존 정당들의 경제, 금융 정책은 생태학적 측면이나 인구의 장기적인 이익을 고려하지 않았으며, 이들의 주요 목표는 파괴적인 경제 성장이다"라며 자유시장경제 체제를 비판한다. 또한 "우리는 근본적으로 모든 '양적' 성장에 반대한다. … 그러나 '질적' 성장에는 찬성한다. 지금과 같거나 더 적은 에너지와 원자재를 사용하여 성장이 가능하다면 찬성한다"라며, 이윤 추구만을 목적으로 자연과 인간을 착취하는 양적 성장에 대한 반대 입장을 보였다. 초기 녹색당은 자원과 자연의 최소 이용을 통한 '질적 성장'과 사회적 약자를 위한 '사회적 성장'을 목표로 하는 경제 정책을 제시했다.

기존의 복지국가 체계에서 혜택을 누리는 노조 가입 (남성)노동자, 공무원, 광산업 종사자뿐만 아니라 조직화되지 않은 여성, 장애인, 노인, 빈곤층 등과 같은 집단을 보호하기 위한 사회 정책을 포함해, 정치권력(정치, 경제, 노동 협의체)을 통해 생태친화적이면서 민주적 통제가 이루어지는 '생태적이고 사회지향적인 경제ökologische und sozialausgerichtete Wirtschaft', 이것이 창당 초기 녹색당이 말하는 녹색경제였다.

독일에서는 제1차 석유파동 이후 1975년 마이너스 경제 성장율을 보일 정도로 경기침체와 고용위기가 심화된다. 특히 노동시장 안정과 늘어나는 실업자를 구제하기 위한 사회보장 지출이 매우 큰 상태였다. 독일 사회보험 제도는 전통적으로 임금노동자의 부담을 바탕으로 운영되었다. 실업률이 높아지면 실업급여 등의 지출 비용은 급격하게 늘어나지만 재정 수입은 줄어드는 구조다. 이런 위기 상황은 1973년의 제1차 석유파동부터 시작된 것이다. 사민당의 헬무트 슈미트Helmut Schmidt는 경제 안정과 완전 고용을 강조하며 총리가 되었지만, 총리 기간(1974 –1982) 내내 연정 파트너인 자민당과 제1야당인 기민/기사당 연합에게 연금을 비롯해 사회보장 지출이 과하다는 지적과 전체적인 사회 정책을 전환해야 한다는 요구를 받았다.

집권 초기 슈미트 총리는 건설, 철강, 기계공학, 자동차 산업 등 특정 분야의 성장을 촉진하고, 사회복지 분야의 긴축 정책으로 재정 안정화를 시도한다. 그런데 연정 파트너인 자민당은 더 나아가 사회보장의 대폭 축소와 대내외 기업 활동에 대한 규제 완화 정책을 요구했다. 이는 사민당 내부를 포함하여 노조의 반발을 샀으며, 생태사회적 경제를 이야기하며 새롭게 등장한 녹색 세력들의 비판을 받았다. 1976년 연방의회 선거 이후 사민당과 자민당의 불안정한 연립정부는 친환경 운송시설 및 에너지 개발을 위한 투자와 아동수당 인상, 소득세 인하 등의 경기 부양책을 내놓았다. 하지만 1979년 제2차 석유파동의 결과 실업자 수가 폭발하고, 사회복지 예산 지출 증가로 인해 국가 부채가 꾸준히 증가했다.

최악의 경제 불황을 겪으며 치러진 1980년 10월 연방의회 선거에서 사민당과 자민당은 다시 한 번 불안정한 연립정부를 이어간다. 자민당은 사민당에게 여전히 사회보장 축소와 기업 규제 완화를 요구한다. 특히 1982년 초 실업자가 200만 명까지 증가하자, 자민당은 실업수당 및 아동수당 삭감을 요구하며 사민당을 더욱 압박했으며, 고소득자에게 추가 세금을 부과해 사회복지 예산을 확보하려는 사민당의 재분배 정책에도 반대한다. 이런 경제, 사회 정책의 노선 차이는 이들의 연정이 중단되는 데 결정적인 요소가 됐다.

노동시간 단축

1980년 창당 이후 처음 참여한 1983년 연방의회 선거에서 녹색당은 도급 노동 및 컨베이어벨트 노동 감축, 야간 및 교대 작업 감축, 주 35시간 근무 도입[1]을 주요 공약으로 내세웠다. 또한 친환경 농업 및 대체 에너지 부문에서 새로운 생태 일자리 창출과 사회보험이 적용되는 시간제 고용 창출, 기업 내 노사조정 장치 강화, 건강과 환경에 해로운 제품을 만드는 기업에 대한 과세와 친환경제품을 생산하거나 생태적 생산 목표와 과정으로 운영되는 기업에 대한 감세 등도 공약에 포함시켰다. 또한 세계금융위기와 성장만을 목표로 하는 산업사회에서 생존의 위협을 받는 계층을 보호하기 위한 강력한 사회보장의 필요성에 대해서도 이야기했다.[2]

선거에서 5.8%를 득표하며 처음으로 의회에 진출한 녹색당은 사회정치적 목표를 노동시간 단축과 연관시켰다. 녹색당은 야당이 된 사민당의 일부 의원들과 함께 당시의 주 40시간 근무제를 주 35시간으로 바꿀 것을 주장했다. 이것은 당시 금속노조IG Metall를 중심으로 한 노동조합의 요구이기도 했다. 기업들은 대량 해고를 통해 경제 위기를 극복하고자 했지만, 노동자들은 노동시간을 단축해 일자리를 나누는 방식으로 실업을 막고, 기존 일자리가 사라지는 것을 방지하고자 했다.[3]

그러나 독일사용자협회BDA: Bundesvereinigung der Deutschen Arbeitgeberverbände를 중심으로 한 재계는 "노동시간 1분을 단축하는 것보다 4주 동안 파업하는 게 낫다"며 추가 단축을 반대했다. 이에 녹색당은 성장에 대한 근본적인 비판과 더불어, 노동시간 감소를 통해 문화적, 정치적, 사회적 가치를 창출하는 무형의 활동을 증가시키고, 여성과 남성이 가사분담을 더욱 평등하게 할 수 있도록 돕는 주 35시간제를 적극 옹호한다. 이때 사민당 좌파 계열을 중심으로는 노동시간을 30시간으로 단축하고, 고소득층의 임금을 삭감해 노동시간 단축으로 줄어든 급여를 보전하자는 주장도 나왔지만, 녹색당은 중하위 소득을 위해 고소득층의 임금을 삭감하는 대신 기본소득을 제안했다.

사회보장제도 개혁

1980년대 중반부터 구체화된 녹색당의 기본소득 정책은 당시 사민당이 꿈꾸는 '전 국민 완전고용'이라는 목표를 비판적으로 바라보며 출발했다. 녹색당은 생태계를 파괴하지 않는 성장과 완전 고용은 불가능하다고 보았으며, 실업보조나 연금 같은 기존 사회보장으로는 여성, 장애인, 노인, 외국인 등 사회 진출이 구조적으로 어려운 계층의 빈곤 문제를 해결할 수 없다고 주장했다.

1985년 6월 녹색당이 의회에서 제안한 '녹색기초보장모델Grüne Grundsicherungsmodelle'은 크게 60세 이상의 모든 노인에게 월 최소 1,000마르크(DM, 2024년 물가로 환산하면 약 1,105유로)를 지급하는 기초연금제도 Grundrente für alle를 한 축으로 하고, 임금노동을 하지 않는 학생, 실업자, 장애인 등에게 월 최소 1,000마르크를 지급하는 사회기초보장제도Grundsicherung für alle Lebenslagen를 다른 한 축으로 했다. 당시 녹색당의 주장은 급진적이라는 이유로 사민당과 기민/기사당 연합에게 거부되었고, 일부 기민/기사당 의원들로부터 "경제보다는 환경과 건강한 먹거리에만 유난을 떠는 유기농, 뮤즐리Müsli[4] 연금"이라는 비아냥거림을 들었다.

통일 전후 동독의 계획경제가 무너지는 걸 지켜보면서 녹색당은 시장의 기능을 불신하고 자유시장경제 체제에 대해 비판적이었던 당의 입장을 다시 생각하기 시작했다. 또한 1990년 10월 3일 독일 통일 이후 처음 치러진 12월 연방의회 선거에서 동독 녹색당 의원들이 대거 통일의회에 진출하면서, 사회주의 경제에 비판적 입장을 가졌던 동독 출신 정치인들의 발언권이 강해진다. 더불어 시장의 경쟁과 혁신성을 유지해야 한다는 실용주의 노선의 당원들이 늘어남에 따라 녹색당 내부에서는 본격적으로 녹색의 가치를 혁신과 부의 창출에 결합하는 제안이 등장했다.

당시 통일 독일의 연방정부는 독일통일기금Der Fonds Deutsche Einheit 을 조성하여,[5] 무너진 구동독 경제와 산업 구조를 재건한다는 명목으로 사용하려 한다. 이때 녹색당은 통일된 독일에서 사회정의와 생태환경을 보호하는 원칙과 방안에 대해 나름의 주장을 펼친다. 녹색당은 친환경적인 운송 시스템, 분산적인 에너지 생산 및 대체에너지 개발, 생태적인 생산 공정 등에 대한 과감한 투자와 해당 분야 일자리 창출을 통해 경제 활성화를 요구하며, 특히 이를 구동독 지역에 집중해야 함을 강조한다. 뿐만 아니라 노동시간을 줄이거나 일자리를 나누지 않고는 경제 침체 시 대량 실업을 막지 못할 것이라고 주장하면서 적극적인 일자리 나눔과 노동시간 단축을 요구했다.

녹색당의 사회-생태적 '시장'경제

1998년 9월 연방의회 선거를 치루며 녹색당은 기민당의 헬무트 콜 Helmut Kohl 정부가 통일 전후 진행한 경제 정책은 실패한 신자유주의적 공급 정책이며, 고소득자에 대한 세금 감면은 잘못된 재분배 정책으로 사회적 불평등을 강화하고 노동자들의 권리를 약화했다고 강력히 비판한다. 실제로 서독의 사회적 시장경제 방식으로 동독의 경제와 산업을 흡수하는 과정에서 시장 경쟁력이 부족한 동독의 많은 기업과 공장이 폐쇄되었다.

특히, 동서독 간의 일대일 화폐통합은 동독 기업들에게 큰 부담으로 작용했다. 같은 돈으로 동독 기업보다는 서독 기업의 물품을 사려는 사람들이 증가한 반면, 동독 기업도 서독과 같은 가치로 인건비를 지불해야 했기 때문이다. 이 과정에서 경쟁력을 잃은 동독 기업들이 문을 닫으면서 많은 실업자가 발생한다. 1991년 구동독 지역에서만 약 100만 명이었던 실업자가 1998년에는 150만 명까지 늘어 실업률이 20%에 달했다.

이때부터 녹색당은 시장경제 체제를 좀 더 생태적, 사회적이며 여성과 남성에게 평등한 구조로 만드는 '사회-생태적 시장경제'를 제안한다. 녹색당이 '시장경제'라는 용어를 처음 사용하기 시작한 것이다. 녹색당은 정부가 시장에서 공정한 경쟁이 이루어지도록 지원함으로써, 많은 기업과 개인이 시장에 진입할 수 있는 기회를 보장하고, 이를 통해 혁신을 촉진해야 한다는 입장을 분명히 했다. 뿐만 아니라 환경 부담을 덜 주는 기업에게 세제 혜택을 주고, 여성과 남성이 공정하게 직장생활에 참여하며 생계를 보장할 수 있도록 하며, 전체적인 노동 강도를 완화할 수 있는 제안들을 내놓았다.

녹색당은 지속적으로 법정 최대 노동시간으로 주당 35시간을 도입할 것(1995년 전 산업군에 주 38.5시간 도입), 35~40시간 사이에서 개인별 노동시간을 단축하거나 탄력적인 근무가 가능한 유연근무제 및 일자리 분담을 통해 노인, 사회초년생에게 일자리를 제공할 것, 220마르크였던 아동수당을 300마르크(약 247유로)로 높일 것[6] 등을 이야기했다. 세금을 면제해주는 최저 소득 수준을 연간 1만 2,000마르크에서 1만 5,000마르크(약 1만 2,372유로)로 인상하고, 과세 대상이 되는 최저 소득층의 세율을 25.9%에서 18.5%로 인하, 연간 12만 마르크(약 9만 8,975유로) 이상 고

소득자에게는 최고세율을 45%까지 적용시켜야 한다고 주장했다.[7]

1998년 연방의회 선거에서 승리한 사민당은 최초로 녹색당에게 연정을 제안하여 적녹연정을 구성한다. 이들은 사회-생태적 시장경제 체제를 기본으로 지속가능한 성장과 혁신을 통해 경제력을 강화하고, 미래 전망이 있는 일자리를 만들겠다는 경제 목표를 정했다. 또한 위로부터 아래로의 재분배 정책을 강화하고, 노동자와 사회적 약자를 보호하며, 보육과 육아를 지원하는 등등 전반적으로 사회보장 정책을 확대하겠다고 약속한다.

적녹연정은 집권하자마자 이전 정부에서 축소되었던 사회복지 재원을 원상회복하고, 금속노조 부위원장을 노동부 장관으로 임명하는 등 노동조합과의 관계 개선에도 힘을 썼다. 하지만 장기간에 걸친 낮은 경제 성장률과 사회복지 부담으로 재정 적자에 시달렸고, 장기실업률과 높은 실업률로 대표되는 노동시장의 불황을 해결하지 못했다. 여기에 더해 연금과 의료보험 등의 과도한 사회보장이 재정을 더욱 악화시켜 2002년 당시 GDP 대비 15.1%였던 사회보장 비용이 2040년에는 26%까지 증가할 것이라는 부정적 전망이 계속 제기되었다.

하르츠IV를 돌아보다

적녹연정 기간 중인 1999년부터 사민당의 게르하르트 슈뢰더 총리는 성장과 고용 확대를 위한 노동시장 개선, 복지 시스템 개혁을 포함한 새로운 경제 정책을 구상하기 시작했다. 그 결과물로 2002년 2월

'노동시장 현대화를 위한 위원회Kommission für moderne Dienstleistungen am Arbeitsmarkt'(이하 하르츠 위원회)[8]가 구성되었다. 같은 해 8월 하르츠 위원회는 향후 3년 동안 실업 인구 200만 명 감소를 목표로 하는 보고서를 발표한다. 보고서에는 실업자에게 지급되는 사회보장을 줄이고, 시간제 및 파견 노동과 같은 비정규직 일자리를 통해 실업자를 줄이는 노동 유연화 정책이 포함되었다. 또한 11월에는 '사회보장재정 지속가능성을 위한 위원회Kommission für die Nachhaltigkeit in der Finanzierung der sozialen Sicherungssysteme'(이하 뤼룹 위원회)가 구성되어 사회보험에 대한 개혁안을 마련했다.[9]

2002년 9월 열린 연방의회 선거 이후 두 번째 적녹연정을 맺은 사민당과 녹색당은 하르츠 위원회에서 제안한 혁신안을 반영하여 '하르츠IV'를 단행한다. 이미 녹색당에서도 2002년 새롭게 강령을 개정하면서 당시 정부가 추진 중인 강한 사회보장재정 지출이 미래 세대에 부담이 될 수 있음을 지적하며, 정부 지출에 균형을 맞춰야 한다는 것을 언급한 바 있다. 때문에 심각한 노동 문제와 사회 문제를 야기할 것이라는 당 안팎의 우려, 특히 청년녹색당과 일부 녹색당 의원들의 반대에도 불구하고 카트린 괴링-에카르트Katrin Göring-Eckardt 원내대표를 비롯한 녹색당 주요 인사들의 적극적인 설득으로 결국 법안을 통과시킨다.[10]

녹색당은 기존에 실업부조와 사회부조 두 가지 방식으로 지급하던 사회보장제도를 통합해 행정 비용과 낭비를 방지할 수 있다고 생각했다. 하지만 녹색당이 보안책으로 제시한 제도들, 즉 하르츠 법안으로 발생할 수 있는 저임금노동자를 위한 최저임금 도입, 어린이를 위한 무상급식 유지 등과 같은 제안은 반영되지 않았다. 2003년 3월 슈뢰더 총리는 하르츠 위원회와 뤼룹 위원회의 개혁안을 종합하여, 경제, 사회 개혁 프로그램인 '아젠다 2010Agenda 2010'을 발표했다. 그러면서 "이제는 누구도 국가 돈을 써가면서 쉴 수 없도록 할 것이다. 일하기를 거부한다면 제재를 받을 것이다"라고 선언했다.

하르츠 법안 시행으로 실업급여 지급 및 실업 대책이 대폭 개편되었다. 그동안 실업자들은 실업급여, 실업부조, 사회부조라는 세 가지 이름으로 지원을 받을 수 있었다. 실업 발생 후 최대 32개월까지는 재직 시 급여의 3분의 2 정도를 실업급여로 받을 수 있었고, 이 기간 내에 재취업을 못해 장기실업자가 될 경우 기간 제한 없이 재직 시 급여의 절반가량을 실업부조로 받을 수 있었다. 또한 장기간 실업으로 인해 생활이 일정 수준 이하로 어려워지면 사회부조를 제공받았다.

새로 개편된 법에 따라 실업자를 대상으로 시간제 노동과 같은 비정규직 형태의 일자리가 알선되었고, 실업자는 실직 4개월 뒤부터 고용사무소Agentur für Arbeit를 통해 소개된 일자리나 직업교육 이수가 의무화되었다. 그리고 정당한 사유 없이 이를 거부할 경우 실업급여 수급 자격이 일시적으로 중단된다(하르츠I). 다른 한편으론 월 소득 400유로로(약 55만 원) 이하 미니잡Minijob과 800유로(약 110만 원) 이하의 미디잡Midjob 고용에 대해 사용자의 사회보험 분담금을 감면하고 임시직, 시간제 일자리를 늘렸다(하르츠II). 실업급여가 지급되는 조건도 기존에는 실업 발생 전 3년 동안 12개월만 실업보험에 가입하면 되었던 것을 2년으로 강화한다(하르츠III). 실업급여 지급기한도 기존 최대 32개월에서 최대 12개월으로 줄이고, 1년 이상 장기실업자에게는 기존의 실업부조와 사회부조를 통합한 실업급여Ⅱ를 지급한다(하르츠Ⅳ). 당시 장기실업자에게 지급되는 실업급여Ⅱ는 1인 가구 기준 월 345유로(약 46만 원) 수준이었다.

그런데 하르츠법 이전에도 장기실업자에게는 적극적인 구직 활동 및 고용사무소의 구직 제안에 대한 무조건적인 수락 의무가 존재했다. 문제는 이러한 방침으로는 장기실업자 발생을 해결하지 못하는 데 있었다. 사실 장기실업자들에게 제공되는 미니잡 같은 임시직 노동은 지속되기 어려워 또다시 실업으로 이어지는 악순환을 낳았다. 2004년 12월 독일 제1공영방송 《아에르데》에서 진행한 여론조사에 따르면, 당시 독일 국민 중 78%는 하르츠법이 고용시장 상황을 개선하리라 기대하지 않았고, 85%는 2005년 1월 발효될 하르츠Ⅳ 역시 실패할 것이라 예상했다. 결국 하르츠 개혁은 원래 계획과 다른 결과들을 낳았고, 슈뢰더 총리는 연정 파트너인 녹색당의 반대를 무릅쓰고 임기를 1년 이상 남긴 시점에 조기 총선을 요구한다.[11]

2005년 연방의회 선거에서 제1당이 된 기민/기사당 연합의 앙겔라 메르켈은 사민당과 대연정을 추진하며, "슈뢰더 총리가 아젠다 2010을 과감하게 실행해주어 감사하다"라는 발언으로 하르츠 정책을 이어갈 뜻을 밝혔다. 2005년 독일은 통일 이후 최고 실업률을 기록했는데, 실업자 수만 486만 명에 실업률은 13%에 달했다. 하르츠 Ⅳ 발효 1년 후인 2006년부터 독일의 실업자는 감소하여, 2009년에는 350만 명 이하, 2012년에는 290만 명 이하가 된다. 독일의 2012년 실업률은 6.8%인데, 당시 유럽연합 평균 실업률인 10.8%와 비교하면 상당히 낮은 수치다. 하지만 이 같은 실업률은 2011년 말 통계에 따르면 약 750만 명에 달하는 미니잡과 미디잡 종사자들이 있기에 가능했다.

2009년 연방고용사무소의 정책연구기관인 '노동시장과 교육연구소IAB: Instituts für Arbeitsmarkt- und Berufsforschung'는 지난 5년간의 하르츠IV 정책으로 장기실업률을 포함한 전반적인 실업률 감소와 고용 창출 효과가 있었다고 발표한다. 하지만 이에 대해 독일 금속노조 정책기관인 한스 뵈클러 재단은 "더 자세히 보면 하르츠IV에 성공 사례는 없다"고 반박한다. 하르츠IV 지원으로 장기실업에서 벗어난 사람은 4분의 1도 안 되며, 그나마 직업 활동을 시작한 사람들도 불안정한 조건에서 저임금 노동에 시달리며, 그마저도 대부분은 젊은 남성들이라고 꼬집었다. 편부모, 여성, 이민자 1세대 등 지원이 꼭 필요한 특정 계층들은 여전히 장기실업에서 벗어나지 못했다며 하르츠IV를 비판한 것이다.

대연정 기간 이어진 하르츠IV 정책은 경제 성장과 고용 증가 및 실업 감소 뒤에 가려진 노동 불안정, 빈부격차 등의 문제를 드러냈다. 본래 실업률을 낮추고 재정을 강화하자는 목적에서 시행된 하르츠IV가 결국은 저임금노동 확대, 소득 불균형, 빈곤층 증가, 양극화 심화를 초래한 셈이다. 2009년 헤센Hessen 주 법원은 하르츠IV로 장기실업자 자녀에게 지급되는 사회수당이 아동의 생활을 충분히 지원하지 못한다고 판결한다. 또한 2010년 연방헌법재판소는 장기실업자가 받는 실업급여 II가 모든 국민이 존엄성 있는 삶을 영위할 최소한의 소득을 가질 권리를 보장하는 헌법에 부합하지 않는다며, 위헌 결정과 더불어 연방정부에 하르츠IV를 재조정할 것을 요구한다.

녹색당은 야당이 된 이후 하르츠IV의 개혁을 요구했다. 2009년 연방의회 선거에서 녹색당은 시간당 7.5유로(약 1만 원)의 최저임금제 도입과 실업급여Ⅱ 지급액을 최대 345유로에서 420유로(약 58만 원)까지 높일 것을 주장한다. 여기에 2007년 기존의 민주사회당PDS과 '노동과 사회 정의를 위한 선거대안WASG'의 합당으로 새롭게 창당된 좌파당Die Linke도 초기부터 기본소득과 최저임금제 도입을 주장하며 힘을 보탰다. 이렇듯 하르츠IV를 개혁하라는 사회적 요구가 커진 덕분에 2015년 독일 최초로 시간당 8.5유로(약 1만 2,000원)의 최저임금제가 도입되었다.

하르츠IV에서 시민급여로

2021년 9월 녹색당은 연방의회 선거에 나서면서 사회-생태적 시장경제에 기반한 다양한 경제, 산업 정책을 제시할 뿐만 아니라, 지속가능한 삶을 위한 노동, 사회 정책을 내세웠다. 녹색당은 하르츠IV에서 가장 문제가 되는 실업급여와 관련해, 첫 번째 단계로 당시 약 380만 명에게 지급되던 실업급여Ⅱ 지급액을 432유로(2005년 345유로)에서 50유로 더 인상하는 안을 제시한다. 나아가 궁극적으로는 기존의 하르츠IV를 폐지하고, 시민급여Bürgergeld를 도입해 보다 쉽고 평등하게 기초생활보장을 제공하자고 주장했다.

2020년 기준 독일의 18세 미만 아동은 약 1,300만 명에 달하는데, 그중 20% 이상에 해당하는 약 280만 명의 아이들이 빈곤(중위 소득 60% 미만 가정) 상황에 있었다. 그리고 이 아동들의 부모 중 상당수가 하르츠

IV 지원 대상자였다. 녹색당은 기본적으로 모든 아동 및 청소년에게 자녀수당Kindergeld을 지급하고, 부모가 소득이 없거나 적은 가정에 추가 지원하는 공약을 내세운다. 뿐만 아니라 자녀가 있는 부모들이 가정과 직장 생활을 양립할 수 있도록 돕는 다양한 정책도 제안했다.

기존에 아이를 낳은 당사자(여자)에게만 주어지던 출산 직후 2주 휴가를 4주로 늘리되, 이를 파트너에게도 동일하게 적용할 것, 기존의 14개월이던 육아휴직을 최대 24개월(부모당 8개월씩 가능하며, 둘 중 한 명은 추가로 8개월 더 연장)로 연장하고, 이를 자녀가 14세가 될 때까지 나눠서 사용할 수 있도록 할 것, 자녀가 아플 때 병가를 낼 수 있는 일수를 아동당 최대 10일에서 부모당 연간 30일(한 부모는 60일)로 할 것 등이 주요 내용이었다. 어린이집과 종일 학교를 확충하고, 이를 위해 충분한 교육자를 확보하는 정책도 녹색당이 수년간 주장해 오던 바였다.

2021년 12월 사민당, 녹색당, 자민당의 신호등 연정은 독일의 경제와 사회를 '생태적, 사회적으로 지속가능하도록 만들겠다'는 국정 목표를 발표한다. 경제 발전과 생태적 책임을 분리해서 생각하지 않고, 혁신, 경쟁력, 효율성을 강화하고, 질적인 노동 및 기후중립적인 복지를 추가하며 사회적, 친환경적인 시장경제를 추구하겠다는 선언이었다. 여기엔 파리기후협약 목표를 달성하기 위해 석탄발전을 가급적 2030년 전에 조기 종료하고, 내연기관 자동차 기술과의 결별, 기후보호 및 디지털화를 핵심으로 첨단기술 산업국가의 위상을 유지한다는 녹색당의 포부가 담겨 있었다.[12]

뿐만 아니라 녹색당은 최저임금을 9.5유로에서 12유로(약 1만

6,500원)로 인상하고, 현대적인 노동법을 마련하고, 현행 기초보장제도인 하르츠IV를 시민급여로 대체할 것을 제안했다. 결국 2022년 최저임금은 사민당과 녹색당의 제안대로 결정되었다. 한 해 동안의 단계적 인상을 통해 2022년 10월부터 시간당 12유로를 지급하는 방식이었다. 세금부과를 하지 않는 미니잡 한도 금액도 기존 월 450유로에서 520유로(약 72만 원)까지 확대하고, 산재보험이 적용되는 시간제 일자리인 미디잡 상한액도 1,300유로에서 1,600유로(약 220만 원)로 늘렸다. 또한 직업교육과 이론교육을 동시에 진행하는 아우스빌둥Ausbuildung 훈련자에게 지급하는 최저임금도 515유로에서 585유로(약 80만 원)로 인상했다.

2022년 9월 연방정부는 시민급여 도입을 공식적으로 발표한다. 연정합의서를 작성할 당시 녹색당이 제안한 시민급여 개념과 방식을 반영해 기초생활급여안을 마련한 뒤 2022년 말 또는 2023년부터 시행할 것을 목표로 한 것이다. 2023년 1월부터 시행된 시민급여는 실업자에게 자산이나 주택 소유 상관없이 실업 상태가 된 첫 2년 동안 시민급여를 지급하고, 지급액도 기존 실업급여II의 월 449유로에서 502유로(약 67만 원)로 인상하였다. 그리고 수급자가 일정 금액을 저축할 수 있도록 예금액 한도를 높였다. 다만 실업자가 시민급여를 지급받는 최초 6개월 동안은 고용사무소가 이를 제재하지 못하도록 하는 안은 기민/기사당 연합의 반대로 무산되었다. 그래서인지 시민급여가 명칭이나 일부 개선점을 제외하고는 기존 하르츠IV와 실질적인 차이가 없다는 비판도 일부 존재한다.

___ 성평등한 노동환경과 사회를 위해 ___

신호등 연정에서 녹색당은 가족·노인·여성·청소년부BFSFJ: Bunde-sministerium für Familie, Senioren, Frauen und Jugend(이하 여성가족부) 장관도 맡았다. 2022년 1월 여성가족부는 '노동시장 성평등GAPS: Gleichstellung am Arbeitsmarkt. Perspektiven schaffen'이라는 프로그램을 시작한다. 채용, 임금, 승진 등의 과정에서 기회의 평등을 보장하며, 일터와 가정에서 여성과 남성의 동등한 직업 활동과 돌봄노동을 보장하고, 여성을 비롯한 노동자의 임금노동을 통한 자립과 노후 보장 등을 목표로 한 정책이다.

새 총리가 된 사민당의 올라프 숄츠Olaf Scholz는 지난 정부에서 재무부 장관을 지낸 이력으로 초반에는 하르츠IV 정책을 지지했다. 그러나 연정을 하면서 개혁의 불가피성을 인정한 상황이다. 2003년 사민당과 협력해 하르츠IV를 통과시켰던 녹색당은 2022년 다시 집권당이 되어 시민급여로의 개혁이라는 새로운 책임을 맡았다. 녹색당은 독일의 사회적 시장경제를 더욱 생태적, 사회적 평등을 이루는 방향으로 만들어 나가야 한다. 그러려면 직장과 가정에서의 실질적 성평등 구조가 필요하고, 노동자들이 안정적인 환경에서 자율적으로 일할 수 있어야 하며, 동시에 충분한 여가가 보장되어야 한다. 이를 뒷받침하려면 직업이 없는 사람, 어떤 일을 거부하거나 또는 노동이 불가능한 사람도 존엄하게 살 수 있도록 보호하는 사회 정책이 필요하다.

4장·여성 정책

남성 중심의 사회는 이제 그만

여성운동과 페미니즘은 녹색당을 뒷받침하는 중요한 가치 중 하나이다. 녹색당의 등장은 독일 의회에서 여성의 비중이 높아지는데 결정적 영향을 주었을 뿐만 아니라, 의회 밖 여성운동의 목소리를 의회로 가져와 대변하는 역할을 했다. 제2차 세계대전 이후 1949년 독일은 기본법 제3조 2항에 "남성과 여성은 평등한 권리를 가진다"고 명시했지만, 많은 하위 법률들이 여성에게 불리한 쪽으로 만들어졌다. 1957년까지만 해도 결혼한 여성은 남편의 동의 없이 노동 계약을 맺을 수 없었고, 1962년까지는 통장도 개설할 수 없었다. 결혼 후 자동으로 남편의 성으로 바꿔야 했던 제도는 1976년이 돼서야 자신의 성을 유지할 수 있도록 수정되었다.

이러한 변화들은 남성이 다수를 차지하는 의회에서 엘리자베스 셀베르트Elisabeth Selbert, 프리데리케 나디그Friederike Nadig 같은 사민당 여성의원들의 투쟁 덕분에 가능한 것이었다. 하지만 임신중절에 대한 처벌법인 형법 제218조 폐지, 가정 폭력으로부터 여성과 아동보호에 대한 법안 마련, 여성의 사회 진출과 정치 참여 보장 등 여성운동의 주요 요구 사항은 오랫동안 의회 내에서 논의조차 하기 어려웠다.

남녀 불평등과 여성에 대한 차별 문제는 대학생들이 주도한 반자본주의, 반제국주의, 반권위주의 사회 혁명인 68운동 내부에서도 제기되었다. 1968년 9월에 열린 독일사회주의학생연맹SDS: Sozialistischer Deutscher Studentenbund[1] 대의원 대회에서 여성해방 행동위원회의 대변인 하이케 잔더Heike Sander는 여성차별 문제를 무시하는 남성 중심의 내부 조직을 강하게 비판하며, 성차별을 다루지 않은 사회 비판은 불충분하다고 외쳤다. 대의원 회의에서 남성 대표들이 여성 문제를 다루려 하지 않자, 이에 대한 항의로 지그리트 뤼거Sigrid Rüger는 이들을 향해 토마토를 던진다. 이 일은 서독 여성운동사에 역사적인 장면으로 남았고, 이후 독일 각 대학에는 여성평의회가 설립되었다.

형법 제218조 낙태죄 폐지운동

1971년 6월 저널리스트인 알리스 슈바르처Alice Schwarzer를 주축으로 374명의 여성이 자신의 임신중절 경험을 공개했다. "우리는 낙태를 했다Wir haben abgetrieben!"는 제목과 여성들의 사진을 표지로 장식한《슈테른Stern》기사는 독일 사회에 큰 파장을 일으켰다. 이 일을 계기로 "내 배는 나의 것이다Mein Bauch gehört mir"라는 구호가 등장하는데 그 배경에는 형법 제218조가 있었다.

"임신을 중단시킨 자는 3년 이상의 징역 또는 벌금에 처한다(1항). 특히 엄중한 경우에는 6개월 이상 5년 이하의 징역에 처한다(2항). 임산

부가 그 행위를 한 경우 1년 이하의 징역 또는 벌금에 처한다(3항)" 같은 세부 조항을 가진 형법 제218조를 없애기 위한 행동 그룹이 전국 각지에서 나타났고, 각 그룹을 연결하고 대표하는 협의회가 만들어졌다. 이들은 당시 법무부 장관에게 1. 형법 제218조의 삭제, 2. 임신중절 의료 행위 허용, 3. 임신중절과 피임약의 의료보험 적용, 4. 여성의 필요에 부합하는 성교육 실시 등을 요구했다.

1974년 사민당과 자민당 정부는 '의사가 임신한 여성의 동의를 얻어 임신 초기 3개월 내 임신중절을 실시할 경우 처벌받지 않는다'는 개혁안을 통과시켰지만, 가톨릭교회와 보수층의 반대가 만만치 않았다. 이들을 대변하는 기민/기사당 연합 의원들이 헌법 소원을 청구했고, 결국 1975년 2월 헌법재판소는 "기본법 제1조 1항 '인간의 존엄성은 훼손할 수 없다. 이것을 보호하는 것은 모든 국가권력의 책무'이고, 국가권력이 보호해야 하는 인간의 범위 안에는 태아도 포함된다. 임신중절에 대한 여성의 자기결정권보다는 태아의 생명권 보호가 더 중요하다"라는 취지로 형법 제218조에 대한 개정안에 위헌 판결을 내렸다.

전국의 여성 단체들은 강력하게 반발했으며, 좌파 과격 단체 소속 여성 그룹이 법원에 폭탄 테러를 시도하기도 했다. 결국 1976년 사민당과 자민당은 '의사가 의학적, 윤리적, 사회적 근거로 임신중절의 허용 여부를 판단할 수 있다'는 새로운 개혁안을 통과시킨다. 하지만 세부적인 판단을 의료진에게 맡긴 법안에 대해 당시 가톨릭 배경을 가진 많은 병원과 의사들이 임신중절 허용 판단을 내리기를 거부했다.

1970년대 말 여성운동[2]은 정치 조직이나 제도권 조직으로 나아가는 길을 모색한다. 1977년 니더작센Niedersachsen 주를 시작으로 독일 각지에서 이후 창당될 녹색당과 유사한 성격의 다양한 녹색 선거 그룹[3]이 만들어졌는데, 여성의 동등한 정치 참여와 성평등을 이야기하는 정치 세력은 페미니즘을 추구하는 여성들에게 새로운 선택지가 되었다.

1980년 1월 서독 각 지역의 녹색 연합체들은 칼스루에Karlsruhe에 모여 연방 단위의 서독 녹색당Die Grünen을 공식 창당한다. 곧이어 3월에 채택한 강령에 가정 내 여성과 아동에 대한 폭력, 강간 및 성폭력, 낙태 처벌, 직장과 사회에서의 여성에 대한 차별과 불이익 등에 관한 문제를 언급하며 여성보호시설 지원, 폭력과 차별을 고발할 수 있는 창구 개설, 형법 제218조 폐지와 같은 여성을 위한 정책들을 제시했다.

1983년 5월 녹색당의 최초 연방의원 중 1명인 발트라우트 숍페Waltraud Schoppe는 자신의 첫 의회 연설을 "형법 제218조에 대한 논의가 새롭게 시작되었습니다"라는 문장으로 시작한다. 전날 헬무트 콜 총리[4]가 의회에서 형법 제218조 논란을 언급하며 태아 생명의 보호를 강조한 걸 겨냥한 연설이었다. 숍페는 1975년 위헌 판결을 다시 언급하며 낙태죄 폐지를 강력히 요구했을 뿐 아니라, 부부 사이의 성폭력을 처벌할 수 있는 형법이 제정되어야 한다고 발언한다. 또한 무엇보다 여성에게 신체에 대한 자기 결정권이 있음을 강조했다. 이날 숍페가 의회에서 처음으로 성차별을 뜻하는 '섹시스무스Sexismus'라는 단어를 사용하자, 보수정당의 남성 의원들은 이 말을 섹스로 오해하고 웃으며 소란을 부렸다.

당시 콜의 기민/기사당 연합은 전통적 가정과 가정 내 여성의 역할을 강화하는 정책을 펼쳤다. 가톨릭교회가 진행한 생명존중, 낙태반대

캠페인을 옹호하고, 1984년에는 여성들이 경제적 어려움으로 낙태하는 것을 방지하겠다며 '태어나지 않은 생명에 대한 보호Schutz des ungeborenen Lebens' 기금을 조성하기도 했다. 이때는 임신중절을 한 여성뿐만 아니라 시술을 한 의사를 처벌하는 법안 역시 계속 시행됐다.

1989년 5월 독일에서 가장 보수적인 바이에른Bayern 주 메밍엔Memmingen[5] 지방법원은 임신중절을 시술한 산부인과 의사에게 2년 6개월의 징역과 3년간 의료 활동 금지 처분을 내렸다. 그리고 그에게 임신중절을 부탁한 156명의 여성들에게는 900유로 이하 300유로(약 40만 원) 이상의 벌금을 부과했다. 이에 항의하는 시위대가 전국에서 메밍엔으로 몰려들었고, 여성 단체와 페미니즘 그룹들이 다양한 이벤트를 열어 법원 판결을 비판하고 탄원서를 제출했다. 바이에른 녹색당의 대표 정치인 마가레테 바우제Margarete Bause는 재판 결과를 마녀사냥이라는 말로 강력하게 비판했다. 이 사건은 항소를 거듭한 긴 재판으로 이어져 결국 1994년이 되어서야 마무리된다. 해당 의사는 집행유예 1년과 의료 활동 금지 취소라는 최종 판결을 받았다.

그 사이 서독의 형법 제218조는 1990년 통일 이후 변화를 겪었다. 서독과 달리 통일 이전 동독에서는 임신 12주 차까지 여성의 자유로운 결정에 따른 임신중절이 허용되었기 때문이다. 통일이 임박해 오자 서독 여성들은 형법 제218조를 통일 독일로 가져갈 수 없다며, 다시 한 번 폐지 시위를 벌인다. 그 결과 1992년 통일 의회는 "전문 상담을 전제로 임신 12주 내 임신중절을 허용한다"는 수정 법안을 통과시켰다.

하지만 보수적인 기민/기사당 연합은 또다시 위헌 청구를 하였고,

연방헌법재판소는 특정 기간 내에 모든 임신중절을 허용하는 것은 위헌이란 판결을 내렸다. 결국 1995년 "임신중절 자체는 기존처럼 법에 위배되지만, 범죄로 인한 임신이나, 의료적, 사회적, 윤리적 근거가 있는 경우 상담 이후 3일간의 숙고 기간을 거쳐 12주 이내에 임신중절을 실시할 경우에는 처벌받지 않는다"는 개정 법안이 마련되었다.

개정된 형법 제218조는 오늘날까지 이어진다. 이제 독일에서는 누구나 상담을 통해 처벌을 받지 않고 임신중절 수술을 받을 수 있다. 임신중절이 불가피한 사회적 이유가 폭넓게 인정되기 때문이다. 하지만 특정한 조건을 충족하지 않는 임신중절은 보험 적용을 받을 수 없고, 상담 의무 역시 존재하기 때문에 여성들의 자기 결정권은 여전히 법의 제약 아래 있다.

녹색당은 형법 제218조 폐지를 위해 의회 내 투쟁을 지속 중이다. 녹색당의 여성과 퀴어 정책 대변인 울레 샤우브스Ulle Schauws는 2018년 12월 연방의회 연설에서 낙태죄를 옹호하며 임신중절을 한 여성들은 영아살해를 한 것이라 주장하는 독일을 위한 대안당 의원들을 향해 "매년 10만 명의 여성들이 원치 않은 임신으로, 목숨을 잃을 수 있는 응급 상황에서 임신중절을 하는데, 이들을 살인범으로 처벌하는 것은 부당하다"고 비판했다. 녹색당은 2020년 만들어진 새로운 강령과 2021년 9월 연방의회 선거 공약을 통해 여성의 완전한 자기결정권을 지지하는 입장에서 형법 제218조의 폐지를 주장했다.

여성에 대한 일상적 폭력

1983년 녹색당 숍페 의원이 첫 의회 연설에서 가정폭력과 배우자 성폭력 문제를 다룬 것은 그동안 터부시되던 가정 내 문제를 정치가 해결해야 하는 사회 문제로 드러냈다는 점에서 큰 의미를 가진다. 당시 독일 사회의 가정폭력 문제는 심각한 수준이었다. 매년 약 400만 명의 여성이 가정에서 구타와 학대를 당한다고 보고되는 상황 속에서, 녹색당은 여성 단체들이 자발적으로 조직한 '여성의 집' 이외에 국가의 무조건적인 지원을 받는 여성보호소가 더 많이 설립되어야 한다고 주장했다. 뿐만 아니라 가정과 직장에서 여성들이 겪는 차별과 폭력에 대한 강력한 처벌과 이를 위한 담당 기관 확대, 여성 경찰관, 상담사, 판사 등이 필요하다고 강조했다.

1983년 녹색당은 결혼생활에서 발생하는 성폭력도 혼외 강간과 마찬가지로 처벌받아야 한다는 내용의 법안 초안을 마련한다. "성적자기결정은 결혼생활에서도 보장되어야 하며, 결혼 여부에 관계없이 여성의 의사에 반하여 성관계를 강요하는 것은 강간이다"라는 입장이었다. 이 법안은 1972년 최초로 이와 비슷한 법안을 제출했던 사민당의 지지를 받았지만, 당시 집권당인 기민/기사당 연합과 자민당의 반대로 통과되지 못했다. 이들은 아내가 남편을 강간죄로 법정에 끌고 갈 수 있다면 결혼 제도가 위태로워질 것이며, 국가가 국민의 사생활을 너무 간섭할 것이라는 이유를 들었다.

1990년 선거에서 녹색당은 다시 여성과 소녀 들이 일상에서 겪는 성폭력의 문제를 일깨운다. 매년 성폭력을 당하는 여성은 20만 명에 이르고, 아이들(그중에서 90%가 여자아이)의 경우 약 30만 명에 달하며, 특히 여자아이에 대한 성폭력은 삼촌, 아빠, 오빠, 할아버지 등의 혈연관계 혹은 가까운 이웃이 가해자다. 이를 해결하기 위해 녹색당은 아동학대 방지 캠페인, 폭력에 노출된 여성과 아이 들을 위한 보호소 마련, 여성과 여자아이 들을 위한 심야 택시 운영, 학교 내 여자아이들을 위한 자기방어 수업 등을 주요 정책으로 내세웠다.

1994년 여름부터 테레데펨므Terre Des Femmes라는 여성 단체를 중심으로 여러 단체가 모여 부부 강간에 대해 형사 처벌을 요구하는 운동을 전국에서 벌였다. 당시 법무부 장관에게 수천 장의 엽서를 보내고, 11월 25일 '세계여성폭력추방의날International Day for the Elimination of Violence against Women'에 여성혐오 성범죄를 규탄하는 캠페인도 진행했다. 1987년에서 1991년 사이에 약 35만 명의 여성이 남편에게 강간을 당했거나 다른 형태의 성적 폭력에 노출되었다. 이들 중 7%만이 경찰에 신고했을 것으로 추정하는 가운데, 녹색당도 적극적으로 이 운동에 참여했다. 결국 1997년 5월 녹색당과 사민당뿐만 아니라 기민당 여성 당원들의 지지를 받아 부부 강간 처벌에 관한 법이 통과되었다.

이런 독일에서도 여성이 안전한 사회는 아직 오지 않았다. 2020년 기준 파트너 폭력으로 신고된 수는 14만 8,031건에 달하는데, 이중 11만 9,164건(80.5%)이 여성이 폭력을 당한 사례이다. 그리고 한 해 총 359명의 여성이 파트너인 남자에게 목숨을 잃는데, 이는 거의 매일 1명의 여성이 사망한 셈이다. 통계적으로 매시간 13명의 여성이 가까운 남성에게 폭력을 당한다. 기독교 복지재단인 디아코니Diakonie의 조사 결과, 독일 전역에 자리한 360여 개 여성의 집에서 보호받는 여성은 약 1만 7,000명이며, 아이들까지 포함하면 약 3만 4,000명이다.

과거 녹색당이 수년 동안 여성과 가정폭력 근절을 위한 국제 조약인 이스탄불 협약Istanbul Convention[6]의 무조건적인 이행을 위해 의회에서 싸운 것도 이러한 이유 때문이다. 녹색당은 여성보호소를 늘리고 여기에 안정적인 정부 자금을 조달할 것, 폭력을 당한 여성들이라면 국적, 거주 허가 여부에 상관없이 누구라도 여성보호소를 이용할 수 있도록 접근 장벽을 낮출 것, 상담과 지원 체계를 확대할 것, 피해자 중심의 형사 기소를 통해 성폭력을 강력히 처벌하는 법적인 틀을 마련할 것 등을 주장한다. 또한 이스탄불 협약 이행을 점검하는 독립 조정 기구를 설치하고 여기에 예산을 투입해달라고 촉구한다.

2013년 1월 저널리스트인 라우라 힘멜라이히Laura Himmelreich는 《슈테른》에 '신사의 농담Der Herrenwirtz'이란 제목으로 1년 전 한 정치인에게 당했던 성희롱 고발 기사를 실었다. 당시 자민당 당대표이자 총리 후보였던 라이너 브뤼델러Rainer Brüderle는 평소에도 성차별과 성희롱 발언을 일삼아 문제가 되었는데, 어느 날 인터뷰 중 힘멜라이히의 가슴을 바라보며 "던들Dirndl[7]을 꽉 채우겠다. 내가 댄스를 신청하면 받아줬으면 좋겠다" 등의 발언을 했다는 것이다.

20대 여성으로서 직장생활에서 겪어야 했던 성차별에 대해 발언한 그녀의 기사와 트위터에 많은 사람들이 공감했다. 특히 여성들을 중심으로 일상에서 직면하는 성차별과 성폭력 경험을 공유하는 '해시태그

비명(#aufschrei)' 캠페인이 시작됐다. 당시 연방대통령이었던 요하임 가우크Joachim Gauck는 슈피겔Der Spiegel지와의 인터뷰에서 독일 사회에 여전히 존재하는 여성에 대한 남성들의 부적절한 행동을 지적하며, 여성 문제에 대해 해야 할 일이 많다고 언급한다. 이후 자신의 임기 동안 성평등 문제를 중점해서 다룰 것이라고 발표하기도 했다.

녹색당의 대변인으로 활동했던 게신 아게나Gesine Agena 연방의원 역시 비명 캠페인에 동참했다. 그녀는 브뤼델러 의원의 부적절한 행동을 비판하고, 당시 여성부 장관인 기민당의 크리스티나 슈뢰더Kristina Schröder가 "우리에게 더 이상 페미니즘은 필요하지 않으며, 남녀 간의 갈등은 이미 극복된 지 오래다. 남녀 차별을 주장하는 사람들의 이야기는 모두 잘못되었다"고 한 발언에 대해서도 문제를 삼았다. 아게나 의원은 나아가 녹색당도 여성에 대한 일상적 성차별에서 자유로울 수 없다고 덧붙인다. 그녀 역시 당내 동료들에게서 공공연하게 자신의 외모와 당내 활동을 연결하는 발언을 들어 왔기 때문이다.

여성할당제

녹색당은 창당 초기부터 그동안 남성들이 장악했던 정당과 의회 내에서 여성의 동등한 참여를 보장하는 제도적 장치를 마련하고자 노력했다. 1980년 창당한 녹색당의 전신 그룹 중에 하나로 1978년 서베를린에서 조직된 '민주주의와 환경보호를 위한 대안 선거명단AL: Alternativen Liste für Demokratie und Umweltschutz'의 경우, 1979년 있을 베를린 시의회 선거에 출마할 자신들의 후보 가운데 53%를 여성으로 채우기로 한다. 이는 서베를린 인구 중 여성의 비율을 반영한 수치로, 매우 급진적이라는 평가와 함께 많은 언론의 주목을 받았다.

창당할 때도 녹색당은 정관에 당직과 공직 후보 선출 시 여성과 남성의 비율을 동일하게 하는 걸 목표로 삼았다. 당시 여성인 페트라 켈리 Petra Kelly가 공동 당대표로 선출되었는데, 이는 독일 역사상 최초의 여성 당대표였다. 하지만 동일 성비 목표는 정관에 표기되었을 뿐 구속력이 없었다. 1980년부터 1985년까지 녹색당의 당대표단에서 여성 비율은 여전히 3분의 1에 불과했다. 원내에서는 조금 달랐다. 1983년 연방의회에 진출한 녹색당의 여성의원 비율은 38명 중 10명으로 약 26%였다. 녹색당을 제외한 나머지 정당 여성의원 비율이 10% 이하였던 것과 비교하면 높은 수치다. 녹색당의 첫 번째 원내 대표단은 여성의원 4명과 남성의원 2명으로 구성되었고, 1984년부터 1985년까지 활동한 두 번째 원내대표단은 6명 전원이 여성으로 구성되었다.

1986년 녹색당은 독일 정당 최초로 여성할당제Frauenquote를 도입한다. 당내 모든 위원회에 최소 50%가 여성이어야 하고, 선거 명부 작성 시에도 여성과 남성 후보가 동일한 수여야 한다는 결정이었다. 더 나아가 1번을 포함해 명부의 홀수 번호는 여성이 차지해야 한다는 원칙이 포함됐다. 덕분에 1987년 연방의회 선거에서 42석을 획득한 녹색당은 여성의원을 25명 배출하며 과반을 넘겼다. 이를 통해 독일 연방의회 내 전체 여성의원 비율 역시 15.4%로 증가할 수 있었다.[8]

녹색당에 이어 1988년 사민당은 33% 여성할당제를 도입했고,

1990년 민주사회당 또한 50% 할당제를 도입했다. 이후 1994년 사민당은 40%로 여성할당제 비율을 높이고, 1996년 기민당은 구속력은 없지만 30% 여성정족제Frauenquorum를 도입했다. 그리고 2010년 기민/기사당 연합이 40% 여성정족제를 도입하면서 마침내 독일 의회는 여성의원 비율이 30% 이상을 차지하는 시대를 맞았다.

2019년은 독일에서 여성이 참정권을 획득한 지 100년이 되는 해였다. 클라우디아 로트Claudia Roth 의원을 중심으로 녹색당은 연방의회와 주 의회 선거 시 지역구 후보와 비례 명부에 올라갈 후보를 여성과 남성 동일한 수로 구성하자는 동수제Paritätsgesetz 법안을 제안한다. 그들은 여전히 연방의회 내 여성의원 비율이 33%이고, 주 의회 내 여성 비율도 39%에 불과하다고 지적하며, 오랫동안 확립된 백인 남성들의 공고한 네트워크는 여성들의 정치 참여를 방해한다고 강조했다. 이에 의회 내 여성의원 비율이 10%로 저조한 독일을 위한 대안당이 강력히 반대했고, 기민/기사당 연합도 반대 입장을 보였다.[9]

2019년 1월과 7월에 브란덴부르크Brandenburg 주 의회와 튀링겐Freistaat Thüringen 주 의회에서 녹색당은 사민당과 좌파당과 함께 의회를 여남 동수로 구성하는 제안을 발의해 통과시켰다. 이 법이 시행되면 주 의회 선거에서 각 정당은 성비를 동일하게 맞춰 후보자를 배출해야 하기에, 여성과 남성 각각의 선거 후보자 목록을 통해 동일한 수의 여성 후보와 남성 후보가 선출될 것으로 예상됐다. 하지만 보수정당들의 소송으로 2020년 7월과 10월 연방헌법재판소는 튀링겐과 브란덴부르크 주 의회의 결정에 대해 위헌 판결을 내렸다. 성비 동수 제도로 인해 특정 후보가 배제될 수 있고, 성별 비율이 불균형한 정당의 경우 후보 등록의 어려움을 겪을 수 있어, 유권자의 자유와 평등에 영향을 끼친다는 것이 주요 이유였다.

그럼에도 녹색당은 사회 모든 영역에서 여성과 남성의 평등한 권리와 참여를 달성하기 위한 수단으로서 여성할당제를 포기하지 않는다. 독일 사회가 여성에게 불리한 차별적 구조로 작동하는 한, 여성에 대한 '의식적인 우대'를 통해 사회적 차별에 맞서겠다는 입장이다. 독일 정당 가운데 가장 많은 여성당원을 보유하고, 의회 내 가장 높은 비율로 여성의원을 배출한 녹색당은 성공적인 여성정치를 통해 여성할당제의 정당성을 증명하는 중이다.[10]

직장 내 유리천장을 깨자

녹색당은 정치를 넘어 경제 영역에도 강하게 존재하는 유리천장을 깨뜨리기 위해 기업 내 여성할당제 도입을 주장한다. 2007년에는 기업 내 구속력 있는 여성임원할당제를 주장했는데, 당시 녹색당 원내대표였던 레나테 퀴나스트Renate Künast는 독일 200대 상장기업의 임원 중 대다수가 남성(전체 833명 이사 중 여성 21명)이라고 언급하며, 상장기업의 경영이사회와 감독이사회에 여성할당제 의무화를 제안했다. 사실 이미 2001년 독일 경제계는 여성에게 더 평등한 기회를 부여하기 위해 자발적으로 경영진 내 여성 비율을 높이는 협약을 체결했었다. 하지만 그로부터 10년이 지난 2010년에도 200대 독일 기업 내 감독이사회의 여성

비율은 10% 수준이고, 대기업의 최고 경영진 중 여성 비율은 6%에 그치는 실정이었다.[11]

2020년 11월 독일 정부는 3명 이상의 이사회를 가진 상장기업(직원 2,000명 이상)의 경우 반드시 1명 이상의 여성이사를 포함하도록 의무화시킨다. 지난 20년 동안 변하지 않은 기업 내 여성임원 비율(7.6%)이 이러한 결정을 뒷받침했다. 뿐만 아니라 정부 지분이 절반이 넘는 기업의 감사회에는 여성을 최소 30% 포함하기로 결정했으며, 공공기관 여성할당제 도입에 대해서도 적극 논의하기 시작했다. 이에 녹색당은 상장기업 이사회에는 30% 여성할당제를 도입하고, 정부 지분 기업의 감사회에 40% 여성할당제 도입을 주장한다.

1980년대에 녹색당은 줄곧 여성의 사회진출을 막는 전반적인 사회 구조를 비판해 왔다. 여성을 수동적 존재로 한정시키는 가정과 학교의 교육 내용, 여학생보다 남학생에게 더 많이 제공되는 직업교육, 일하는 여성에게 가사와 돌봄을 더 많이 부가하는 행태, 여성을 비숙련, 시간제 노동으로 내모는 상황이 그 대상이었다.

실제 1982년 기준 정부에서 제공하는 직업훈련 중 4분에 1 정도만이 여성에 할당되고, 고용 여성의 90%가 12개 직종에서만 고용됐다. 당시 사회보장, 건강보험 없이 일하는 비보호 고용관계의 여성 노동자는 300만 명에 달했다. 또한 350만 명의 여성 퇴직자 중 절반 이상이 600마르크(약 740유로) 이하의 연금생활자였다. 당시 여성들은 평생 가사노동을 담당하며 남편과 아이 들을 위해 일하고도 남편 사후에는 남편이 받던 연금의 60%만 받는 경우가 많았다.

녹색당은 아직 사회에 진출하지 않은 여성에게는 남성과 동일하게 직업훈련을 받을 기회를 제공하고, 결혼한 여성에 대한 재교육을 실시하며, 배우자 사망 시 전액 혹은 더 많은 액수의 유족 연금 지급 등을 주장했다. 또한 직장 내 여성과 남성의 동일 임금 지급과 동일한 승진 기회 보장, 미혼 여성이나 아이가 있는 여성에 대한 불합리한 해고를 막는 조치의 필요성을 강조했다. 뿐만 아니라 당시 여성에게만 제공되던 6개월 출산휴가를 남성에게도 제공하고, 그 기간을 총 18개월로 늘릴 것을 제안했다. 일하는 부모를 위한 14일간의 보육 휴가, 미혼모에 대한 포괄적인 지원 등도 함께였다.

1987년 연방의회 선거에서 녹색당은 모든 직업교육 및 고용현장에서 50% 여성할당제가 달성될 때까지 여성을 우선 고용하자고 주장한다. 1990년 녹색당이 사민당과 함께 발의한 차별금지법ADG: Antidiskriminierungsgesetz 초안에는 "모든 견습 및 노동 현장에서 여성 50% 고용할당제를 구속력 있게 실시하며, 이에 대한 입증은 여성이 아닌 고용주가 증명할 것"을 포함하기도 했다.

지금도 독일 여성은 남성보다 가사와 육아, 친인척 부양, 자원 봉사 등과 같은 무임금 돌봄노동을 훨씬 더 많이 담당한다. 이런 격차는 1인 가구에서는 1.5배 이상, 자녀가 있는 가구는 2배 이상의 차이를 보인다. 여성과 남성의 주당 평균 노동시간은 8시간 이상 차이를 보이는데, 남성이 여성보다 풀타임으로 노동하는 비율이 높다. 특히 어린아이를 둔 맞벌이 부모 가운데 남성의 경우 93.6%가 풀타임 노동을 하는 반면, 여성은 겨우 33.8%만 풀타임 노동을 하는 현실이다.

독일에서 여성과 남성의 임금 격차는 19%로 유럽 주요 34개국 중 최하위 수준이다. 특히 여성과 남성의 시간당 급여는 약 50유로(약 6만 9,000원), 월 급여는 약 2,000유로(약 276만 원) 정도 차이를 보인다. 이러한 노동시간 및 임금 격차는 전 생애에 걸쳐 불평등한 결과를 야기한다. 여성과 남성의 전 생애 수입은 49% 차이가 나며, 동시에 연금 수령액 역시 53%로 매우 큰 차이를 보인다. 유럽성평등연구소EIGE: European Institute for Gender Equality는 노동, 재산, 교육, 시간, 권력, 건강 등 6가지 범주를 기준으로 매년 성평등 지수를 발표하는데, 2020년 독일은 67.5%로 유럽연합 평균인 67.9%에도 미치지 못했다.

따라서 여성이 남성과 동등하게 사회참여를 할 수 있도록 구조를 만드는 일은 지금도 매우 중요한 과제이다. 녹색당은 모든 영역에서 여성과 남성의 평등한 참여를 보장하고 성별 임금격차를 없애기 위해 다양한 정책을 제안한다. 여성이 어쩔 수 없이 가사와 육아 같은 무급 노동에 얽매이지 않고, 자신이 원하는 직종에서 오랫동안 노동하는 것이 이들의 목표다. 그러려면 유치원 및 교사, 돌봄 서비스, 종일 학교, 남성의 육아휴직 등이 확대되어야 하며, 직장 내 고용 및 해고, 임금 지급에서의 불이익 철폐, 여성 관리직 할당제 같은 녹색당의 정책이 더 많이 실현되어야 한다.

모든 여성의 평등을 위해

2020년 여성가족부가 발표한 '일상에서의 성차별Sexismus im Alltag'

조사는 독일 여성의 68%가 일상에서 성차별 및 성희롱을 경험한 적이 있음을 드러낸다. 그중 18%는 매주 혹은 매일 이를 겪으며, 이런 일이 주로 버스나 지하철, 직장이나 학교 등의 공공장소에서 발생한다고 했다. 또한 여성가족부의 '젠더 케어 갭Gender Care Gap' 조사에 따르면 2019년 기준 무급 돌봄노동시간의 성별 격차는 52.4%이다. 특히 자녀가 있는 34세의 경우 성별 돌봄노동 격차는 무려 110.6%였다. 자녀가 있는 34세 여성은 하루 평균 5.18시간의 돌봄노동을 담당하는 반면 남성은 2.31시간만을 담당했다.

2019년 《짜이트》에서 여성들을 대상으로 직장 내 성차별을 조사한 결과, 동일한 업무에서 남성 동료보다 적은 임금(40%), 임신 또는 육아 휴직으로 인한 불이익(37%), 직장 내 성희롱(31%), 업무 수행에서의 부당한 차별대우(21%), 채용 과정에서의 차별(19%)을 겪었다는 답변을 받았다.

녹색당의 여성 정책은 독일 사회에 여전히 존재하는 여성에 대한 다양한 차별과 폭력 문제를 해결하는 데 초점을 맞춰 왔다. 그러면서 점점 독일 백인 여성의 문제뿐만 아니라 독일 내 유색인종과 이민자 여성이 겪는 문제까지 다루고자 노력한다. 나아가 독일 남성들이 성착취를 벌이는 지역과 국가의 여성은 물론 독일 외 유럽 지역 및 중동, 아프리카 전쟁 지역에서 고통받는 난민 여성에게도 연대의 손을 내미는 방향으로 발전 중이다.

5장 · 환경 정책

반핵운동에서 녹색당 창당으로

1980년 녹색당이 창당되기 전 1970년대 서독에서는 '신사회운동'이라는 새로운 사회운동이 활발하게 전개되었다. 1968년 독일을 비롯하여 서구를 휩쓴 신좌파운동은 1969년 자민당과 연정을 이룬 사민당의 집권과 신좌파운동 내부의 세력 분화로 동력을 잃고 와해되었다. 최초의 사민당 총리인 빌리 브란트Willy Brandt는 교육 개혁, 경제 부흥, 성평등 강화, 동서 화해, 시민 참여 보장 등 다양한 분야에서 개혁을 약속하며 사회 개혁의 주체가 되었다. 그러나 1973년 제1차 석유파동 이후 사민당 정부는 개혁을 포기하였고, 1974년 헬무트 슈미트가 총리에 오른 이후에는 우경화가 진행되었다.

신사회운동은 이러한 토양에서 새롭게 등장했다. 산성비로 인한 삼림 파괴 같은 환경 문제, 핵발전소 확대와 핵무장 문제, 성평등, 동서 갈등, 폐쇄적인 정치 구조 등등 기존의 사회운동과 정치권이 담아내지 못한 사회개혁 의제들을 중심으로 다양한 집단들이 자율적인 운동을 전개했다. 우경화한 사민당에서 이탈한 좌파, 신좌파운동 세력의 가부장화와 여성 소외에 항의하며 갈라져 나온 여성운동 그룹, 반전 평화운동 그룹, 지역 차원에서 교육 개혁을 꾀하며 시작된 주민주도운동Bürgerinit-iative Bewegung 그룹, 주로 자연보호운동에서 출발한 환경운동 그룹 등이 신사회운동의 주요 세력들로 꼽힌다.

제1차 석유파동을 계기로 사민당 정부가 핵에너지를 확대하고자 핵발전소의 추가 건설을 추진하면서 다양한 신사회운동 세력들은 반핵 운동을 중심으로 힘을 모은다. 특히 반핵운동과 여성운동은 녹색당의 기초를 다지는 데 중심적인 역할을 한다. 대중과 소외되었던 기존 학생 운동과 달리 시민들이 참여한 주민주도운동은 다양한 사회운동 그룹 들을 묶어내며 운동을 대중적으로 확산시키고 녹색당 설립의 기반으로 작용한다.[1]

1970년대 이전까지의 독일 내 반핵운동은 핵 관련 시설이 이미 들 어선 지역에서 주민들 차원의 반대운동으로만 나타났다. 그러나 정부의 핵발전소 정책이 의회를 무시하고 이미 1956년부터 진행되어 왔다는 사실이 뒤늦게 드러나면서 환경 단체들이 반핵운동에 힘을 모으기 시 작했고, 1970년대 중반부터 새로운 핵발전소 부지들이 선정됨에 따라 해당 지역 주민들을 중심으로 핵발전소를 반대하는 주민주도운동이 전 개된다. 반핵운동이 전국적인 운동으로 본격화된 것은 1974년 프라이 부르크 인근의 빌wyhl 지역이 새로운 핵발전소 부지로 선정되면서다. 지 역 주민들의 적극적인 반대에도 바덴–뷔르템베르크Baden–Württemberg 주정부가 반응을 보이지 않자, 인근 주민 150여 명은 건설 부지를 점거 하기에 이른다. 여기에 주 정부가 공권력을 투입하여 수십 명을 연행하 는 사태가 발생한다. 처음으로 반핵운동에 공권력이 투입되자 이는 곧 전국적인 이슈로 확대되어 약 3만여 명이 참여하는 대규모 반핵시위로 발전되었다. 이후 브로크도르프Brokdorf, 칼카르Kalkar 등지에서도 수만 명이 참여하는 반핵운동이 벌어졌고, 이에 대해서도 경찰의 강경한 진압이 이어졌다.

공권력의 과격한 진압이 계속되면서 반핵운동은 국가 폭력에 대한 저항운동으로 확대됐고, 나아가 핵무기에 반대하는 반전운동과 평화운동으로 점차 확장되었다. 핵발전소 건설의 비민주적 의사결정, 핵발전소 건설에 동원된 공권력의 폭력성, 핵발전이 내포한 기술적, 군사적 위험성 등의 문제가 반핵운동을 통해 드러나자, 다양한 신사회운동 세력이 이를 중심으로 집결한 것이다.

1970년대 말부터는 반핵운동에 세 가지 새로운 움직임이 나타난다. 첫 번째는 반핵운동의 의제가 핵발전소 건설 반대에서 사용 후 핵연료 재처리와 핵폐기물 처리 문제로 확장된 것이고, 두 번째는 에너지 소비의 효율화와 재생에너지 등 핵에너지에 대한 대안을 찾는 움직임이 나타난 것이다. 세 번째는 녹색당의 탄생으로 이어진 반핵운동의 정치화이다. 계속되는 전국적인 운동에도 근본적인 정치적인 변화가 이뤄지지 않자 제도권 정치의 장에서 시민운동을 대표하여 변화를 만들고자 하는 이들이 나타났고, 이는 의회 진출을 위한 정당 설립으로 이어진다.

1977년을 시작으로 독일 내 여러 주에서 반핵운동 세력의 선거연대가 결성되고, 1979년에는 유럽의회 선거를 앞두고 녹색명부 환경보호GLU: Grüne Liste Umweltschutz, 녹색명부 슐레스비히-홀슈타인GLSH: Grünen Liste Schleswig-Holstein, 미래녹색행동GAZ: Grünen Aktion Zukunft, 자발적 독일인운동AUD: Aktionsgemeinschaft Unabhängiger Deutscher을 포함한 여러 선거연대와 시민운동 세력들이 모여 단일 선거연대가 구성된다.[2] 이 선거연대는 이듬해 1월 칼스루에에서 서독 녹색당 창당으로 이어졌다. 창당과 같은 해 치러진 첫 연방의회 선거에서 녹색당은 1.5%의 정당 득표율로 5%의 장벽을 넘지 못해 의회 진입에 실패하지만, 1983년 3월 선거에서는 5.6%를 득표하며 전체 520석 중 28석을 얻어 연방의회에 입성한다.

녹색당이 불러온 환경 정치의 변화

녹색당이 연방의회에 입성하며 독일 정치는 큰 변화를 맞는다. 녹색당의 의회 진입은 기민/기사당 연합, 사민당, 자민당 등 3개 정당이 20여 년간 구축해온 공고한 3자 구도가 깨어짐을 뜻했다. 동시에 계급과 좌우 이념이 아닌 환경, 녹색정치를 전면에 내세운 새로운 의제 정당이 나타났다는 의미이며, 시민사회라는 새로운 정치 세력의 지지를 받는 정당의 출현을 의미했다.

녹색당의 출현은 독일 정치 내에서 환경 의제의 우선순위가 높아지는 변화로 이어진다. 경제와 복지, 외교 등에 밀려 주요 의제로 다뤄지지 않던 환경 분야가 정당 정치의 지형 내에서 존재감을 확보하게 된 것이다. 녹색당 이전까지 환경 문제는 독일의 중요한 정책 분야가 아니었다. 환경 선진국으로 알려진 지금은 상상하기 어렵지만, 1970년대 이전까지만 해도 독일은 미국, 일본, 스웨덴 등에 비해 상당히 후진적인 환경 정책과 제도를 가진 국가였다.[3] 동독이 1972년 환경부를 별도로 설치한 것과는 대조적으로, 서독은 1980년대 중반까지도 환경 분야를 다루는 독립된 부처를 갖추지 못한 형편이었다. 녹색당은 기존 독일 정치에서 외면하던 그러나 사회적으로는 높은 관심을 받는 환경 문제를 중요한 정당 정치의 의제로 구체화하는데 성공한다.[4] 녹색당의 존재와 지지율이 환경 의제의 존재감을 알리는 바로미터가 되면서, 기성정당들 역시 환경 문제를 등한시하기 어려워졌다. 1980년대 초 기민/기사당 연합과 자민당이 결합한 보수연정의 헬무트 콜 정부 또한 적극적으로 환경 정책을 추진하게 된다.

1986년 4월 발생한 체르노빌 핵발전소 사고는 환경 정치에 대한 변화를 더욱 자극한다. 헬무트 콜 정부는 사고를 계기로 환경·자연보전·핵안전부Bundesminister für Umwelt, Naturschutz und Reaktorsicherheit를 신설해 이전까지 내무부와 농업부, 보건부에 흩어져 있던 환경 업무를 총괄하기로 한다. 한편 반핵운동은 더욱 격렬해져 화염병과 최루탄까지 등장했고, 운동 진영의 다른 한쪽에서는 운동을 법정으로 가져가 핵발전 시설에 대한 소송전을 벌인다. 핵발전을 반대하는 여론이 압도적으로 커졌고, 이전까지 석유의 대안이자 에너지 안보를 위한 전력원으로 핵발전소를 지지해 오던 사민당도 핵발전소 폐쇄로 입장을 바꾸었다.

사민당이 입장을 바꾼 이유 중 하나는 녹색당의 존재였다. 이미 주정부 단위에서 녹색당과 연정을 구성한 바 있는 사민당은 녹색당을 중요한 연정 파트너 후보로 고려해야 했는데, 그런 녹색당의 가장 중요한 의제가 반핵이었기 때문이다. 사민당의 변화는 당시 보수연정을 이끌던 기민/기사당 연합과 자민당의 핵에너지 정책에도 영향을 미쳤고, 결국 헬무트 콜 정부는 이미 가동 중인 핵발전소 이외의 추가 건설 계획을 포기하기에 이른다.

녹색당과 환경운동 세력이 부상하며 환경 정책을 수립하던 기존의 정치적 구조 또한 서서히 변화한다. 그간 독일에서 환경 정책의 개발과 결정은 정부 관료, 산업계, 학계 전문가 등이 주축이 되어 폐쇄적으로 이뤄졌기 때문에 환경 단체를 비롯한 시민사회가 개입할 여지가 없었다. 이러한 기존 체제가 외부 세력의 정치적 압력을 통해, 즉 야당인 녹색당과 환경운동 단체 들의 압력을 통해 점차 개방되고 해체된 것이다.[5]

1970년대까지 독일의 정치 체제는 산업계, 정부, 정당, 노조 들의 긴밀한 협력관계에 기반한 신조합주의neo-corporatism의 성격을 강하게 띠었다. 따라서 중요한 정책은 이들 정치 엘리트들의 카르텔 내부에서 도출되기 마련이었다. 전후 독일에서 신조합주의는 중요한 정치적 세력들 간의 심각한 대립을 방지하고 합의 도출을 용이하게 해 사회재건과 안정적인 경제 발전에 기여했다. 하지만 신조합주의 체제는 경제 발전이나 사회복지같이 기존 체제 안에서 공동으로 합의해 온 의제가 아닌 새로운 사회 의제를 받아들일 수 있을 만큼 유연하지 못했다. 때문에 1970년대부터 등장한 신사회운동의 요구들이 기존의 정치 체제에서 충분히 수용되지 못했고, 이것이 신사회운동의 성장과 사회적 혼란의 가중 그리고 1980년대 녹색당의 등장으로 이어지며 기존의 폐쇄적인 체제 또한 서서히 개방되기 시작한다.

위와 같은 과정을 거쳐 독일에선 1980년대 내내 보수정당들의 연정이 계속되었음에도, 또한 실업률이 증가하던 상황이었음에도 개혁적인 환경 정책들이 실행될 수 있었다. 1990년대에 들어서도 산업계와 노조는 경제에 대한 우려를 표하며 지속적으로 환경규제의 유예를 요구했지만, 녹색당에 대한 지지로 드러난 시민들의 환경적 요구는 꺾이지 않았다. 점점 더 많은 독일 기업들이 적극적으로 친환경적인 기술과 공정을 개발한 이유는 이러한 정책 환경의 변화 또한 영향을 미쳤을 것이다.

녹색당의 성장은 환경에 대한 시민사회의 요구가 주요했지만, 독일의 정치 구조에 따른 해석도 가능하다. 연동형 비례대표제와 그 귀결인 다당제 체제가 그것이다. 연동형 비례대표제에서는 각 정당의 득표율이 그대로 의석 비율에 적용되어 의회 내에 시민들의 의사가 온전히 반영될 수 있다. 때문에 녹색당의 득표율은 환경과 생태주의적 문제를 중요시하는 시민들의 비율로도 해석될 수 있다. 또한, 이런 선거제 덕분에 다원화한 현대 독일에서는 한 정당의 단독 과반이 거의 불가능해졌다. 이로 인해 각 정당은 언제나 연정을 고려할 수밖에 없고, 때문에 정당 간의 타협과 합의가 정치의 기본이 되었다. 이러한 경향은 연방뿐 아니라 주 정부 등 모든 정치 단위에서 동일하게 나타난다. 이러한 정치 구조 덕분에 녹색당은 창당 초에는 연방정부에 진입하지 못했지만 주 정부에서부터 연정에 참여하며 정치적 경험을 쌓고 영향력을 발휘할 수 있었다.

초기 녹색당의 이념적 지형

　창당 때부터 현재에 이르기까지 녹색당을 정의하는 가장 중심적인 이념은 생태주의이다. 1980년 최초의 강령인 자브뤼켄 강령에서부터 2002년 베를린 강령 그리고 가장 최근에 채택된 2020년 강령에 이르기까지, 당대의 강령은 언제나 녹색당이 공유하는 주요 가치 또는 입장을 몇 가지 열거하는데, '생태'와 관련된 항목이 언제나 가장 선두를 차지한다는 것이 이를 방증한다.[6] 녹색당의 당명이 '평화당', '반핵당', '민주당'이 아닌 '녹색당'이라는 사실 또한 창당 때부터 생태주의적 입장이 그만큼 핵심적이었음을 추측하게 한다.[7] 결과적으로 창당부터 현재까지 녹색당은 '생태주의 정당'이라는 확고한 정체성을 구축한다.

　자브뤼켄 강령에 담긴 초창기 녹색당의 생태주의는 유한한 체계 안에서 무한한 성장이 불가능하다는 인식에 근거한 생태사회주의적인 성격이 강했다.[8] 인간과 인간이 만들어낸 환경을 자연의 일부로서 인식하고, 그렇기에 생태계를 위협하는 성장을 반대하는 반성장주의적 시각을 보였다. 또한 "천연 물질과 자원의 남용과 착취에 기초한 경제를 모두 거부"하고 "인간이 행하는 자연과 인간에 대한 착취에 반드시 맞서야 한다"는 내용에서 알 수 있듯이, 사회주의에서 말하는 착취에 대한 개념을 자연으로 확장하여 생태 문제의 근본 원인을 자본주의 체제로 보는 반자본주의적 관점을 가진다.

　초기 강령은 동독에서 망명한 반체제 인사이자 저명한 좌파 이론가이며, 생태사회주의자인 루돌프 바로Rudolf Bahro의 사상이 반영된 것이다. 당내에서 상당한 영향력을 가졌던 그는 '적색과 녹색의 통일'을 통한 생태사회주의적인 비전을 주장한다.

그런데 다른 한편으로는 생태사회주의가 실제 초기 녹색당의 통일된 입장이었다고 보기 어려운 측면도 있다. 이는 창당 당시 녹색당에 제도권 정치 주변부의 다양한 대안운동 세력이 모였던 까닭이다. 생태주의 이념만 놓고 보더라도 급진적인 심층생태론자부터 사회생태론자, 생태사회주의자, 생태근대화론자, 심지어 에코-파시스트까지 다양한 세력이 함께 존재했다. 또한 반성장주의나 생태주의보다는 반핵이나 평화운동을 중시하는 세력, 우경화한 사민당에 대한 대안으로서 녹색당을 택한 좌파 세력, 심지어는 신생정당에 침투하여 세력화를 꾀한 극우 세력까지 초기 녹색당은 내부의 이념 스펙트럼이 무척 광범위했다. 이들을 하나로 묶는 강령을 만드는 일은 어려울 수밖에 없는 작업이었다. 초기 녹색당에서 활동하다 몇 년 뒤 탈당한 사람 사르카르Saral Sarkar는 당시 강령과 정책을 만드는 과정에 대해, 선거에서 당선 가능한 정당을 만들기 위해 정파 간의 모순을 얼버무린 채 마무리되었다고 설명한다.[9] 그래서였을까, 당내에 좌파 세력이 커짐에 따라 미래녹색행동GAZ의 대표였던 헤르베르트 그룰Herbert Gruhl을 위시한 당내 우파는 녹색당 창당 바로 다음 해인 1981년 생태민주당ÖDP: Ökologisch-Demokratische Partei을 창당하여 분당해 나갔다.

1983년에는 헤센 주 의회 진출을 계기로 사민당과의 적녹연정 수립을 놓고 연정 찬성파인 현실주의자Realo와 반대파인 근본주의자Fundi 간의 갈등이 심각하게 치닫는다. 요슈카 피셔Joschka Fischer를 중심으로 한 현실주의파가 당론을 장악하면서 초기 강령에 담겼던 노동 의제들은 금세 탈색되어버렸다. 1980년대 내내 지속된 양 당파 간의 갈등은, 독일 통일 이후 처음 열린 1990년 연방의회 선거에서 서독 녹색당이 의회 진출에 실패하고 좌파적, 급진적 입장을 가진 근본주의자들이 당을 대거 떠나면서 일단락된다. 근본주의자 세력이 궤멸하며 생태사회주의 명맥은 끊어졌고,[10] 이후 녹색당은 시장경제 체제를 수용하는 등 점차 온건화, 탈급진화한다.

___ 적녹연정, 에너지 전환의 시작 _____

녹색당은 1998년의 연방의회 선거를 통해 사민당의 연정 파트너로서 처음으로 연방정부에 참여한다. 게르하르트 슈뢰더Gerhard Schröder 총리가 이끄는 적녹연정은 하르츠IV 도입과 코소보 전쟁 참전으로 사민당과 녹색당의 많은 전통적 지지자들이 이탈한 시기였다. 동시에 위르겐 트리틴이 녹색당 최초로 환경부 장관에 오르고 탈핵합의를 이루는 등 환경 정책에서 중요한 전기가 마련된 시기이기도 하다.

탈핵은 녹색당과 사민당이 정부를 구성하는 협상 초기부터 이미 연정의 중요 목표로 결정되었다. 녹색당은 처음부터 연정 조건으로 핵발전소 폐쇄를 요구했고, 사민당 역시 폐쇄 시기 등의 몇 가지 이견은 있었으나 핵발전소 폐쇄에 대한 근본적인 입장은 녹색당과 같았기에 양당은 단계적 폐쇄안에 합의를 이루었다. 2000년 6월에는 정부와 핵발전소 운영사들 간에 폐쇄에 대한 '원자력 합의'가 이루어졌고,

2002년에는 핵발전법의 개정을 통해 핵발전소 폐쇄 결정이 구속력을 갖추었다.

생태적 세제 개혁을 통해 화석연료에 대한 탄소세를 도입하고, 에너지 전환의 상징적인 법률인 재생에너지법EEG이 도입된 것도 적녹연정 시기의 일이다. 2000년 공식적인 지속가능성 전략 마련과 2002년 자연보전법BNatSchG 강화를 비롯하여 환경과 관련된 단체소송 제도 도입, 유기농업에 대한 지원 또한 이 시기에 이루어졌다. 앞선 헬무트 콜 정부가 도입한 기후 정책과 '발전차액지원제도Feed-in-Tariff' 또한 적녹연정에서 더욱 강력히 추진하여 성과를 얻었다. 특히 2010년까지 재생에너지 발전 비중을 12.5%로 늘린다는 재생에너지법의 당초 목표가 2007년에 14%로 조기 초과 달성되었다.

이 시기 또 다른 성과는 독일 헌법에 해당하는 기본법에 '동물보호Tierschutz' 조항이 삽입된 것이다. 녹색당은 1980년대 초부터 환경에 대한 기본권을 기본법에 반영함으로써 환경오염 사건에 관한 소송의 헌법적 근거를 마련하고자 했지만, 이후 십수 년간 합의를 이루지 못했다. 그러다 동서독이 통일되어 새로운 개헌 논의가 본격화된 1990년대 초에 다시 논의되어, 1994년 드디어 환경 관련 조항(제20a조)이 환경보호에 대한 '국가목적Staatsziel'이라는 형태로 기본법에 담겼다. 그러나 이때도 동물보호는 고려되지 않았다. 녹색당이 1994년과 1997년에 동물보호 또한 국가의 한 목적으로 반영하기 위해 개헌을 제안했으나 실패로 돌아갔고, 적녹연정을 통해 정권에 참여한 2002년에야 이룰 수 있었다. 이때 비로소 환경보호뿐만 아니라 동물보호에 대해서도 국가의 역할에 관한 법적 근거가 마련되었다.

현재 녹색당의 사상적 근간을 이루는 '생태근대화ecological modern-isation' 기조가 정부 차원에서 뿌리내린 것 또한 이 시기의 특징이다. 생태근대화론은 간단히 말하자면 환경보전과 경제 성장을 양자택일의 문제로 보고 환경오염을 경제 성장의 불가피한 부작용으로 보는 기존의 관점에서 벗어나, 현재의 사회와 경제, 정치 체제를 생태적으로 지속 가능하도록 개혁해야 한다는 입장이다. 녹색당 내의 현실주의자들은 1980년대 초부터 생태사회주의에 근거한 체제 변혁이 아닌 생태근대화에 기초한 산업 체제의 생태적인 전환을 주장해 왔다. 생태근대화론은 1998년 연정합의문에 담겨 새 정부의 기초로 공식화되기에 이른다. 생태근대화론에 입각한 환경 및 에너지 정책의 추진 결과는 성공적이었다. 연정 말기인 2005년에 이르면 기후보호 관련 투자가 독일 GDP의 5%를 차지할 정도로 성장했고, 독일의 환경기술산업은 세계 시장을 선도하는 위치에 오른다. 현재 널리 알려진 독일 에너지 전환의 중요한 토대들이 형성된 것도 이 시기다.

___ 야당과 연정을 오가며

적녹연정 이후 야당으로 돌아온 녹색당 내부에서는 생존을 위한 노선 경쟁과 급진화가 이뤄진다. 연정 참여를 주도했던 현실주의 노선의 대표 격인 요슈카 피셔가 2005년 적녹연정 2기 정부가 조기에 막을 내리며 은퇴했고, 그를 중심으로 당내를 장악하던 현실주의 노선 또한 약화된다. 2006년 쾰른Köln 전당대회를 시작으로 현실주의 노선에 대한 반성과 함께 다시 생태주의가 강조되었다. 이는 반자본주의, 반소비주의, 생태적 전체론, 자연의 내재적 가치 등 생태주의적인 급진화로 나타난다. 이러한 급진화는 2013년 '채식의 날' 공약으로 촉발된 금지정당 논란과 선거 실패를 겪으며 현실주의 노선이 다시 전면에 나설 때까지 지속된다.[11]

2005년 앙겔라 메르켈이 이끄는 기민/기사당 연합과 사민당의 대연정이 들어선 이후 녹색당의 상징적 성과인 탈핵이 위기를 맞는다. 환경부 장관을 사민당이 담당하며 탈핵 기조가 유지되긴 했으나, 기민당 내부에서는 핵발전소 폐쇄 정책을 포기하는 결정을 내린다. 더 나아가 2009년 연방의회 선거에서는 탈핵 이행 여부가 주요 의제로 떠오른다. 탈핵 결정에 반대하는 기민/기사당, 자민당의 연립정부가 들어선 뒤 연방정부는 2010년 10월 핵발전법의 개정을 통해 기존의 핵발전소 폐쇄 계획을 수정하여 폐쇄 시점을 대폭 후퇴시키기에 이른다. 이 시기 정부가 발표한 '에너지 구상Energiekonzept'에서는 온실가스 감축 달성과 재생에너지 비중 확대를 이유로 핵발전소 사용기한 연장 필요성이 강조된다. 본래 에너지 구상은 에너지 전환을 위한 것이었음에도 역설적인 정책이 추진된 셈이다.

정부의 핵발전소 가동 연장 결정은 다시 전국적인 반핵시위를 촉발했다. 그리고 이러한 움직임에 힘입어 녹색당 지지율은 전례 없이 증가했다. 정당지지율 여론조사에서 최초로 20% 이상을 기록하거나, 베를린 등 일부 지역에서는 사민당을 누르고 지지율 2위를 기록하기도 했다. 2011년 3월 11일의 후쿠시마 핵발전소 사고는 이러한 흐름에 쐐기를 박았다. 핵심 쟁점으로 떠오른 핵발전소 문제가 정국을 지배했다. 녹색당은 2017년까지 모든 핵발전소를 폐쇄하는 법안을 의회에 제출하며 정부를 압박한다.

때마침 2011년에는 2월부터 9월까지 7개 주에서 연달아 지방선거가 치러졌는데, 녹색당은 모든 선거에서 과거보다 훨씬 많은 표를 얻는다. 특히 후쿠시마 사고 직후 치러진 바덴-뷔르템베르크 주 선거에서는 과거 11.7%였던 득표율이 24.2%로 두 배 이상 오르며 1위 당으로서 주 정부에 대한 연정을 구성하고, 녹색당 최초로 주 총리를 배출하기에 이른다. 해당 지역을 텃밭으로 삼았던 기민당은 지지율 하락과 뼈아픈 패배를 겪은 뒤 같은 해 5월 다시 탈핵 찬성으로 입장을 선회한다. 결국 일부 핵발전소는 즉각 폐쇄됐고 2022년까지 모든 핵발전소에 대한 폐쇄가 결정된다.

이러한 정치적 성과가 무색하게도 2013년의 연방의회 선거에서 녹색당은 2009년보다 오히려 2.3% 하락한 8.4%의 득표에 머무르고 만다. 앞서 언급한 '채식의 날' 공약을 비롯해 여러 악재가 겹친 선거였지만 무엇보다도 심각한 것은 '에너지 전환' 의제를 메르켈에게 빼앗긴 것이었다. 당시 메르켈은 다시 탈핵을 결정하며 독일의 에너지 전환을 이끈 지도자의 이미지를 구축하고 '기후 총리'라는 별명까지 얻었다. 그러나 상대적으로 녹색당의 기후 에너지 정책은 주목을 끌지 못했다. 2011년 탈핵 재결정은 분명 그간 녹색당이 쏟아 온 노력의 결실이었지만, 동시에 역설적으로 녹색당이 대중에게 호소하던 핵심 의제가 상실되었음을 의미했다. 사실 녹색당이 이런 식으로 '의제 도둑질Themen-klau'을 당한 건 이때만이 아니었다. 적녹연정에서 농업부 장관을 맡았던 레나테 퀴나스트는 기민/기사당 같은 당들은 행동에 옮기지는 않으면서 겉치레만 할 뿐이라며 비판했다.[12]

2017년 선거에서 녹색당은 기민/기사당 연합, 자민당과 함께 연정을 위한 협상 테이블에 앉을 기회를 얻었다. 그러나 협상은 자민당의 이탈로 무산되는데, 가장 큰 원인은 탈석탄 정책에 대한 이견이었다. 녹색당은 석탄발전의 단계적 완전 종료와 오염이 심각한 화력발전소 20곳의 즉각 폐쇄 그리고 내연기관 차량의 신규허가를 2030년 종료하는 등의 기후정책을 내걸었다. 반면 자민당은 줄곧 석탄발전의 경제적 필요성을 피력해 온 까닭에 서로 합의점을 도출하기 어려웠다. 이후 들어선 기민/기사당 연합과 사민당의 대연정은 2020년이 되어서야 석탄발전을 2038년 종료하겠다는 계획을 내놓았는데, 녹색당은 이 계획이 기후중립이라는 목표를 달성을 하기에는 기한이 너무 길다며 반대했다.

2018년부터 청소년들을 주축으로 시작된 '미래를 위한 금요일' 시위가 독일을 포함한 전 세계에서 큰 반향을 일으키고, 가뭄, 홍수 등 기상 악재가 갈수록 심각해짐에 따라 환경정당으로서 입지를 구축한 녹색당의 지지율은 역대 가장 높은 수준을 기록한다. 녹색당은 2019년 유럽의회 선거에서 2014년 10.7%의 약 두 배인 20.5%의 득표를 올렸고, 코로나 팬데믹 여파 속에서 치러진 2021년 독일 연방의회 선거에서는 최초로 총리후보를 배출할 정도로 높은 지지율을 보인다. 그 결과 역대 최고 성적인 14.8%의 득표와 함께 사민당, 자민당과 함께 신호등 연정을 꾸림으로서 2005년 이후 약 16년 만에 다시 정부에 입성한다.

생태근대화론으로의 이념적 전환

적녹연정 2기의 시작을 앞두고 2002년 채택된 베를린 강령에는 초기 강령과는 상당히 다른 생태주의적 입장이 나타난다. 이 강령에서 '생태'라는 가치는 '지속가능성'과 등치되고, 녹색당의 경제 정책은 '사회적-생태적 시장경제'로 표방되기 시작한다. 양적 성장에 반대하고, 광고를 금지하자는 정책을 내세울 정도로 반소비주의적이며 기술회의주의적 성격을 보였던 1980년 강령과는 달리, 2002년의 강령은 시장경제와 기술혁신을 통한 지속가능성에 대한 기대를 내비친다.[13]

특히, 베를린 강령은 "경제와 생태. 우리는 경제의 생태근대화를 요청한다"는 설명을 통해 경제 정책에서 생태근대화에 대한 지향을 분명하게 밝힌다.[14] 적녹연정 연정합의문에 담겼던 생태근대화가 강령에도 명시되며 핵심 프로그램으로 자리 잡은 것이다. 강령은 또 생태 가치에 대한 설명에서 "계몽주의의 전통을 산업주의의 한계에 대한 경험과 연결" 짓고, "사회주의의 껍데기를 쓴 것이든 혹은 자본주의의 껍데기를 쓴 것이든, 진보에 대한 무비판적인 신념과 거리를 둔다"고 선언한다.[15] 이는 근대성의 출발점인 계몽주의에 대한 성찰성reflexivity을 발휘하여 산업화를 합리적으로 반성하려는 생태근대화론에 근거한 입장이다.

생태근대화론은 일찍이 1982년 베를린 녹색당의 환경 분야 대변인이었던 마틴 예니케Martin Jänicke 교수가 시의회 토론에서 사용하기 시작하면서 유명세를 얻은 개념[16]으로, 울리히 벡Ulrich Beck[17]의 성찰적 근대화 이론의 영향을 받아 예니케 스스로 발전시킨 생각이다. 그의 생태근대화론은 궁극적으로 친환경 상품과 환경 기술의 개량을 통한 산업의 생태근대화를 넘어, 기존의 사회, 정치 제도에 대한 생태적 재구조화 ecological restructuring를 요청한다.[18]

녹색당의 2020년 강령 또한 이전 강령에 이어 사회-생태적 시장 경제의 지향을 담고 있어 기존의 생태근대화론에 입각한 생태주의적 입장이 다시금 확인된다.[19] 이 강령에서는 어느 때보다도 약화된 기술 회의주의적 태도가 나타나는데, 이는 탈핵과 탈석탄에 대한 견고한 입장과 함께 또 다른 성역이었던 유전자 조작 기술에 대한 반대 입장이 약화되었기 때문이다. 강령에 따르면 "초점은 기술이 아니라 그 기술에 관련된 기회, 위험, 결과"에 있으며, 이는 곧 철저한 위험 관리가 보장된다면 유전자 조작 기술이 허용될 수 있음을 암시한다.[20]

반성장주의적, 반기술주의적 생태사회주의에서 생태근대화론으로의 이념적 변화는 제도권 정당으로 변모해 온 녹색당의 정치 전략과 정책 내용의 변화를 반영하는 것으로 볼 수 있다. 생태사회주의의 이념은 사회 전체의 변혁을 요구하기에 분명한 지향점을 제공하지만, 해당 목표를 향한 구체적이고 장기적인 정책과 프로그램이 도출되기엔 한계가 있다. 특히 제도권 정치 내에서 바로 실현가능하고 점진적인 개선책이 간과될 위험이 존재한다.

생태근대화론에는 생태적인 사회구조로 나아가는 발전 단계마다 필요한 정책적 요구 사항에 관한 이론이 체계화되어 있다. 따라서 이를 토대로 구체적인 정책 처방과 점진적인 발전 계획의 수립이 가능하다. 또한 시장경제 체제의 탈자본주의적 변혁을 꾀하기보단, 현재 체제로서 시장경제의 발전 가능성을 적극적으로 활용하려는 특징을 보인다. 따라서 자본계급을 적대시하지 않고, 자본 또한 변화의 주체로서 인정하며, 다양한 이해관계자를 아우르는 사회 전체의 생태적 재구조화를 꾀한다. 다만 생태근대화론은 환경보전과 경제 성장을 동시에 추구하기 때문에 이에 대한 비판이 제기된다. 오늘날의 경제 성장은 기본적으로 소비를 통해 이뤄지기 때문에, 자원과 환경을 소모하지 않고 이를 개선하는 경제 성장이 과연 가능하냐는 것이다.

정치 전략적인 측면을 볼 때 생태사회주의가 반영되던 강령에서는 기존 체제의 변혁을 위한 저항과 반대 같은 정치적 행동이 요구되었다. 반면 생태근대화론이 반영된 강령은 기존 경제 체제를 생태적이고 합리적으로 수정하고 개선하는 걸 목표로 삼기 때문에, 결과적으로 제도권 적응과 타협을 요구한다. 제도권 내에서의 변화를 꾀하는 현실주의자들이 당에 지배적인 영향력을 발휘하면서 생태근대화론이 강령의 주요한 이념으로 자리한 것은 우연이 아니다. 아무래도 기존의 체제를 인정하는 생태근대화론이 제도권 정치와 더욱 정합성이 높기 때문이다. 또한 합의의 정치가 요구되는 독일의 다당제 정치 구조를 고려할 때, 녹색당이 창당 초기의 급진성을 계속해서 견지했다면 적녹연정이나 에너지 전환 정책은 역사에 등장하지 못했을지도 모른다.

생태주의와 관련해 한 가지 주목할 만한 지점은 녹색당의 환경윤리적 입장[21]이다. 녹색당은 곧 생태주의 정당이라는 인식이 워낙 강력하게 자리 잡아선지 녹색당은 인간보다 환경을 더 중시한다는 오해 내지 비판을 받아 왔다. 2017년 녹색당이 발간한 당원 교육용 책자에는 이러한 질문에 대한 입장이 담겼는데, 그 첫마디는 "환경을 중요하게 여기는 사람만이 사람도 중요하게 여깁니다"이다. 이는 환경보호에 대한 우려와 노력이 인간 스스로를 위한 것임을 명확히 하는 것으로 인간중심주의적인 입장을 드러내는 표현이다.

더 나아가 2020년의 강령에서는 녹색당의 '생태' 가치를 이렇게 설명한다. "21세기는 인간중심주의의 시대이다. … 자연은 우리를 필요로 하지 않는다. 우리 인간이 자연에 속하기 위해 자연을 필요로 한다."[22] 이러한 발언은 인간을 생태계 내의 존재로서 적극적으로 인식하는 확장된 인간중심주의적 입장을 드러낸다. 이런 입장 표명은 제도권 정당으로서는 당연할 수 있지만, 이를 강령에서까지 강조하여 명시한 것은 그만큼 녹색당이 인간을 위한 정당임을 피력해야 할 필요성의 반영이라고 볼 수 있다. 앞서 언급한 당원 교육용 책자에 실린 문답에서처럼, 실제로 녹색당이 인간의 안녕보다 생태나 동물, 환경을 더 중요시한다는 인식을 가진 유권자가 많을 수 있기 때문이다.

그런데 같은 장에서 이어지는 설명에서는 또 다른 환경윤리적 입장을 발견할 수 있다. "자연 그 자체를 위해 동물과 모든 살아 있는 자연의 복지를 보호하는 것은 우리 인간의 의무다"[23]라는 서술이다. 자연 그 자체를 윤리적 대상으로 보는 생태중심주의적 시각을 드러낸 것이다. 또한 '동물보호' 절에서는 "동물은 지각이 있는 존재다. 그들은 권리가 있으며, 절대로 자원 공급원이나 오락용 대상으로 전락되어서는 안 된다"[24]며 동물 권리를 인정하는 감각중심주의적 입장을 밝히기도 한다.

종합하면, 녹색당은 인간중심주의만이 아니라 생태중심주의와 감각중심주의 등 여러 환경윤리적 입장을 동시에 수용했음을 알 수 있다. 정도의 차이는 있지만 1980년과 2002년 강령에서도 마찬가지로 인간중심주의를 중심으로 다양하고 혼재된 환경윤리가 드러난다. 이는 현실적으로 다양한 윤리적 입장을 지닌 당내 구성원과 지지자 들을 포괄적으로 대변하기 위한 시도로 보인다. 다양한 입장의 공존이 가능한 이유는 여러 환경윤리적 입장이 반드시 상호배타적인 것은 아니기 때문으로 보인다. 예를 들어 생태중심주의자는 생태계에 본질적 가치가 있다고 보기 때문에 이를 보호해야 한다는 윤리적 의무를 가진다. 한편, 확장된 인간중심주의 역시 인간이 생태계 내에 존재한다는 분명한 인식에서 출발하기에, 인간을 위한다는 지점에서는 충돌할 수도 있지만, 생태계에 대한 보호 의무를 공유한다.

___ 새로운 환경부

2021년 12월 사민당, 녹색당, 자민당의 신호등 연립정부가 새로 들어서며 새로운 녹색당 환경부 장관이 탄생했다. 1998년 적녹연정의 위르겐 트리틴 뒤를 이어 녹색당 출신으로는 두 번째로 탄생한 환경부 장관이다. 슈테피 렘케Steffi Lemke는 5선 의원이자, 2002년부터 2013년까지 10년 이상 녹색당의 사무총장을 맡기도 한 베테랑 정치인으로, 구동독 출신의 농학 전공자이며, 분단 당시 동독 지역에서 녹색당 창립을 주도한 인물이기도 하다.

새로운 정부의 출범과 함께 환경부의 기능에도 변화가 있었다. 주요 업무 분야였던 기후변화 완화, 즉 온실가스 감축 관련 기능은 경제부로 이관하고, 핵에너지 및 핵안전, 핵폐기물 등 핵 관련 업무 대부분을 경제부로부터 넘겨받았다. 거기에 법무부로부터 소비자보호 관련 업무를 넘겨받으며 부처의 공식 명칭에도 변화가 있었다. 이런 정부의 환경·자연보전·핵안전부BMU: Bundesministerium für Umwelt, Naturschutz und nukleare Sicherheit에서 환경·자연보전·핵안전·소비자보호부BMUV: Bundesministerium für Umwelt, Naturschutz, nukleare Sicherheit und Verbraucherschutz로 변경된 것이다.

렘케 장관은 2022년 1월 의회 연설에서 생물종보호, 소비자보호, 순환 경제, 탈핵 완수, 기후보호를 새로운 환경부의 5대 핵심 과제로 발표한다. 다양한 업무 중에서도 특별히 이들 분야에 대한 정책적 노력이 강화될 것으로 보인다. 이 책에서는 소비자보호를 제외한 환경과 직접 관련된 과제에 대해 간단히 소개하려 한다.

환경부의 최우선 과제는 생물종의 멸종을 막는 것이다. 수백만 종의 생물들이 수십 년 내 사라질 것으로 전망되는 만큼 생물종 멸종은 기후변화 다음으로 중요한 생태위기로 평가되기 때문이다. 파괴된 자연의 재자연화, 습지보호 강화, 생물종 다양성 제고를 위한 대책들이 강화될 것이다. 렘케의 환경부는 특히 적극적인 해양보호 정책을 새롭게 추진할 계획을 세웠는데, 이를 위해 전 지구적 차원에서는 보호구역 확대를 추진하고, 독일 내에서는 현재의 보호구역 관리 강화와 구속력 있는 해양 전략의 수립 등을 추진하려 한다. 또한 주요 생태계 보호 정책의 일환으로는 농업부가 추진하는 농업 전환에 대한 협력을 꼽을 수 있다. 이는 특히 생태계로 유입되는 농약과 질산염의 감축과 유입 방지를 위한 조치들이다.

순환 경제를 위한 정책 또한 중요한 부분을 차지한다. 특히 새 환경부의 주안점은 플라스틱 폐기물에 대한 대응으로, 일회용 플라스틱 봉투와 식기류 등의 금지를 비롯하여 플라스틱 폐기물 감축을 위한 정책과 함께 플라스틱 폐기물의 재활용률 제고를 위한 조치가 있을 예정이다. 구체적으로는 상품 포장재에 대해 재활용 플라스틱 함유율의 의무화와 최소기준을 도입하고, 유럽 차원의 통일된 재활용 플라스틱 표준을 수립하며, 국제적 차원에서는 플라스틱 폐기물 감축을 위한 합의를 이끌어내려는 시도이다. 또한 유럽 전역에서 화장품 및 세제 등에 미세 플라스틱 사용을 막는 정책을 추진하고자 한다.

또 다른 핵심 과제로는 탈핵 완수가 있다. 앞서 살펴본 것처럼 독일은 이미 2000년 적녹연정 당시 핵발전소의 단계적 폐쇄를 결정했지만, 2009년 흑황연정에서 기존에 운영 중인 핵발전소의 수명을 연장시킨 바 있다. 다만 2011년 후쿠시마 핵발전소 사고의 여파로 여론이 급격히 악화되면서 연장 정책이 폐기되어 2022년까지 모든 핵발전소를 폐쇄키로 했다. 렘케 장관은 탈핵을 무사히 완수하고자 노력하며, 유럽 차원에서도 핵발전소를 위한 더 이상의 공공 투자가 이뤄지지 않도록 노력할 방침을 밝혔다.

환경부의 마지막 핵심 과제는 기후보호다. 경제 부문과 관련된 기후변화 완화 업무는 경제기후보호부로 옮겨갔지만, 환경부의 전문 분야인 자연 생태계 보호와 복원을 통해 자연의 탄소 흡수 및 저장 기능을 강화해 기후변화를 완화하는 '자연적 기후보호natural climate protection'에 힘쓴다는 계획이다. 더불어 기후변화로부터 사람과 자연을 보호하기 위한 기후변화 적응 정책도 강화할 예정이다. 새로운 기후변화적응법을 마련하고 전략을 수립하는 한편, 홍수 등 기후변화로 인한 물 관련 문제에 대비하기 위한 특별 프로그램을 준비 중이다. 또한 지역 단위의 적응 전략을 돕기 위해 환경부 차원의 지원 프로그램도 강화될 예정이다. 실제로 그 일환으로 2022년 3월 기후변화 적응 긴급프로그램 Sofortprogramm Klimaanpassung이 발표되었다. 기존의 기후변화 적응 대책을 강화하는 한편, 유치원, 병원 등 사회기관들을 위한 지원 사업, 전문가의 도움을 받아 지역사회의 기후변화 적응을 대비하는 전문성 강화 조치 등의 내용이 담겼다.

녹색당 환경부의 외로운 싸움

한편 신호등 연정 초기부터 벌어진 일련의 사건은 녹색당의 환경부 앞에 험난한 도전들이 놓여 있음을 짐작케 한다. 우선 독일에서 환경부는 애초부터 본연의 임무를 수행하는데 어려움이 따르는 부처였다. 한국과 마찬가지로 독일에서도 환경부의 활동은 으레 환경 규제의 영향을 받는 경제 부문의 관련 단체들이나 해당 부문을 다루는 다른 부처의 반발에 흔들리곤 한다. 게다가 독일의 경우 연정에 참여한 정당들이 각 부처 장관직을 맡기 때문에 부처 간 갈등은 그대로 정당 간의 갈등으로도 이어질 수 있다. 가령 메르켈 정부 마지막 장관이었던 환경부의 스벤야 슐체Svenja Schulze, 사민당와 농업부의 율리아 클뢰크너Julia Klöckner, 기민당는 곤충을 비롯한 생물종보호와 수질오염 개선을 위한 농업 분야 환경규제 강화 문제로 심각한 의견 대립을 보였으며, 이러한 정책 추진의 난맥상이 대규모 농민시위로 번지는 등 사회적 혼란으로 이어지기도 했다.

숄츠 정부는 과거와 달리 이 같은 갈등에서 어느 정도 자유로울 것으로 기대됐다. 환경부와 잦은 마찰을 빚던 경제부와 농업부를 모두 녹색당이 가져갔기 때문이다. 또한 기후변화에 대한 적극적 대응을 경제 발전의 동력으로 삼는다는 녹색당 주도의 구상에 따라 기존의 경제에너지부를 경제기후보호부로 조직 개편하면서 경제와 기후변화 대응의 충돌 또한 어느 정도 해소될 것으로 전망되었다. 그러나 환경부는 정권 초기부터 내연기관 자동차의 판매 중단 문제를 놓고 자민당이 담당한 디지털교통부와 마찰을 빚는다. 경제 대 환경 간의 해묵은 갈등은 이밖에도 탈핵, 고속도로 속도 제한, 도로 건설에 대한 환경규제 완화 등의 문제에서 지속적으로 불거졌다.

러시아-우크라이나 전쟁은 환경부에 심각한 도전을 불러왔다. 러시아산 가스에 대한 의존도가 높은 독일에서는 에너지 위기를 우려하여 여러 대응책을 내놓았다. 석탄화력발전소의 가동 일시 확대, 프래킹fracking[25]을 통한 가스 생산, 핵발전 등 녹색당이 결별을 고하고자 했던 에너지원들이 비상 대책으로 거론됐다. 상황이 이렇다보니 2022년 12월 31일 가동 종료 예정이었던 독일 내 마지막 핵발전소 3기의 가동 연장 문제는 정부 안팎에서 뜨거운 논쟁을 일으켰다. 연정 여당 안에서는 자민당이, 야당에서는 기민/기사당 연합 등이 가동 연장을 주장하면서 촉발된 논쟁은 갈수록 격화되어 자민당과 녹색당 간의 갈등으로 비화되었다.

이러한 논쟁은 반핵운동의 상징이자 연립정부에서 경제 부문과 에너지, 기후변화, 핵안전, 환경 등 핵발전소 및 에너지위기와 관련된 부처 대부분을 전담한 녹색당에게는 더욱더 심각한 도전으로 다가왔다. 이미 가스 위기로 인한 석탄발전 확대 결정으로 환경 단체와 지지자들의 비판을 받던 상황이었기 때문이다. 결국 독일 정부는 한 차례 가동 연장 끝에 2023년 4월 15일 가까스로 탈핵을 완수하기에 이른다.

전쟁으로 인한 에너지 위기는 당내 갈등의 도화선이 되기도 했다. 경제기후보호부 장관인 로베르트 하벡이 러시아산 가스로부터 독립하기 위한 가스 인프라 확충을 이유로 발트해의 뤼겐Rügen 섬에 새로운 액화천연가스터미널(이하 LNG) 건설 계획을 추진한 것이 계기였다. 이에 대해 환경부 장관 렘케가 가스시설의 필요성에 의문을 제기하며 하벡과 대립각을 세웠고, 독일 청년녹색당Grüne Jugend을 비롯한 지역시민 단체와 환경 단체들 또한 터미널 건설이 기후변화 대응에 역행하는 화석연료 확대 조치이며 해당 지역생태계를 훼손할 것이라며 반대운동을 벌인다. 같은 당의 장관과 대립하는 상황에 대해 렘케 장관은 "일을 하다 보면 혼자만 환경운동가이자 자연보호론자로서 남는 경우가 더 자주 발생합니다"라며 속내를 털어놓았다.[26] 정부 내에서 외로운 싸움을 하는 녹색당 환경부의 처지를 짐작하게 하는 발언이다.

　　에너지 확보와 자연보전 사이의 딜레마로 인한 당내 갈등은 이번이 처음이 아니었다. 신호등 연정 초기, 독일 정부는 기후변화 대응과 독일의 대러시아 에너지 의존 극복을 위해 강력한 재생에너지 확대 정책을 추진했는데, 이 과정에서 육상풍력발전소 확대를 위해 자연보전법을 개정해 경관보호구역 내 풍력발전 설비의 설치를 허용하고, 각종 규제의 예외를 적용하도록 함으로써 이미 한 차례 기후보호와 경제를 위해 자연보전을 희생한 사례가 있다. 이때 역시 에너지 확보를 위해 자연보전을 희생한 셈이라는 당 안팎의 비판이 있었다. 특히 녹색당 내에서 생태주의 연방의제위원회BAG Ökologie는 재생에너지 확대 정책에 관해, 주거 지역과의 거리 규정 완화를 통해 적합한 용지를 상당히 확보할 수 있기 때문에 재생에너지 확대가 지연되는 책임을 자연과 생물종에 돌려선 안 된다는 입장을 이미 몇 해 전부터 밝혀왔다. 그럼에도 불구하고 풍력을 위한 규제 완화가 강행되자, 그가 속한 지역구의 녹색당 지역위원장이 항의 차원에서 사임하는 일이 벌어졌다.

　　이러한 일련의 상황은 에너지 안보와 경제적 불안에 대응하면서도 동시에 환경보전과 기후보호를 추진해야 하는 독일 정부와 녹색당의 딜레마를 드러낸다. 렘케 장관은 "우리를 이렇게 어려운 상황에 몰아넣은 이런 식의 전쟁을 예상한 사람은 아무도 없습니다. 진보 연정[27]이라는 우리의 생각은 지금과는 다른 시대에 만들어졌습니다"며 러시아의 우크라이나 침공으로 인한 상황이 얼마나 특수하고 어려운지 강조했다.

딜레마 속에서 환경과 에너지, 경제 정책 간의 균형을 맞추는 건 어려운 과제임이 분명하다. 현재 녹색당 지도층의 대응은 녹색당이 현실주의적이고 타협적인 방향을 추구한다는 걸 드러낸다. 다만 신호등 연정 내에서 그리고 당내에서 요구하는 타협의 압박 속에서 렘케 장관이 이끄는 환경부는 그래도 녹색당의 생태주의적 가치를 정부 내에서 관철하는 문지기로서 환경보호를 위한 균형추 역할을 수행 중이다.

에너지 상황과 경제 상황이 나아지지 않으면 환경부에 대한 압력은 더욱 거세질 것이다. 정부 출범 당시 녹색당의 경제기후보호부가 추진한 경제 발전과 기후보호의 선순환, 경제부와 환경부의 부처 간 협력으로 인한 시너지 효과 등은 기대하기 어려울지도 모른다. 녹색당이 풍력발전 확대를 위해 자연보전법의 개정에 동참하고 또 논쟁 끝에 결국 LNG 촉진법LNGG에 협력했듯이, 경제나 에너지 안보 등을 위해 환경보호 목표를 거듭해서 양보해야 했던 렘케 환경부 장관에게는 앞으로의 행보 또한 순탄치 않을 것으로 전망된다.

독일 녹색당 앞에 놓인 현실적 어려움들은 온건하고 현실주의적인 생태적 근대화라는 목표 실현조차도 결코 쉽지 않음을 보여준다. 하지만 그렇기 때문에 녹색당의 책임은 더 무겁고 가치 있게 다가온다. 특히 생태주의적 가치를 지키는 최후의 보루인 환경부의 역할이 더욱 중요해졌다.

6장 · 평화외교 정책

전쟁 앞에 선 평화

1999년 5월 13일 녹색당 특별 전당대회에서 찍힌 사진 속에서 녹색당을 상징하는 정치인 요슈카 피셔는 오른쪽 귀를 손으로 감싸며 얼굴을 찡그리고 있다. 귀를 감싼 손에 가려 얼굴은 자세히 보이지 않지만, 목과 양복의 오른쪽 어깨 부위가 붉게 물들었다. 피셔는 다른 당원이 던진 붉은색 물감 봉투에 귀를 맞았다. 독일군의 코소보 전쟁 투입에 찬성한 외무부 장관 피셔와 녹색당이 참여한 연방정부에 대한 항의 표시였다. 피셔의 고통스러운 표정과 붉은 얼룩이 함께 담긴 이 사진 속에는 피셔뿐만 아니라 녹색당 전체를 흔든 파열음이 담겼다.

녹색당의 역사에서 1999년은 자신들의 핵심 이념 중 하나인 비폭력 평화주의를 포기한 해로 기억된다. 1998년 역사상 처음으로 연방정부에 참여한 녹색당은 얄궂게도 시작과 동시에 독일군의 코소보 전쟁 참여를 찬성하고 기존의 평화주의 노선을 포기할지, 아니면 연정을 포기할지 둘 중 하나를 택해야 했다. 내각제 국가인 독일에서 연정 참여는 합의와 양보를 의미한다. 특히 다수당인 사민당의 소수당 파트너로서 녹색당이 할 수 있는 역할은 제한적이었다. 당시 총 14개의 장관급 인사 중 녹색당에 돌아간 자리는 단 두 자리뿐이었다.

사실 녹색당에게 비폭력은 타협의 가능성이 있는 다양한 정책 중 하나가 아니었다. 비폭력은 녹색당의 외교 정책인 평화 정책의 핵심 이념일 뿐만 아니라 국내 정치와도 무관하지 않았다. 시민의 정치적 권리와 참여를 통해 기존의 국가 지배 시스템을 대체하려 했던 녹색당 정치 이념의 중심에는 비폭력이 있었다. 녹색당에게 비폭력은 시민에 대한 국가의 지배와 통제에 대한 저항을 의미하기도 했다.[1]

그러나 1999년 이후 비폭력은 녹색당의 중심 이념에서 사라진다. 녹색당의 외교, 안보 정책에서 평화는 여전히 핵심 키워드지만, 평화를 만들고 유지하는 수단으로서 군사력 또한 녹색당 정책 안에 포함되었다. 이러한 변화는 현실 정치에 참여하는 정당, 특히 정권에 참여하려는 의지를 가진 정당에게 비폭력은 유지가 불가능한 가치라는 사실을 드러낸다. 그런 점에서 녹색당이 전통적인 국가 지배 체제를 부정하던 대안적 입장에서 점차 체제를 중시하는 기성 정당으로 변모해가는 모습은 비폭력에 대한 입장 변화와 이어진다.

다른 한편으로 녹색당의 변화는 시대 상황에 맞는 자연스러운 발전으로 평가할 수도 있다. 1999년은 전쟁과 평화에 대한 녹색당의 입장뿐 아니라, 독일의 입장 자체가 변한 기점이기도 하다. 발칸 반도에서 벌어진 내전과 난민 발생은 과거 냉전 시대의 군사 대결과는 다른 고민거리를 만들었다. 제2차 세계대전 전범국으로 동독과 서독의 분단을 겪었던 독일이 통일 이후 점차 다시 유럽의 중심 국가로 자리매김하는 과정 또한 녹색당의 인식 변화에 영향을 미쳤다. 국제사회에서 발생하는 여

러 문제에 독일이 적극적으로 개입하라는 대내외적 요구가 점차 높아
졌기 때문이다.

반핵! 반전!

1980년 창당과 함께 만들어진 서독 녹색당의 최초 강령에서 '비폭
력'은 당의 4대 근본 원칙 중 하나였다. 이는 비폭력이 다른 근본 원칙인
'생태, 사회, 기초 민주주의'와 함께 녹색당의 다양한 정책이나 정치적
활동의 기준이라는 것을 의미한다. 하지만 다른 원칙들이 녹색당이 추
구하는 목표와 연결되어 있다면, 비폭력은 이를 달성하기 위한 수단이
라는 차이점이 있다. 비폭력에 대해 강령은 "인도주의적 목표는 비인간
적 수단을 통해 달성할 수 없음이 우리의 최고 원칙"이라고 밝힌다.

녹색당이 반대하는 비인간적 수단은 구체적으로 국가 사이의 전
쟁과 전쟁의 도구로 사용되는 군대였다. 녹색당은 전 세계의 군비 축소
와 핵무기 및 생화학무기의 폐기, 해외에 주둔한 모든 국가의 군대 철수
를 요구했다. 강령에는 "각 개인 사이에서, 다양한 사회 집단 내에서, 사
회 전체에서, 국가와 민족 사이에서 비폭력은 절대적이며 예외 없이 적
용되어야 한다"는 내용이 있는데, 이는 군대와 전쟁뿐 아니라 기존 사회
의 지배 체제 및 인간 사이의 다양한 삶의 방식 또한 폭력으로 해석하
고 반대할 가능성을 열어놓은 것이다. 다만 강령에서는 비폭력 원칙이
적용되는 구체적인 영역에 대해서도 언급하며, 국가 사이의 관계를 지
배하는 힘의 수단으로서 군대와 전쟁에 집중한다.[2]

녹색당 초기 강령 제3장 '외교와 평화 정책'에는 비폭력에 대한 언급이 집중된다. 특히 국제연합, 즉 유엔에 요구하는 첫 번째 사항으로 국제적인 군비 축소 협상과 무기 거래에 대한 규제를 언급한다. 또한 유럽의 평화에 대한 언급에서는 서독이 더 이상 새로운 무기 시스템을 도입하지 않을 것을 첫 번째 항목으로 요구하며, 독일의 군비 축소가 세계의 군비 축소에 기여해야 한다고 명시한다.

한 가지 주목할 만한 것은 녹색당의 비폭력 원칙이 국가나 사회 체제의 억압과 폭력에 대항하는 '사회적 저항' 자체를 반대하는 건 아니라는 언급이다. 한편으로 이는 비폭력 원칙에 대한 오해를 피하기 위한 서술로 볼 수 있다. 하지만 다른 한편으로 녹색당이 기존 정치에서 긴급한 문제 해결을 위한 최후의 수단인 전쟁에 대한 대안으로 사회적 저항을 염두하고 있음을 보여준다. 실제로 강령에는 지배 체제에 저항하기 위한 방법으로 연좌시위, 도로 점거, 차량 운행 방해 등이 정당할 뿐만 아니라 필요하다고 명시되었다.

비폭력이 창당 강령의 근본 원칙이 된 것은 녹색당 창당에 중요한 역할을 했던 다양한 사회적 세력의 영향과 시대적 상황 때문이었다. 당시 창당에 참여했던 사람들은 기존의 환경운동, 핵발전소 건설 반대운동, 페미니즘운동, 사민당을 비롯한 좌파 정치 세력 등 다양한 사회 집단에서 나왔고, 이들 중 상당수가 비폭력 평화주의를 추구했다.

독일의 비폭력 평화주의에는 역사적 맥락이 있다. 제1,2차 세계대전 전범국이라는 독일의 이력과 오랜 동서 냉전은 독일에서 평화주의가 특히 중요한 의미를 갖게 했다. 1949년 소비에트연방을 중심으로 한 사회주의 진영에 대항하기 위해 미국, 캐나다와 영국, 프랑스 등 유럽 국가를 중심으로 북대서양조약기구NATO: North Atlantic Treaty Organization(이하 나토)라는 군사 동맹이 탄생한다. 그런데 전범국이었던 서독 정부가 나토에 가입하고 재무장하려는 움직임을 보이자 서독 내부에서부터 이를 반대하는 시민운동이 일어난다. 여기엔 노동조합원, 여성운동가, 좌파 지식인 등 다양한 사람들이 참여했다.

서독의 나토 가입과 재무장은 서구 자유주의 진영과 사회주의 진영의 군사적 긴장을 강화시켰다. 동독을 포함해 소비에트연방을 중심으로 한 동유럽 사회주의 진영은 나토에 대항하기 위해 역시 군사 동맹인 바르샤바조약기구WP: Warsaw Pact를 만들었다. 이런 상황 속에서 냉전의 한복판에 자리 잡은 분단국가 독일에서는 서독과 동독 양측 모두에서 군비 확장과 긴장관계에 반대하는 평화운동이 지속적으로 이어진다.

그 밖에도 녹색당의 비폭력 평화주의 한 축에는 군사력과 경제력 우위를 바탕으로 한 서구사회와 제3세계 사이의 착취와 불평등에 대한 비판이 있었다. 그리고 페미니즘운동 또한 비폭력 평화주의와 연결된다. 페미니즘운동은 전통적으로 군대를 가부장적 지배 체제의 중심 기구로 파악하고 이를 비판하는 입장에서, 특히 여성에게 큰 고통을 가하는 전쟁 그 자체에 반대해 왔다. 같은 맥락에서 녹색당 강령의 '여성 정책'에는 여성의 군 복무 반대가 언급된다.

결정적으로 녹색당 창당 시기 평화주의가 큰 의미를 가졌던 가장 중요한 이유는 핵전쟁에 대한 공포다. 반전과 평화에 대한 녹색당의 외침은 당시 서구사회에 가득했던 핵에 대한 공포와 함께 커다란 사회적 반향을 불러일으켰다. 이는 창당뿐만 아니라 녹색당의 최초 연방의회 진입에 중요한 역할을 한다.

1981년 10월 10일 서독의 수도인 본Bonn에서 30만 명이 모여 평화와 군비 축소를 외치며 벌였던 시위는 당시 평화운동의 사회적 영향력을 잘 보여준다. 당일 서독 공영방송의 저녁 뉴스 프로그램인《타게스샤우-Tagesschau》는 "안녕하십니까, 시청자 여러분! 서독 역사에서 가장 큰 대규모 시위가 평화롭게 끝났습니다. 평화와 군비 축소를 외치기 위해 본에 30만 명이 모였습니다"라는 오프닝 멘트와 함께 시작했다. 이 날 시위는 나토 핵무기가 독일에 배치되는 걸 반대하는 자리였다.

1979년 나토 회원국들은 '이중 결정'이라는 이름의 협상에 합의한다. 우선은 소련과 핵무기 감축을 위한 협상을 진행하겠지만, 협상의 결과가 없을 경우 중유럽 지역에도 중거리 핵미사일을 배치하겠다는 내용이었다. 소련이 동유럽 국가에 배치한 중거리 핵무기에 공격적으로 대응한다는 명분이었다. 당시 독일 총리였던 사민당의 헬무트 슈미트는 중거리 핵무기가 독일에 배치될 가능성이 높았음에도 나토의 전략을 적극 지지한다. 이때 미국이 평화 협상을 적극적으로 진행하지 않으면서 핵무기의 유럽 배치는 가시화된다. 분단으로 인해 동독과 대치 상황에 있던 서독 시민들에게 유럽의 핵전쟁은 심각한 위협으로 다가올 수밖에 없었다.

본 시위에는 독일 평화운동과 녹색당의 상징이었던 페트라 켈리도 참석한다. 그는 "우리는 모든 핵폭탄과 원자로를 거부합니다. 전 세계 도처의 수많은 핵발전소 덕에 우리에게는 핵전쟁을 할 수 있는 기회가 생겼습니다. 정말 감사합니다"라며 증가하는 핵발전소와 핵전쟁의 위협을 비판했다. 당시 독일에는 핵발전을 핵전쟁과 분리되지 않는 동시적 위협으로 이해하여, 두 현상에 대해 모두 공포를 느끼고 반대하는 집단이 존재했다. 특히 녹색당 창당에 참여했던 사람들에게 자연 착취와 핵발전 및 핵전쟁은 모두 산업 문명으로 이어진 위기였다. 그들은 강령 서문에서 한정된 지구를 착취하는 무한한 경제 성장에 대한 믿음이 핵발전소 건설과 핵무기 도입 결정을 가능하게 했으며 이것이 기성 정치의 가장 큰 문제라고 비판한다.

1974년 독일 경제부는 앞으로 10년간 50개의 새로운 핵발전소 건설 계획을 발표한다. 핵발전소에 대한 사회적 반대는 커졌지만, 당시 연방의회에 진출한 기성 정당 가운데 누구도 핵발전소를 반대하지 않았다. 결국 각 지역에서 핵발전소를 반대하는 자발적 시민조직이 나타나고, 이들이 선거연합으로 이어져 녹색당 창당의 기초가 된다. 특히 1979년에는 유럽의회 선거를 위해 독일 각 지역의 조직이 연합한 '기타정치연합/녹색당Sonstige Politische Vereinigung/Die Grünen'이 만들어졌다. 이들은 비록 의석 획득을 위한 최소 기준인 5%를 달성하진 못했지만, 3.2%를 득표하며 정부로부터 선거 지원금으로 450만 마르크(약 647만 1,558유로)를 받았다. 이 돈이 녹색당 창당을 위한 자금으로 사용되었기에 녹색당에는 독일 정부의 돈으로 설립된 최초의 정당이라는 수식어가 붙는다.

1983년 녹색당은 5.6%의 득표율로 27석을 차지하여 처음으로 연방의회에 진출한다. 이로써 1961년부터 유지되던 기민/기사당 연합, 사민당, 자민당의 3당 체제는 끝이 났다. 집권당이었던 사민당은 많은 의석을 잃었고, 녹색당은 사민당이 잃어버린 표 중 상당수를 흡수한다. 앞서 말한 나토의 이중 결정과 중거리 핵무기 배치 가시화는 집권당이었던 사민당의 지지율 하락에 주요 원인으로 평가된다. 실제 핵무기 배치 반대 서명에만 500만 명의 독일인이 참여했을 정도로 여론이 좋지 않았다.

하지만 당시 선거에서 녹색당이 선전할 수 있었던 이유가 반전 평화운동 때문만은 아니다. 녹색당에는 반전 반핵 평화운동 세력 외에도 다양한 집단이 함께 존재했으며, 녹색당 내에도 평화주의에 공감하지 않는 당원들이 있었다. 실제로 당시 녹색당에 투표한 시민 중 상당수는 환경 문제를 이유로 들었다.[3] 인류 문명 및 자연을 돌이킬 수 없게 파괴할 잠재력을 가진 핵무기와 핵발전소는 인간에 의한 자연 착취의 상징이자 가장 극단적인 결과물이었다. 핵전쟁이 매우 현실적인 위협이었던 독일에서 녹색당이 전쟁에 대한 반대와 군비 축소를 외친 것은 환경 문제와도 밀접한 연관이 있었다.

독일 통일과 발칸 반도 분쟁의 경험

비폭력은 1999년 독일군의 코소보 전쟁 참여 문제로 열린 특별 전당대회까지 녹색당의 근본 가치였다. 하지만 그 사이 녹색당에도 변화의 조짐이 나타난다. 특히 중요한 사건은 독일 통일이다. 통일은 녹색당이 기존 사회 체제에 저항하는 정당에서 현실 정치 참여를 중요시하는 정당으로의 변화하는 데 결정적 역할을 한다. 1990년 12월 통일 독일의 첫 연방의회 선거가 서독 지역과 동독 지역에서 각각 정당별 비례대표를 분리해 선출하는 방식으로 실시되었다.

서독 녹색당은 "모두가 독일에 대해 이야기하지만, 우리는 날씨에 대해 이야기한다"는 구호로 환경과 기후 문제를 부각하며 선거에 나섰다. 하지만 당시 선거에서는 한 민족 양 국가 체제를 극복한 독일이 새로운 주권 국가로서 어떤 미래를 그려나갈지가 중요했다. 통일 독일 문제에 무관심을 표명했던 서독 녹색당은 정당득표율 5%를 넘지 못하고 의회 진출에 실패한다. 시대 흐름을 읽지 못한 결과였다.

동독 지역에서는 과거 반정부 활동을 했던 시민운동가들의 선거 동맹인 '동맹 90Bündnis 90'과 1989년 베를린 장벽 붕괴 이후 창당한 동독 지역 녹색당이 연합하여 '동맹 90/녹색당 시민운동Bündnis 90/Grüne – BürgerInnenbewegungen'이라는 이름으로 선거에 출마했다. 이들은 서독 녹색당과 달리 6.2%의 득표를 기록하며 연방의회에서 8석을 차지한다. 그리고 1993년 서독 및 동독 녹색당과 동맹 90은 '동맹 90/녹색당Bündnis 90/Die Grünen'이라는 이름으로 합당했다. 이것이 그때부터 오늘날까지 독일 녹색당의 정식 명칭이다.

당시 동독 녹색당원은 약 2,600명이었고, 서독의 녹색당원은 약 3만 7,000여 명이었다. 동독 녹색당은 압도적으로 많은 수의 당원을 가진 서독 녹색당에 일방적으로 편입되지 않기 위해 당의 이름에 동독의 시민운동을 상징하는 동맹90을 포함시킬 것을 요구했다. 또한 합당 과정에서 기존 강령을 새로 고쳐 의회 정치의 성과를 인정하고, 현실 정치의 책임을 감내하는 실용적 개혁 정치를 펼칠 것을 요구했다. 결과적으로 독일 녹색당은 더 이상 자본주의 시장경제를 부정하지 않는다. 한편 이 과정에서 급진적 생태 좌파 사상을 가진 당원들이 대거 탈당했는데, 이들 가운데 상당수가 군대와 전쟁에 반대하는 비폭력 평화주의자였다.[4]

동독 시민운동가 출신의 녹색당원들은 과거 서독의 녹색당원들보다 현실 정치에 더 가까웠다. 그들은 기존 정당이나 자유주의 국가 체제에 대한 반감이 적었다. 동독 시절 반정부운동을 주도했고 동맹 90을 통해 녹색당 정치인이 된 베르너 슐츠Werner Schulz는 "동독의 시민운동가들이 소비에트연방의 보호를 받는 좌파 정부에 저항해 싸웠다면, 서독의 녹색당원들은 시민 정부에 저항한 좌파였다"라는 표현을 통해 과거 서독 정부를 긍정적으로 보고 서독 좌파를 부정적으로 보는 인식을 드러냈다.

1991년부터 진행된 발칸 지역에서의 내전은 녹색당 내부에서 비폭력 원칙에 대한 논란을 불러일으켰다. 문제의 출발점은 보스니아 내전이었다. 보스니아 내전은 코소보 내전과 마찬가지로 유고슬라비아 사회주의 연방공화국(구유고슬라비아연방)이 해체되면서 발생한 비극이다. 보스니아는 인구의 절반이 넘는 보스니아계를 중심으로 유고슬라비아 연방에서 독립한다. 하지만 인구의 약 30%를 차지하던 세르비아계가 신유고연방의 밀로셰비치Slobodan Milošević 대통령 지원에 힘입어 보스니아의 다른 인종, 특히 보스니아계에 대한 조직적인 '인종청소'를 실시한다. 결국 20만 명 이상의 희생자와 230만 명 이상의 난민을 발생시킨 보스니아 내전은 1995년 나토가 세르비아 군사 거점을 공습하면서 일단락된다.

1992년부터 1995년까지 보스니아 내전이 진행되는 동안 독일 녹색당 안에서는 군사적 개입에 대한 치열한 논쟁이 발생한다. 비폭력을 천명한 녹색당의 주요 정치인 중에서도 보스니아의 상황을 보면서 군사적 개입이 아니면 비극을 끝낼 방법이 없다고 주장하는 사람들이 등장한 것이다. 1993년에는 녹색당의 주요 협의 기구 중 하나인 '주 녹색당 위원회'가 보스니아에서 무방비로 폭력에 노출된 사람들의 생존을 보장하기 위해서는 방어와 보호를 위한 군사적 지원을 완전히 배제할 수 없다는 입장을 발표한다. 이는 지금까지 녹색당이 가졌던 비폭력 원칙에 반하기 때문에 논란이 벌어졌다. 결국 특별 전당대회가 열렸고, 녹색당은 다시 한 번 비폭력 원칙과 군사적 행동에 대한 반대 입장을 확인한다.

1998년 녹색당은 연방의회 선거 공약에서 여전히 비폭력 평화주의를 기반으로 삼았다. 하지만 이미 1994년부터 선거 공약에서 군비 축소 요구를 비롯해 평화외교 정책이 차지하는 비중이 과거에 비해 줄었다. 반면 상대적으로 국내 경제와 사회 정책에 대한 내용은 강화되었다. 1990년 서독 녹색당의 선거 실패 원인이 국내 정치에 대한 무관심 때문이라는 비판을 반영한 결과였다.[5] 평화외교 정책에 대한 전체적인 언급 비중 역시 줄었을 뿐만 아니라, 그 내용도 반전이나 비폭력보다는 국가주의를 극복하는 초국가 기구로서 유럽연합[6]의 역할과 인권을 강화하는 데 초점을 맞추는 등의 변화를 보였다.

아우슈비츠는 더 이상 없어야 한다

1998년 사민당과 녹색당은 연정합의서에 '독일의 외교 정책은 평화 정책'이라고 적었다. 사민당은 녹색당 같은 비폭력 평화주의 노선이 아니었지만, 당 내부에 평화주의를 주장하는 인사들이 있어 오랫동안 독일군의 해외 파병을 반대해 왔다.[7] 연정합의서 외교 정책에는 녹색당의 입장이 많이 반영되어 "유럽연합 같은 초국가 기구를 통해 비군사적인 수단으로 분쟁을 예방하고 분쟁을 조정할 수 있는 규정을 만들어야 한다"라는 내용이 포함되었으며, 국비 축소에 대한 요구도 있었다. 물론 녹색당의 평소 주장과 크게 배치되는 부분도 있었다. 새로운 정부가 나토를 유럽연합의 안보와 평화를 위한 주요 기구로 인정한다는 내용은 사민당의 입장이 반영된 것이다. 하지만 두 당 모두 외교, 안보 정책이 새로운 정권의 발목을 잡게 될지 예상하지 못한 채, 경제와 사회 분야의 개혁에 중점을 두었다.

그렇게 탄생한 적녹연정은 새로운 총리와 내각이 공식적으로 임명되기도 전에 외교, 안보와 관련한 커다란 도전에 직면한다. 코소보 사태였다. 앞서 살펴본 보스니아의 경우처럼 코소보 인구의 약 20% 정도인 세르비아계가 신유고연방의 지원을 받아 약 80%를 차지하는 알바니아계에 대한 학살을 자행했다. 그 결과 인구 200만 명의 코소보에서 약 1만 명의 사망자와 150만 명의 난민이 발생했다. 1998년 10월 7일 나토는 코소보 전쟁에 대한 군사 개입 의사를 밝혔다. 그리고 이틀 뒤 독일 총리와 부총리 내정자인 슈뢰더와 피셔가 미국 워싱턴에서 클린턴 대통령과 회담을 가진다. 이 자리에서 클린턴은 나토가 유고슬라비아를 공격하면 독일이 함께하길 요구했지만, 두 사람은 클린턴에게 공식 취임 이후 확답을 주겠다는 의사를 밝혔다. 그런데 회담 이후 미국 정부는 새로운 의회와 정부가 출범하기 전이라도 입장을 분명히 하라며 강한 압력을 가한다. 결국 10월 12일 아직 퇴임하지 않은 구 정부와 취임하지 않은 새 정부의 책임자들이 모여 독일군의 참여에 대해 긴급 결정을 내린다. 그리고 16일 연방의회는 임시회의를 열어 정부 결정을 승인했는데, 녹색당에서는 의원 46명 중 29명이 찬성표를 던졌다.[8]

1999년 3월 나토의 신유고연방에 대한 폭격이 시작되었다. 1999년 3월 24일, 《타게스샤우》는 나토의 신유고연방에 대한 폭격 소식을 전하며 이 조치가 "심각하고 조직적인 인권의 침해를 중단시키고 코소보에서 발생한 인류의 재난을 막기 위한 것"이라고 보도했다. 또한 이번 폭격은 독일의 전쟁 참여를 의미하지 않는다며, 코소보 전쟁의 평화적 해결을 위해 군사적 수단을 동원한 것이라고 설명했다. 3월 26일 《뉴욕타임스New York Times》는 '히틀러 이후 반세기 만에 독일 제트기가 공격에 참여했다'며 코소보 전쟁에 대한 독일군 참여를 비중 있게 보도했다. 《뉴욕타임스》는 이 사건을 통해 제2차 세계대전 전범국이었던 독일의 한 시대가 끝이 났으며, 독일이 부자연스러운 평화주의 상태에서 해방되었다고 평가했다.[9] 그리고 신문에서는 언급하지 않았지만 같은 사건을 통해 독일과 녹색당의 평화주의에도 커다란 균열이 발생했다.

폭격 참여 결정은 녹색당 평화주의자들의 거센 반발을 불러일으켰다. 비폭력 평화가 당의 기본가치 중 하나라고 생각했던 당원들에게 녹색당 정치인들의 승인 아래 독일군의 전투 참여가 결정되고 실행된 것은 너무나 충격적이고 부도덕한 사건이었다. 게다가 군사 개입이 시작된 이후로도 몇 주 동안 코소보 사태가 진정되지 않고 오히려 악화되면서 비판은 더욱 거세졌다. 녹색당 내 좌파 진영의 가장 중요한 정치인 가운데 한 사람인 한스-크리스티안 슈트뢰벨레Hans-Christian Ströbele의 주도로 나토 군사 침략의 즉각적인 중단을 요구하는 청원이 제출되었고, 1999년 5월 13일 대의원 투표를 위한 특별 전당대회가 빌레펠트에서 실시된다. 독일군 참여를 지지하는 당대표단의 안과 군사적 행동의 즉각적 중단을 요구하는 안이 맞붙었다. 후자가 통과될 경우 사민당이 연정을 해체할 가능성도 보였다.

전당대회 전 분위기는 점점 험악해졌다. 전당대회가 제대로 치러질 수 있을지 의문시되는 상황에서 대의원 800명을 보호하기 위해 경찰 1,500명이 투입됐다. 수많은 시위대가 전당대회장을 둘러쌌으며 욕설이 난무했다. 그런데 진짜 큰 사건은 회의장 내부에서 발생했다. 누군가 단상에 앉은 외무부 장관 피셔를 향해 빨간색 물감이 든 봉투를 투척한 것이다. 피셔는 큰 충격을 받았지만, 한쪽 어깨가 붉게 물든 양복을 입은 상태로 예정된 연설을 한다. 역사적인 연설이었다. "나에겐 두 가지 원칙이 있습니다. 다시는 전쟁이 반복되어서는 안 되며, 아우슈비츠가 반복되어서는 안 됩니다. 민족학살도 안 되고 파시즘도 안 됩니다." 그의 연설은 붉은 물감의 극적인 모습과 함께 사람들에게 강렬한 인상을 불러일으켰다.

결국 대의원 800명 가운데 과반을 살짝 넘는 444명이 당대표단 안에 찬성표를 던졌다. 녹색당이 공식적으로 독일군의 전쟁 참여를 지지한 순간이다. 그리고 당일 전당대회장에서 독일군의 참여를 강하게 반대하던 일부 당원들은 탈당을 선언한다. 그중에는 녹색당 최초의 연방의회 의원으로 활동했던 에크하르트 스타트만-메르텐스Eckhard Stratmann-Mertens도 있었다. 그는 '반전주의자로서 전쟁에 찬성하는 정당에 있을 수 없다'는 입장을 밝혔다.

이날 피셔는 오른쪽 고막이 찢어졌지만, 당내 입지는 강화되었다. 이 사건 이후 녹색당은 전쟁을 전적으로 반대하던 입장을 바꾸었다. 결국 2002년 만들어진 세 번째 강령에서 비폭력은 당의 기본가치 항목에서 삭제된다. 그렇다고 비폭력이라는 가치가 녹색당 안에서 완전히 사라진 것은 아니다. 강령에는 여전히 비폭력이라는 가치 지향이 기본가치만큼 중요하다고 서술되어 있기 때문이다. 다만 주목할 만한 점은 2002년 강령은 인권과 비폭력을 녹색당의 가치 지향으로 소개하면서 인권을 비폭력보다 앞세웠다는 것이다.

또한 2002년 강령은 법치국가와 국제법에 따라 정당한 군사력을 사용할 수 있음을 명시한다. 다만 군사력의 투입은 국제법에 기초해 유엔안전보장이사회(이하 안보리)의 승인이 있을 때라는 전제 조건이 달렸다. 그뿐만 아니라 안보리의 승인 없이 코소보에 독일군을 투입한 결정을 언급하며, 그것이 일반 상황이 아니라 특수 상황이었고, 특수 상황의 군사력 투입은 납득할 수 있는 국제법상의 기초가 있을 때만 가능하다고 적시한다. 이처럼 구체적인 내용을 살펴보더라도 비폭력은 이전처럼 녹색당의 근본이념은 아니라는 걸 알 수 있다. 2002년 강령을 통해 녹색당은 자신들이 더 이상 예전과 같이 모든 전쟁과 군사적 행동에 반대하는 평화주의 정당이 아님을 분명히 한 것이다.[10]

반전에서 인권으로

녹색당이 반전 평화주의를 포기한 이유가 정권에 참여했기 때문에 발생한 현실 정치의 결과만은 아니다. 만약 그렇다면 2002년에 만들어진 세 번째 강령에 포함된 군사력 사용에 대한 녹색당의 새로운 이해는 이미 발생한 일을 정당화시키기 위한 것에 불과할 것이다. 당시 녹색당 내부의 논쟁은 독일 사회 전체에서 벌어진 논쟁과 연속선상에 있다.

녹색당뿐만 아니라 독일 사회에는 독일군의 코소보 전쟁 참여에 강력히 반대하는 사람들이 존재했다. 특히 녹색당과 좌파 내에 반제국주의나 반국가주의적 가치를 강조하던 사람들은 독일의 군사 개입을 강력히 비판했다. 그중에는 나토와 독일의 전쟁 참여를 제국주의 국가가 독립 국가를 침범한 것으로 보고 밀로셰비치와 세르비아를 지지하는 사람도 있었다.[11] 1991년 녹색당을 탈당해 생태 좌파당Ökologische Linke을 창당했던 유타 디트푸르트Jutta Ditfurth가 대표적인 경우다. 그는 "녹색당은 1980년부터 유지하던 반나토, 비무장 등의 기조를 완전히 포기했으며, 인권을 군사화하고 전쟁을 위한 수단이자 근거로 만들었다"고 비판한다.

하지만 코소보 전쟁 참여를 강력하게 비판하는 세력의 영향력은 과거 반전 평화운동의 크기와 비교해 미미한 편이었다. 과거의 평화운동은 제2차 세계대전 전범국이라는 과거, 동서 분단 시절 핵전쟁의 가시적 위협, 제3세계와 사회주의 국가에 대한 서방 자유주의 국가의 군사적 개입에 반대하는 좌파의 영향 등 다양한 요소가 결합되어 상당한 영향력을 보였다. 그렇지만 동유럽의 몰락과 독일 통일로 인해 냉전 위협이 사라지며 반전 평화주의의 시대적 배경은 사그라들었다. 더불어 동유럽 사회주의 진영이 무너진 이후 끊이지 않았던 발칸반도 분쟁과 이에 따른 희생자, 난민 발생은 눈앞의 현실로 다가왔다.

미국이 나토를 코소보 전쟁에 적극 개입시키며 내세웠던 '인간의 보편적 권리에 대한 수호'라는 도덕적 명분 또한 독일 사회에서 힘을 얻었다. 세계적인 철학자 위르겐 하버마스Jürgen Habermas는 〈야수성과 인간성〉이라는 제목의 글을《짜이트》에 기고해 독일군의 코소보 전쟁 참여를 정당하다 주장한다.[12] 그는 유고슬라비아에 대한 나토의 공격을 '전통적 국가의 권리를 세계시민의 국제적 권리로 도약시킨 행위'라고 평가했다. 하버마스는 코소보 전쟁에 대해 국가 공권력이 테러의 방식으로 원래의 목적에 맞지 않게 사용되면서 전통적인 내전이 민간인의 대량 학살로 변했다며, 불가피한 경우 민주적인 이웃 국가가 국제법상 정당한 개입을 할 수 있어야 한다고 주장했다.

이는 당시 독일군 투입을 찬성하던 사람들이 펼쳤던 주요 논리와 크게 다르지 않다. 핵심은 아우슈비츠 같은 야만적 민간인 학살로부터 인간의 권리를 지켜내야 한다는 것이다. 과거의 반전 평화주의가 군대의 폐지와 비무장, 제국주의 강대국의 제3세계 개입 반대, 핵무기 폐기 등을 외쳤다면, 1999년 이후로 평화주의 논의는 인종학살이나 테러가 자행되는 야만적 상황에서 인간을 어떻게 보호할 것인가로 변하였다.

하지만 2002년 당시 외무부 차관이었던 녹색당 정치인 루드거 폴머Ludger Volmer가 촉발시킨 '정치적 평화주의' 논쟁은 인권을 보호하기 위한 개입의 수단으로서 전쟁에 대한 판단이 간단하지 않음을 보여준다. 폴머는 과거의 평화주의를 추상적, 윤리적 신념으로 평가하며, 평화의 실현을 위해서는 정치적 평화주의가 필요하다고 주장한다. 그에게 정치적 평화주의는 정치를 군사보다 우선에 두면서도, 군사적 수단 역시 평화를 만들어내기 위한 다양한 정치적 수단의 하나로 인정하고 가능성을 열어 두어야 한다는 입장이었다. 하지만 정치적 평화주의라는 말은 결국 비폭력 평화주의를 거부하고 개별 상황에 따라 군사적 개입의 가능성을 판단해야 한다는 주장에 불과하다는 비판을 받았다.[13]

1999년 이후 녹색당은 끊임없이 독일군의 해외 파병에 대해 논쟁하고 판단해야 하는 상황을 마주하게 되었다. 냉전의 시대가 저문 자리에 테러와 내전의 시대가 나타났다. 2001년 발생한 9.11 테러 이후, 미국이 테러 조직 알카에다와 그들의 지도자 오사마 빈 라덴을 제거하기 위해 시작한 아프가니스탄 공격이 그 시작이었다. 미국의 동맹국이자 나토의 일원인 독일은 군사적 지원의 압박을 강하게 받았다. 하지만 코소보 때처럼 누군가를 구하기 위한 전쟁이 아니었기에 여론은 더욱 분열되었다. 아프가니스탄 일반 시민의 피해를 염려하여 녹색당 내부에서도 반대 의견이 많았다.

하지만 슈뢰더 총리는 독일군 파병 문제를 당시 적녹연정에 대한 재신임과 연결시켰다. 녹색당 최고위원회는 연정을 유지하면서도 독일군 파병에 일방적으로 찬성하지 않을 수 있는 대안을 만들기 위해 고민했다. 최고위원회는 "독일군의 파병은 미국에 대한 일방적 신의가 아닌 비판적 연대이며 인간 존엄성을 위한 동맹"이라는 결의문을 채택했다. 녹색당 최고위원회는 아프가니스탄의 일반 시민보호와 안보리의 감시 등을 파병 조건으로 내걸었다. 다른 한편에서 녹색당 지도부는 개별 연방의원들이 의회에서 찬성표를 던질 수 있도록 강하게 압박했으며, 이 문제로 열린 전당대회에서도 녹색당이 지금까지 연정을 통해 거둔 성과를 언급하며 대의원들이 현 정부의 지속을 위해 독일군 파병에 찬성할 것을 요구했다. 현실 정치 논리가 강하게 작동한 것이다.

2002년 파병 결정으로 재신임은 이뤄졌지만, 두 번째 연정은 임기가 1년 이상 남은 2005년 슈뢰더의 자진 사퇴로 끝이 났다. 하지만 야당이 되었다고 해서 녹색당이 파병 문제에서 완전히 자유로워진 것은 아니다. 여전히 연방의회에서 독일군 파병이나 해외 무기 지원 등에 대해 찬반 결정을 내려야 하기 때문이다. 물론 연정에 참여할 때와는 다르게 당의 지도부의 현실 논리보다는 당내 논의를 통해 당 전체의 생각을 모으는 일이 중요해졌다.

2007년 독일 전투기 토네이도를 아프가니스탄에 투입하는 문제에 녹색당 원내대표부는 찬성했지만, 전당대회에서 일반 대의원들은 반대 안을 통과시킨다. 2014년 이슬람국가(이하 IS)와 대치하던 쿠르드 민병대에 독일 무기를 지원하는 안에 대해서도 전당대회에 참여한 대의원들은 당 지도부의 생각과 달리 반대 의사를 표한다. 하지만 일반 당원들이 독일군의 전쟁 참여를 완전히 반대한 것은 아니다. 같은 전당대회에서 독일군을 시리아와 이라크에서 벌어지는 IS 퇴치 전투에 투입하는 검토안은 통과되었다. 단 안보리 결의가 있어야 하며 독일군은 시리아와 이라크의 일반 시민을 보호하는 역할을 해야 한다는 조건이 달렸다.[14]

녹색당을 흔드는 국가와 안보 문제

2021년 9월 연방의회 선거를 앞두고 녹색당은 상반기부터 집권당을 목표로 선거를 준비했으며, 다행히 잡음 없는 선거 준비로 지지율 상승을 이어갔다. 그런데 예비 선거 공약이 발표되고, 당 내부에서 마찰음이 들렸다. 6월 선거 공약 내용을 확정하며 정한 선거 공약의 제목이 문제였다. "독일. 모든 것이 여기에 있다"[15]라는 제목으로 '독일'이라는 단어가 국가주의를 연상시킨다는 이유였다.

녹색당은 40년의 역사를 지나면서 저항 정당에서 현실 정당으로 성공적으로 변모했다는 평가를 받는다. 기존 국가 체제에 대한 존중과 국가 안보의 수단으로서 군사력에 대한 인정은 그러한 변화의 핵심이다. 하지만 녹색당이 비폭력 원칙을 포기하고 국가 체제를 존중한다고 해서, 자국의 이익만을 중요시하는 정치에 대한 녹색당의 비판의식이 완전히 사라진 것은 아니었다. 결국 300명이 넘는 당원들이 '독일'이라는 단어를 뺄 것을 요구하는 신청서를 제출한다.[16] 신청서에는 '우리 정치의 중심은 독일이 아니라, 인간 존엄성과 자유이다'는 내용과 함께 '독일'이라는 단어를 '녹색'으로 대체하자는 요구가 담겼다.

독일이라는 단어에 대한 당내 마찰은 그 자체로 언론에 주목을 받았다. 녹색당 내에 여전히 존재하는 반국가적 이데올로기가 지지율에 악영향을 줄 수 있다는 평가가 주를 이루었다. 결국 이런 여론을 의식해서인지 제목 변경 신청서를 냈던 당원들은 신청을 취소했고, '독일'은 선거 공약 제목에 남았다. 애초에 녹색당 당원들에게 논란의 소지가 있는 독일이란 단어가 공약 제목에 들어간 이유는 지지층 확장 때문이었다. 녹색당은 집권당이 되기를 원했고, 당 지도부는 이를 위해 녹색당이 독일 전체를 위한 정당이라는 이미지를 만들려 했다. 선거를 준비하는 과정에서 2020년 만들어진 녹색당 네 번째 강령의 제목을 독일의 기본법 제1조 1항에서 차용한 것도 같은 전략이었다.[17]

2018년부터 2021년 선거가 끝날 때까지 당의 공동대표를 역임했던 로베르트 하벡은 오래전부터 녹색당을 비롯한 좌파 진영이 국가에 대한 사랑을 극우주의자들에게 넘겨주어서는 안 되며, 공동체나 고향에 대한 감각을 새롭게 재구성해야 한다고 주장해 왔다.[18] 타 인종이나 외국인, 다양한 사람들에 대해 배타적인 애국심이 아니라 더 많은 통합과 공공의 행복을 만들어내는 국가에 대한 애국심이 필요하다는 주장이다.

하지만 하벡의 발언에도 불구하고 '독일'이라는 단어는 그 자체로 자국의 이익을 우선한다는 이미지를 연상시킨다는 점은 부정하기 어렵다. 더 큰 문제는 집권당을 목표로 하면서 녹색당에서 당내의 비판적 목소리를 통제하는 것처럼 보였다는 것이다. 실제로 2021년 선거를 준비하면서 녹색당이 과거와 달리 지나치게 한목소리를 내는 것에 대해 비판적인 의견을 제시하는 여론도 있었다.

총리후보이자 당의 공동대표였던 안나레나 배어보크가 국방비 증가나 독일군 해외 파병에 대해 긍정적인 목소리를 높인 것도 녹색당이 독일의 안보를 책임지는 집권당이 될 준비가 되었음을 보여주기 위한 발언으로 볼 수 있을 것이다. 배어보크는 더 나아가 나토의 해체를 주장하는 좌파당은 연정 파트너가 될 수 없다는 발언을 하기도 했다. 20년 전에는 녹색당도 나토 해체를 주장했다는 걸 생각한다면 커다란 변화가 아닐 수 없다.

녹색당의 2020년 강령은 안보리 결의에 따라 무장 독일군을 해외 분쟁 지역에 투입할 수 있음을 분명히 한다. 또한 '안보리 내 특정 국가가 거부권을 행사해서 유엔이 중차대한 인권유린의 상황을 막을 수 없을 경우에도 국제사회는 개입 여부를 결정해야만 하는 딜레마에 빠진다'는 문구를 통해 최악의 경우 안보리의 승인 없이도 독일군 투입을 찬성할 수 있는 여지를 남겼다.[19] 코소보 전쟁 때처럼 안보리 승인 없이 독일군을 투입하는 행위를 명시적으로 인정한 것은 아니지만, 그렇다고 완전히 배제하지도 않았다.

하지만 녹색당이 반전을 포기했다고 해서 평화주의를 포기한 것은 아니다. 2020년 녹색당 강령은 "안보가 국경이 아닌 모든 개개인의 존엄과 자유의 관점에서 고민되어야 한다"고 말한다. 이것은 녹색당이 자국의 이익이 아닌 전 세계의 공존을 추구하는 정당이라는 것을 의미한다. 또한 녹색당의 정책 중 상당수는 군사력 사용의 제약에 관한 것이다. 분쟁 지역에 대한 무기 수출 금지 정책 또한 무제약적으로 해외의 분쟁에 독일이 관여하는 것을 막기 위한 정책이다.

민주주의나 인권, 혹은 주변 민족을 억압하는 국가에 대한 강력한 대응을 요청하는 강령 또한 현재 녹색당이 추구하는 평화주의가 무엇인지를 보여준다. 강력히 대응해야 하는 국가로는 중국, 러시아, 터키 등이 언급된다. 지금까지 독일 정부는 이들 국가에 대해 한편에서는 인권 문제 등을 강하게 비판하면서도, 다른 한편에서는 경제적으로 긴밀한 협력관계를 유지했다. 하지만 녹색당은 지난 정부의 이런 대응 방식에 비판적이었다.

2021년 선거로 탄생한 신호등 연정은 1998년의 적녹연정이 그랬던 것처럼 시작부터 국제적 분쟁을 맞아 어려움에 빠진다. 러시아의 우크라이나 침공으로 녹색당의 평화주의가 다시 한 번 시험대에 오른 것이다. 녹색당은 집권과 동시에 변화한 국제환경 속에서 새로운 결정을 내려야 하는 부담을 안았다. 러시아-우크라이나 전쟁은 새롭게 시작한 정권에 엄청난 부담을 가져왔다. 유럽 앞마당에서 벌어진 일에 대해 국제사회는 유럽연합 최강국 중 하나인 독일이 적극적으로 나서주길 바랐다. 하지만 독일은 러시아와 경제적으로 매우 긴밀하게 엉켜 있었다. 특히 독일이 러시아 천연자원에 의존적이라는 것이 문제였다. 독일이 2020년 수입한 천연가스의 55%, 석탄의 46%, 석유의 36%가 러시아에서 왔다.

전쟁 초기 독일 정부는 러시아에 대한 경제 제재에 대해서도 우크라이나에 대한 군사 지원에 대해서도 소극적이었다. 하지만 독일이 러시아를 압박하고 우크라이나를 돕는 걸 방해한다는 국내외 비판이 높아지자 조금씩 입장을 바꾸었다. 그리고 이 과정에서 녹색당의 입장 또한 복잡하게 움직였다. 2020년 강령을 설명하면서 언급한 것처럼 녹색당은 연정에 참여하기 전부터 러시아에 비판적인 입장을 보이며, 지난 정부가 러시아 에너지에 지나치게 의존하는 것을 비판해 왔다. 그렇기 때문에 전쟁 초기 녹색당은 러시아 경제 제재에 대해 사민당이나 자민당에 비해 적극적인 목소리를 낼 수 있었다. 특히 국제사회가 강하게 요청했던 러시아와 독일을 연결하는 천연가스 파이프라인인 노드스트림2 제재에 적극적이었다.[20] 녹색당의 이런 입장은 여론의 지지를 받았다.

하지만 녹색당은 "분쟁 지역에는 무기를 수출할 수 없다"는 강령에 따라 우크라이나에 무기를 지원하는 것도 반대하여 많은 비판을 받았다. 다만 당내에는 다른 목소리도 있었다. 2021년 초에 공동대표였던 하벡이 우크라이나를 방문해 독일이 우크라이나에 무기를 공급해야 한다고 주장했다. 하벡만이 아니라 유럽의회 소속의 독일 녹색당 의원 중 상당수가 무기 공급에 찬성했다.

2022년 2월 27일, 올라프 숄츠 총리는 연방의회에서 "러시아의 우크라이나 침공은 시대 전환을 명확히 했다"라며 우크라이나 군사 지원에 대한 독일 정부의 새로운 입장을 발표한다. 숄츠는 현 상황에서 우크라이나를 최대한 지원하는 것은 독일의 의무라며, 대전차 무기 1,000기와 군용기 격추를 위한 지대공 스팅어 미사일 500기를 우크라이나에 공급하겠다고 밝혔다. 그때까지 독일 정부는 원칙적으로 우크라이나에 대한 무기 지원뿐 아니라, 다른 국가가 자신들 소유의 독일산 무기를 우크라이나에 공급하는 것에 대해서도 승인하지 않았다. 하지만 해당 결정과 함께 독일 정부는 네덜란드와 에스토니아가 독일산 무기를 우크라이나에 지원하는 것에 대해서도 승인했다.

숄츠 총리는 이와 함께 독일의 군비 증강 계획도 발표한다. 2022년 연방군 강화를 위한 1,000억 유로(약 138조 원)의 추가 특별 예산을 편성하기로 한 것이다. 또한 숄츠 총리는 GDP의 2% 이상을 국방비로 편성하라는 나토의 요구에 맞춰 국방비를 증가시킬 것이라고 발표한다. 지금까지 독일은 나토의 요구를 거부하고 국방비를 상대적으로 낮은 상태에서 유지해 왔다. 숄츠 총리는 푸틴이 러시아를 제국으로 만들기 원한다면, 독일도 러시아의 위협에 대응하기 위한 능력을 갖춰야 한다고 강조했다.

사실 숄츠 총리의 발표는 전쟁 악화와 주변국의 압력에 따라 급하게 결정된 내용이었지만, 녹색당 소속 부총리 하벡과 외무부 장관 배어보크 역시 논의에 참여하며 총리의 결정에 동의했다. 또한 나중에 결정 소식을 전달받은 녹색당 연방의원들이나 각 주 녹색당 대표들도 특별한 문제 제기를 하지 않았다. 하지만 일반 당원들은 달랐다. 우크라이나 무기 지원도 문제였지만, 국방비 증가도 문제였다. 총리후보 시절 배어보크도 국방비 증액을 언급했지만 나토가 요구하는 2%의 국방비 지출은 녹색당이 계속해서 반대하던 사안이었다. 당내 좌파 그룹에 속하는 600명의 당원은 우크라이나 무기 지원을 즉각 중단하라며 원내대표부에 공개서한을 보냈고, 각 지역 녹색당에서도 숄츠의 결정에 대한 항의와 문의가 이어졌다.

이 글이 작성되는 동안에도 러시아-우크라이나 전쟁과 독일 안보

정책의 새로운 전환은 진행 중이다. 공교롭게도 평화주의를 자신들의 뿌리로 둔 녹색당이 참여하는 정권마다 독일의 외교 안보 정책은 중요한 전환점을 맞이했다. 어쩌면 1999년 과거의 녹색당이 독일군의 해외 파병을 인정하는 순간 현재 녹색당이 겪어야 하는 운명은 정해졌는지도 모른다. 전쟁을 인정하는 순간 군비 확장과 불가피한 전쟁이라는 논리를 막을 방법이 없다는 평화주의자들의 생각이 맞았음이 증명된 셈이다. 평화주의가 인권의 파괴를 막을 방법을 모른다면, 전쟁은 전쟁을 막을 방법을 모른다.

7장 · 다문화 난민 정책

다양성이 보장되는 사회

3월 8일 세계 여성의 날International Women's Day을 시의 법정 공휴일로 지정한 베를린[1]에서는 이날 독일의 주요 정당과 시민 단체에서 주관하고 모든 성별이 참여하는 다양한 행사가 열린다. 그중에 2015년 결성된 이민자/난민 여성들과 연대하는 '국제페미니스트연합*Alliance of internationalist feminists*'[2]이 주최하는 집회는 조금 특별하다. 백인 여성들이 주로 마이크를 잡은 알렉산더 광장 집회와 다르게 유생인종 및 이주민 여성의 참여가 눈에 띈다. 집회 기획에서부터 진행, 발언에 참여하는 이들이 대부분 여성*이며, 집회 참가자들이 안전함을 느낄 수 있도록 시스cis[3] 남성은 참석하지 못한다.

국제페미니스트연합이 주최하는 시위 장소는 매해 바뀐다. 2012년 난민 여성을 수용하기 위해 점거된 게르하르트 하웁트만 학교와 오라니엔 광장, 여성 망명가들과 남성 파트너의 폭력에 저항하다 잡혀온 여성들이 수감된 베를린 여성 전용 감옥, 외국인혐오 테러나 가정폭력으로 사망한 여성의 집 앞 등이다. 이 집회에서 나오는 구호는 투쟁적이고 전복적이다. "여성 살인femicide을 멈춰라!", "우리는 여성을 억압하는 모든 체제를 없앨 것이다!"

집회에서는 이성애주의heterosexism, 인종주의, 식민주의, 제국주의, 파시즘에 기반한 모든 차별과 폭력, 자본주의와 신자유주의가 야기한 빈곤과 양극화, 전쟁 등에 반대하는 구호도 함께 등장한다. "인종차별을 이야기하지 않고 성차별을 이야기할 수 없다!", "우리는 너희가 만든 경계를 부순다!", "우리는 너희의 파시즘을 날려버린다!" 이 곳에 모인 사람들에게 여성의 날은 유색인종, 외국인, 퀴어로 살면서 일상적으로 겪는 교차적인 차별과 혐오, 폭력에 더욱 강력히 저항하는 날이다.

독일은 식민지 지배와 나치의 인종 청산의 역사를 통해 여전히 남아 있는 식민주의, 인종주의, 파시즘, 나치즘, 반유대주의 등으로 인해 심각한 사회 문제를 겪었다. 가부장적인 문화 속에서 여성들이 겪는 억압과 차별은 물론이고, 흑인을 포함해 비백인을 뜻하는 비폭BIPOC: Black, Indigenous, people of color과 외국인, 이민자, 난민, 성소수자, 무슬림, 유대인 등 인종과 출신 배경, 종교, 성정체성 및 성지향을 이유로 가하는 혐오와 폭력 사건들이 빈번하게 발생한다.

독일 인종차별폭력상담협회VBRG: Verband der Beratungsstellen für Betroffene rechter, rassistischer und antisemitischer Gewalt 조사를 보면, 2020년 독일 전역에서 총 1,322건의 우익, 인종차별 및 반유대주의 공격이 발생했으며, 피해를 입은 사람들만 총 1,922명에 달했다. 그중 3분의 2(809건)가 흑인과 이주 또는 난민 배경의 사람들을 대상으로 한 인종적 동기의 공격이었다. 2020년 2월 독일 하나우Hanau시에서 극우 인종주의 테러리스트가 터키 이민자들이 운영하는 음식점과 상점에 총기를 난사해 9명을 죽이고, 집에 돌아와 어머니마저 죽이고 스스로 자살한 사건은 독일 전역을 큰 충격에 빠뜨렸다. 당시 메르켈 총리는 "인종차별주의와 혐오는 독이다"라고 말하며 극우주의, 인종차별주의, 반유대주의에 강력한 경고를 던졌다.

2015년 독일 내무부는 연방정부가 시리아 내전으로 발생한 난민을 대거 받아들인 이후, 난민과 외국인에게 가해진 혐오 범죄가 급속도로 증가했다고 발표한다. 2013~2015년 사이 난민을 겨냥한 증오범죄는 총 1,155건이 발생했다. 이후 2016년 한 해 동안에만 증오범죄가 총 3,533건 발생했는데, 이는 하루에 10건씩 발생한 꼴이다. 어린이 43명을 포함해 560명이 다쳤고, 난민보호소를 직접 공격한 범죄만 해도 988건에 달한다. 당시 극우정당인 독일을 위한 대안당은 2013년 창당 초기 유럽경제통화연맹을 비판하던 정책 방향을 '반이주, 반유럽연합, 반페미니즘'으로 변경하였다. 이들은 독일 내 난민과 외국인, 무슬림, 페미니스트 및 성소수자 등을 반대하고, '생물학적 자녀가 있는 이성애 부부'로 구성된 전통적 가족, 자국의 백인 독일인을 우선시하는 정책을 내놓았다.

녹색당은 독일을 위한 대안당과 가장 분명한 차이를 두고, 사회적 소수자를 보호하고 이들의 권리를 가장 잘 대변하는 정당으로서 의회 내에서 목소리를 높인다. 2020년 녹색당은 강령을 개정하면서 열린사회에 대한 분명한 입장을 보여주었다. 강령 제4장 '함께 사는 삶'에는 구성원의 다양성이 사회를 강하게 만들며, 이를 위해 불평등을 해소하고 소수자를 보호하며 혐오와 차별에 적극적으로 대응할 것을 밝혔다.

차별과 폭력을 멈추기 위한 법

녹색당은 창당 초기부터 동성애에 대한 억압과 섹슈얼리티 전반에 걸친 금기를 비판하며, 성별 정체성과 성적 지향에 따른 차별을 없애기 위해 차별금지법ADG: Antidiskriminierungsgesetz 제정을 요구했다. 독일은 이미 1969년 사민당의 구스타프 하이네만Gustav Heinemann 주도로 만 21세 이상이면 동성 간 성관계를 범죄시하지 않기로 했지만, 당시 경찰은 여전히 동성애자 명단을 작성해 감시 관찰하고, 사회적으로도 동성애를 병으로 간주해 전기 충격 등을 이용한 정신과 치료가 권장되는 상황이었다. 녹색당이 제안한 차별금지법에는 성별 정체성과 성적 지향으로 인해 고용 시 불이익 금지, 혼인 이후 새롭게 성적 지향을 발견할 경우 자녀 양육권 박탈 또는 강제 이혼 금지, 게이와 레즈비언 커플의 입양 차별금지, 세계보건기구WTO: World Trade Organization의 국제질병분류 ICD: International Classification of Diseases에서 동성애 삭제 등이 포함됐다.

녹색당은 당시 남성 소수자와 비교해 더 가시화되지 않았던 레즈비언 여성의 섹슈얼리티 또한 평등하게 받아들여져야 함을 주장한다. 아이, 청년 들이 자신의 섹슈얼리티를 두려움 없이 표현하고 발전시킬 수 있도록 하며, 이성애와 결혼을 바탕으로 한 가족이 유일한 삶의 방식으로 제시되어서는 안 된다는 것이다. 1986년 녹색당은 동성애자를 처벌하는 형법 제175조[4]를 삭제하는 법률 초안을 제출했지만, 집권당이었던 기민/기사당 연합과 자민당에게 거부되었다. 그렇지만 형법 제175조는 통일 이후 서독과 동독의 법률을 조정하는 과정에서, 이미

1968년에 이 조항을 폐지한 동독의 법률에 따라, 1994년 통일 독일 형법에서 완전히 사라졌다.

1998년 사민당과 녹색당은 연정합의문에서 "그 누구도 장애, 출신, 피부색, 민족, 성적 지향에 따라 차별을 받아서는 안 된다. 이를 위해 차별을 금지하고 평등을 장려하는 법을 추진한다"고 밝힌다. 그리고 '기본법 제3조상 평등대우원칙의 실행을 위한 법률 초안', '차별보호 및 소수자 권리강화를 위한 법률 초안' 등을 제출했다.[5] 하지만 보수정당인 기민/기사당 연합의 반대로 입법에 어려움을 겪었다.

2004년까지 적녹연정은 유럽연합의 차별금지에 관한 권고안[6]들을 수용하는 과정에서 여러 차례 차별금지법 입법을 추진했으나 실패한다. 2001년 법무부가 입법시도를 한 '민법상 차별을 금지하기 위한 법률안'은 재계와 자민당의 반대로 무산되었다. 또 2004년 적녹연정이 제출한 '유럽 반차별 지침 실행을 위한 법률안' 역시 연방하원에서는 가결되었으나, 기민/기사당 연합이 중재위원회에 법률 중재 신청을 해 중단되었다. 그런데 이후 2005년 선거에서 승리한 기민/기사당 연합과 사민당의 대연정 정부는 기존의 차별금지법 초안에서 직장 내 차별에 대한 집단소송 제한, 고용주 책임 제한 등의 내용을 수정하여 '일반평등대우법AGG: Allgemeines Gleichbehandlungsgesetz'이라는 이름으로 입법을 추진하였다. 마침내 2006년 일반평등대우법은 연방하원과 상원을 통해 통과되어 8월부터 시행되었다.

일반평등대우법은 노동법, 민법, 공무원법 및 사회보장법과 연계된 통합법의 성격을 갖는다. 이 법은 유럽연합 차원의 차별금지 권고안의 내용을 반영하여 결합했고, "인종, 출신, 성별, 종교, 세계관, 장애, 연령 및 성 정체성 등의 이유로 고용 및 노동조건, 사회보장 및 사회보호, 교육, 공공 재화 및 서비스 등에서 발행하는 모든 차별을 금지하고 제거하는 것"을 목표로 했다. 이에 가족·노인·여성·청소년부BMFSFJ는 산하 독립기관으로 차별금지청ADS: Antidiskriminierungsstelle des Bundes을 설치하여 앞에서 언급한 여러 종류의 차별을 당한 사람을 지원하고, 일상 및 직장에서 발생하는 차별을 예방하고 근절시키기 위한 연구와 캠페인을 진행하기 시작했다.

그렇지만 독일 사회에서 여전히 성소수자에 대한 혐오와 차별은 계속되었다. 2020년 5월 유럽연합 기본권리기구FRA: European Union Agency for Fundamental Rights에서 유럽 주요 30개 국가의 약 14만 명 성소수자를 상대로 1. 일상에서의 개방성, 2. 지난 5년간 폭력 경험, 3. 지난 1년간 증오범죄 및 괴롭힘 경험, 4. 피해로 인한 결과, 5. 증오범죄 후 신고여부에 대해 설문조사를 실시했다. 그 결과를 독일레즈비언게이협회LSVD: Lesben - und Schwulenverband in Deutschland에서 분석한 바에 따르면, 독일에 거주하는 성소수자의 경우(1만 6,000여명 참여) 약 45%가 공공장소에서 파트너와 자주 혹은 항상 손을 잡는 것을 피하며, 24%가 폭력에 대한 두려움 때문에 특정 장소에 자주 가지 못했다. 특히 이들의 다수가 대중교통이나 도로에서 폭력을 당할 수 있다는 위협을 느낀다고 응답했으며, 뿐만 아니라 지난 5년간 5~11%의 성소수자가 실제 폭력을 경험했다고 말한다. 특히 트랜스젠더의 경우 10%, 인터섹스intersex[7]의 경우 11%로, 전체 성소수자 중에서도 이들에 대한 폭력이 가장 심각한 것으로 드러났다.

정상성이란 없다

1989년 덴마크에서 세계최초로 동성커플 간 결혼이 시민 파트너십 형태로 가능해진 이후 동성 파트너십에 대한 법적 보호 요구가 점차 커지기 시작했다. 1992년 8월 독일게이협회SVD: Schwulenverband in der DDR와 연방게이변호사협회BASJ: Bundesarbeitsgemeinschaft schwuler Juristen를 중심으로 250명의 레즈비언과 게이 커플이 독일 전역의 혼인청에서 혼인신고를 하는 캠페인을 벌였다. 이들은 연방헌법재판소에 헌법 소원도 제기했으나 헌법재판소는 "혼인은 이성 간의 결합이므로 동성커플은 기본법 제6조 1항 '혼인과 가족은 국가질서의 특별한 보호를 받는다'에서 도출되는 권리의 향유자가 아니다"라며 이를 기각했다. 이 캠페인은 언론보도를 통해 대중에게 알려졌고, 이후 1994년 녹색당은 '모두를 위한 혼인Ehe für alle' 법률안을 최초로 의회에 제출했다. 그러나 1997년 녹색당이 또 한 번 발의한 동성 간 결혼 권리 법안의 경우처럼 기민/기사당 연합과 자민당의 계속된 반대로 기본법을 바꾸는 매우 어려운 상황이었다.

1998년 정권을 잡은 녹색당과 사민당 정부는 앞서 언급한 차별금지법 초안에 동성커플의 법정 인정을 포함시켰다. 이를 계기로 1999년 3월부터 독일게이협회SVD는 독일레즈비언게이협회LSVD로 조직을 확대하고 전국적으로 '우리는 결혼하고 싶다'는 구호를 알리며, '더 많은 사랑을 위한 더 많은 권리Gleich viel Recht für gleich viel Liebe' 캠페인을 벌였다. 같은 해 5월 함부르크Hamburg에서 최초로 동성커플이 파트너관계로 등록할 수 있도록 하는 법률이 체결되었다. 이어 2001년 11월 녹색당과 사민당 연립정부는 동성 동반자를 법적인 파트너로 등록할 수 있는 시민 파트너십법Lebenspartnerschaftsgesetz을 통과시킨다.

이에 기민/기사당 연합과 자민당은 결혼과 유사한 법적 제도는 결혼 제도를 위협할 거라며 헌법 소원을 냈다. 하지만 당시 헌법재판소는 공동체를 이루기 위한다는 목적 아래에 결혼과 파트너십은 경쟁할 수 없는 제도라며 5 대 3이라는 근소한 차이로 시민 파트너십법을 정당화한다. 다만 이 법으로는 동성커플이 혼인에 준하는 세금 혜택을 받거나 아이를 입양을 할 수는 없었다. 2004년 녹색당과 사민당은 다시 동성 결혼 허용 법안을 발의했으나 역시 반대가 거셌다. 기민/기사당 연합이 집권한 동안에는 동성 결혼 법안 통과는 요원할 것으로 보였다.

2017년에 녹색당은 사민당, 좌파당과 함께 또 한 번 동성 결혼 허용 법안을 제출했다. 당시 9월 연방의회 선거를 앞두고 녹색당은 기민/기사당 연합의 유력한 연정 파트너로 거론되었는데, 녹색당은 연립정부에 참여하는 조건에 이 법안을 반드시 포함시키려 했다. 그러나 기민/기사당 연합 의원들은 난색을 표하다 선거 전 당론과 상관없이 개별적 투표를 통해 결정하자는 타협안을 내놓았다. 결국 동성 결혼 허용 법안은 7월 연방의회에서 총 630표 중 찬성 393표, 반대 226표, 기권 7표로 통과되었다. 이때 기민/기사당 연합 소속 의원 309명 중 75명이 찬성표를 던졌다.

동성 결혼 허용은 지난 30년 동안 녹색당이 총 30번 넘게 법안 제출을 시도한 끝에 거둔 수확이다. 보수 기독교 정당인 기민/기사당 연합이 여전히 제1당인 정치환경에서 통과된 동성 결혼 제도는 그동안 다양한 파트너십을 위한 녹색당의 의회 내 노력이 없었다면 불가능한 일이었다. 이날 연방의회에서 가장 축하를 받은 사람은 지난 23년 동안 연방의원으로 활동하며 동성 결혼 법안을 통과시키기 위해 노력한 녹색당 볼커 베크Volker Beck 의원이었다. 성소수자의 평등권을 위해 오랫동안 투쟁해 온 베크 의원은 2008년 오랜 남성 파트너와 비공식 결혼을 진행했으나, 법적으로는 인정받지 못한 상황이었다.

법안 통과 이후 일부 보수 정치인을 중심으로 헌법 소원운동이 벌어졌지만, 녹색당은 이에 대해 강경하게 투쟁할 것이라고 밝혔다. 뿐만 아니라 녹색당은 이성애 결혼과 마찬가지로 어떤 사람이 자녀가 있는 동성과 결혼할 경우, 상대 자녀를 자식으로 입양하는 절차 없이도, 자동으로 법적 부모가 되도록 친자관계법을 개혁하고자 한다. 또한 동성 부부가 아이를 갖고 싶어 한다면 인공 수정을 지원 받을 수 있는 지원 체계를 갖추려 노력하며, 나아가 결혼과 상관없이 서로를 책임지고자 하는 두 사람의 권리 또한 결혼한 커플과 동등한 보장을 받을 수 있도록 하는 시민 파트너십법 개정도 고민 중이다.

한편 2013년 독일 정부는 출생 후 여성과 남성으로 구분할 수 없는 아이의 성별란을 빈칸으로 남겨둘 수 있도록 했고, 이후에 아이가 여성과 남성 중 성별을 선택할 수 있도록 했다.[8] 하지만 이것은 성인이 된 이후에도 인터섹스로 남고 싶은 사람들에게는 여전히 문제였다. 2016년 9월 '제3의 성' 법제화를 위한 시민 단체인 '드리테 옵치온 Dritte Option, 세 번째 선택'을 중심으로 남성 또는 여성으로 지정되어온 성별을 인터섹스로 바꾸게 해달라는 헌법 소송이 제기되었다. 소송을 제기한 드리테 옵치온의 대표는 공문서상 여자이지만 염색체 분석에서 X염색체가 하나뿐인 터너증후군을 가졌다. 이에 2017년 11월 연방헌법재판소는 의료기록을 전제로 소송인의 제3의 성을 인정하고, "여성에도, 남성에도 속하지 않는 사람의 성 정체성도 보호되어야 한다"라는 취지로, 2018년 말까지 모든 공문서에 여, 남 외에 '제3의 성'을 표기하도록 법제화할 것을 의회에 명령했다. 결국 2018년 12월 연방의회는 여성이나 남성이 아닌 제3의 성을 공식 인정하는 법안을 승인했다. 제3의 성 법안 이후 독일에는 약 400여 명이 제3의 성으로 성별 정정을 하였고, 2020년 9월 기준 약 19명의 신생아가 제3의 성으로 등록되었다.

위와 같은 인터섹스 기본권 보장 문제를 의회로 가지고 온 것은 당연히 녹색당이었다. 녹색당은 이미 2011년부터 출생 신고서를 비롯해 공문서 성별란을 남녀로만 구분하지 않을 것을 주장해 왔다. 그리고 지금도 인터섹스 아동의 생식기 제거 및 수정에 대한 금지, 인터섹스 아동/청소년과 그 부모, 성인 들을 위한 자문 및 지원 서비스 마련, 학교 생물학/사회/윤리 과목에 인터섹스 주제를 필수로 포함할 것 등을 제안한다. 현재 녹색당은 '오직 당사자만이 스스로의 삶을 결정할 수 있다'는 원칙을 가지고 논바이너리Non-binary[9], 인터섹스, 트랜스젠더 개인이 성별 및 이름을 변경할 수 있도록 하는 조항 등을 포함해 기존의 트랜스섹슈얼법Transsexuellengesetz을 개혁한 자기결정법Selbstbestimmungsgesetz

을 통과시키기 위해 노력 중이다.

독일에서 트랜스젠더의 성별 정정이 인정된 것은 2006년이었지만, 2011년까지도 트랜스젠더가 성별을 정정하기 위해서는 생식능력을 제거하거나 '성 확정 수술'을 할 경우에만 가능했다. 현재도 독일에서 트랜스 개인이 성별을 바꾸기 위해서는 정신과 진단을 받고 여러 가지 의료 증명서를 법원에 제출해야 한다. 성별 정정은 최소한 3년 동안 일상생활 어디에서나 커밍아웃을 했는지 증명하고, 또 2명의 상담사와 자신이 바꾸려는 성에 대해 상담하여 그 검토 보고서를 법원에 제출하여 최종 결정을 받아야 가능하다. 이에 녹색당은 일부 유럽 국가들[10]과 같이 스스로 자신의 성 정체성을 결정할 수 있도록 할 것, 쉽게 접근할 수 있는 간소하고 투명한 절차에 따라 성별 및 이름을 변경할 수 있도록 기준을 낮출 것, 만 14세부터 법정대리인의 개입 없이 성별 및 이름을 변경할 수 있게 할 것, 공문서에 성별 공개를 금지할 것 등을 주장한다.

난민을 충분히 수용할 수 있다

녹색당은 성소수자의 인권뿐만 아니라 전쟁과 박해, 추방, 기후위기 등으로 고향을 떠나야 하는 사람들의 인권까지도 보호하는 인도주의적 난민 정책을 제시한다. 2011년 시작된 시리아 내전으로 수백만 명의 난민이 발생했는데, 초기에는 이들을 받아들였던 유럽연합 국가들이 2015년 9월 유입 규모가 최고점에 다다르자 더 이상 난민을 수용할 수 없다고 포기 선언을 한다. 이때 독일 메르켈 정부는 유럽연합 내 망명 신청 규정인 더블린 조약Dublin Regulation의 효력을 중지시키고, 시리아 내전을 피해 유럽으로 밀려든 난민을 적극적으로 수용한다는 결정을 했다.[11]

더블린 조약에 따르면 유럽연합에 들어오는 난민은 자신이 처음 입국한 국가에 망명 신청을 해야 한다. 하지만 다른 나라에서 입국을 거부당한 수많은 난민이 독일 국경으로 몰려들자, 독일 정부는 긴급조치로서 난민들에게 국경을 전격 개방한 것이다. 시리아 난민을 포함해 독일에 난민 신청을 한 사람들은 2015년 약 48만 명, 2016년 약 75만 명이었다. 2014년 망명 신청자 수가 20만 명이었던 것과 비교하면 급격한 증가였다. 메르켈 총리의 이 같은 결정을 가장 환영한 것은 당연 녹색당이었다.

난민에게 국경을 열고 난 초기에는 독일에서도 난민을 환영하는 분위기가 강했다. 메르켈 총리가 "우리는 할 수 있다Wir schaffen das"는 말과 함께 난민을 환영했고, 적극적으로 돕는 독일의 모습이 세계 언론에 소개되기도 했다. 하지만 독일 사회 전체가 난민을 환영하는 것은 아니었다. 독일에 도착한 난민들은 절차에 따라 전국의 수용소로 흩어지는데, 지역별로 만들어진 난민촌 앞에서 난민이 탄 차를 막는 등의 반대 시위가 진행됐다. 또한 난민들이 거주하는 주택과 아파트가 물리적으로 공격당하는 사례가 증가했다.

2012년에는 난민 거주시설에 대한 방화 공격이 24건이었는데, 2014년에는 150건으로 늘었다. 페기다PEGIDA: Patriotische Europäer gegen die Islamisierung des Abendlandes 같은 우익 극단주의 집단들은 전국 각지에 난민을 반대하는 집회를 열었고, 난민 출신이 저지른 살인, 폭력, 절도 사건 들이 난민범죄라는 이름의 자극적인 뉴스로 보도되었다. 독일 사회 내에 난민의 모습이 가시화되고 난민에 대한 공포와 혐오가 확대되는 상황에서, 메르켈 총리의 지지도는 점점 떨어지기 시작했다.

2017년부터는 독일로 유입되는 난민 수가 계속해서 줄었음에도, 독일을 위한 대안당은 난민에 대한 공포를 적극적으로 활용했다. 2017년 연방의회 선거에서 기민/기사당 연합은 32.9%로 역대 최저 득표율을 기록한 반면, 독일을 위한 대안당은 12.6%의 득표율로 3위를 기록하며 처음으로 연방의회에 진출한다. 과반을 넘지 못했어도 제1당이 된 기민/기사당 연합은 자민당 그리고 녹색당과 연립정부 구성을 위해 협상을 진행한다. 기민/기사당 연합은 한 해 수용 가능한 난민 숫자를 22만 명으로 제한하기를 원했고, 녹색당은 제한에 반대 입장이었음에도 이를 수용한다. 사실 역사적으로 독일 통일 이후 30여 년간 한 해에 22만 명 이상 난민이 유입된 적은 총 다섯 차례였기 때문에 실제로 제한이 필요한 경우는 적을 것이라는 계산 때문이다. 문제가 된 것은 난민 가족의 추가 수용 여부였다.

유럽연합 내 난민은 난민 지위를 인정받으면 가족들을 데리고 올 수 있었다. 하지만 2015년 독일 정부는 전격적으로 국경을 개방하면서도 전쟁과 같은 총체적 위험 상황 때문에 강제 송환이 어렵고 한시적 체류 허가와 보호가 주어지는 난민에 대해서는 가족을 데리고 올 수 있는 권리를 2018년 8월까지 유예시킨다.

기민/기사당 연합과 자민당은 가족을 데리고 올 수 있는 권리 유예의 연장을 요구했지만, 녹색당은 이를 강하게 거부했다. 협상에 참여한 녹색당 위르겐 트리틴 의원은 가족을 데리고 올 수 있는 권리는 협상 대상이 아니며, 이러한 권리를 유보시키는 건 비인간적인 행위임을 분명히 했다. 그가 이것을 녹색당의 마지노선이라고 밝히면서, 결국 자민당이 녹색당의 난민 정책에 반대하여 협상 결렬을 선언한다. 녹색당은 이후에도 난민 수용에 대해 가장 적극적인 목소리를 내는 중이다. 난민이 가족을 데려올 수 있는 권리를 강하게 주장하며, 망명 심사에서 탈락한 난민을 출신 국가로 강제 송환하는 것은 최후의 수단으로 까다롭게 결정해야 한다는 입장이다. 특히 전쟁 등의 위기가 있는 국가로의 강제 송환에 반대한다.

하지만 다른 측면에서 녹색당은 국경에 대한 안보와 유럽 공동의 난민 수용 정책에도 무게를 둔다. 집권을 목표로 하는 정당으로서 독일 사회의 안정에 대해 신경을 쓰는 것이다. 녹색당은 유럽으로 들어오는 난민들은 유럽 국경 지역의 국가에서 난민 신청을 받아 난민 수용을 희망하는 국가로 보내는 협력을 주문하고, 동시에 유럽연합 국가들 역시 일정하게 난민을 수용하거나 난민을 위한 비용을 부담해야 한다는 입장이다.

___ 독일은 이민자 국가 _____

녹색당은 난민뿐 아니라 이민자에 대해서도 열린 입장을 유지해 왔다. 제2차 세계대전에서 패배한 이후 심각한 경제난과 인력난을 겪은 독일은 1955년부터 해외 노동자를 적극적으로 모집하기 시작한다. 인근 국가인 이탈리아를 시작으로 1960년대 스페인, 그리스, 터키, 모로코, 포르투갈, 튀니지 등에서 노동자들을 모아 왔다. 이들은 '초청노동자Gastarbeiter'라 불리며 일정한 계약 기간이 끝나면 본국으로 돌아간다는 한시적인 고용 계약을 맺고 주로 저숙련 업종에서 일했다.

　한국도 박정희 정권 시절인 1963년부터 1977년까지 서독에 광부와 간호사로 각각 약 8,000명과 1만 명의 인력을 파견했다. 3년 계약 이후에도 절반 정도의 광부와 대부분의 간호사들이 계약 연장을 통해 계속 근무했다. 그런데 1977년 서독 정부가 의료 부분 종사자들의 건강보험 비용을 절감하기 위해 비유럽연합 국가 간호사에 대한 노동 연장을 해주지 않아, 대부분의 한국 간호사들이 귀국해야 하는 상황이 되었다. 이에 한국 여성들은 강제 귀환에 반대하는 서명운동을 조직했고, 결국 장기체류 및 영주권을 취득하게 되었다. 당시 한국 여성들의 운동을 지지한 단체 중에는 서베를린에 조직된 초기 녹색당 그룹이었던 민주주의와 환경보호를 위한 대안 선거명단이 있었다.

　당시 한국 여성들은 독일 시민사회 단체들과 시민들의 후원을 받아 독일 정치인들을 초청해 이주 노동자와 체류권에 대한 토론회를 개최했다. "독일 병원이 우리를 필요로 했기 때문에 우리는 여기에 왔다. 우리는 필요할 때 가져왔다가 필요 없으면 버리는 그런 상품이 아니다. 우리는 인간이다. 우리는 우리가 살고 싶은 곳에서 살 것이고, 우리가 돌아가고 싶을 때 돌아가겠다"고 주장한다. 결국 "간호사로 근무한 지 5년이 지난 이들에게는 장기 체류 허가를 내주고, 7~8년이 지난 이들에게는 국적을 가질 수 있게 한다"는 법안이 통과되었다.

1980년대 말까지 당시 집권 정당이었던 기민/기사당 연합은 혈통주의적 입장으로, 독일 국민의 권리와 외국인의 권리를 차별하고, 이들이 독일 사회에 안정적으로 정착하는 것을 어렵게 했다. 특히 독일에 남고 싶어 하는 해외 노동자들이 영주권 혹은 시민권을 받아 정착하는 것과, 이들이 가족을 독일로 불러오는 것에 제한을 두었다. 그러나 녹색당은 "독일은 돌이킬 수 없는 이민 국가이며, 헌법 가치에 따라 오랫동안 이곳에 살아온 이주민의 통합을 위해 노력해야 한다"라는 입장이었다. 그러면서 녹색당은 독일 내 장기간 거주하는 외국인과 이들의 가족을 보호하기 위한 외국인법 개정을 요구했다.

녹색당은 사민당과 협력하여 다중국적을 허용하고, 출생지에 따라 국적을 획득하도록 국적법을 개정하려고 노력했다. 하지만 보수 정치인들은 외국인의 시민권 획득을 반기지 않았다. 특히 이민자 중에서도 다수를 차지하는 터키인들이 시민권을 가질 경우 사회에 극심한 혼란을 주고 무슬림들이 독일을 이슬람화 하여 국가 안보에 큰 위협이 될 것이라고 주장했다. 이런 반대를 무릅쓰고 2000년 적녹연정은 새로운 국적법을 통과시켜 외국인이 시민권을 획득하기 위해 거주해야 하는 기간을 15년에서 8년으로 줄였다. 또 영주권을 보유한 이민자 자녀가 독일에서 태어났다면 성인이 되기 전까지 이중국적을 갖도록 했다.

2020년 기준 독일에 사는 외국인 수는 약 1,030만 명으로 전체 인구 중 12.6%이고, 외국인을 포함해 이민 배경을 가진 사람은 약 2,190만 명으로 전체 인구 중 26.7%에 달한다. 외국인 인구 비율이 가장 높은 베를린의 경우, 이민자 배경을 가진 사람까지 계산하면 약 34.7%(외국인 인구 19.6%)가 넘는다. 그런데 현재 독일 내 이민자들은 명목상으로는 의료보험, 실업보험, 사회보조금, 연금, 자녀수당과 같은 사회복지 제도의 혜택을 받을 수 있지만, 독일 사회에 깔린 인종차별 및 극우주의 등으로 동등한 권리와 대우를 누리지 못하는 경우가 많다.

2020년 1월 연방차별금지청 발표에 따르면, 이민자 배경을 가진 사람 중 35%가 주택 시장에서 차별을 경험한 것으로 나타났다. 독일 이름이 아닌 외국인 이름을 갖고 집을 찾는 사람들이 주택 심사에서 떨어지거나, 집을 보러가는 것 자체를 거부당하기도 하며, 아파트 광고에 노골적인 인종차별 문구가 올라오는 것도 일상적으로 발생한다고 덧붙였다. 그리고 주택시장 뿐만 아니라 학교 같은 교육기관은 물론 경찰이나 사법부에서도 인종차별적인 행위가 나타난다고 언급했다.

이민자들의 정치 참여

출신, 인종 등에 관계없이 모두가 평등한 사회를 실현하기 위해서 녹색당은 이민자 배경을 가진 사람들이 당내 주요 요직을 담당하고 직접 정치를 참여할 수 있는 기회를 넓히는 중이다. 2021년 기준 연방의원 709명 중 58명이 이민자 배경을 가졌으며, 이중 녹색당 출신은 10명으로 좌파당의 13명 다음으로 비율이 높다.[12] 선거 직전 녹색당의 당대표를 역임하고 2021년 신호등 연정에서 식품농업부 장관이 된 쳄 외즈데미르Cem Özdemir, 이민자가 가장 많이 사는 도시인 베를린을 지역구로 연임한 카난 바이람Canan Bayram 등이 대표적인 터키계 녹색당 연방의원이다.

독일 최연소이자 최초로 아프리카 출신으로 주 의회 부의장이 된 아미나타 투레Aminata Touré는 5세까지 난민 숙소에서 생활했다. 투레의 부모는 1992년 말리에서 독일로 망명하여 슐레스비히-홀슈타인 주 노이뮌스터Meumünster 시 난민 숙소에서 투레를 낳았다. 그녀는 2012년 킬Kiel 지역 청년녹색당에서 활동을 시작하여 주 의회에서 이주 및 망명, 반인종주의, 여성과 평등, 퀴어 정치, 종교, 재난 통제 및 구조 분야 원내 대변인으로 활동했으며, 2019년부터는 주 의회 부의장을 역임 중이다.

2019년 9월 연방의회 의사당에서 바이람 의원은 '독일을 위한 대안당' 의원들을 향해 "당신들은 법치국가인 독일의 민주주의를 위협할 뿐만 아니라 이민자 혹은 이민자 배경을 갖은 우리 아이들을 위협한다"고 신랄하게 비난했다. 난민과 이민자 혐오 발언을 일삼고, 반난민, 반이민자, 반무슬림, 반이슬람 메시지의 수위를 점점 높여가며 선거에 참여하는 독일을 위한 대안당에 일침을 가한 것이다. 바이람 의원은 변호사로서 2011년부터 2017년까지 베를린 시의원, 2017년부터는 연방의원으로 수년 동안 주거 정책뿐만 아니라 인종차별, 우익 극단주의에 반대해 왔다.

독일을 위한 대안당은 "독일에선 매일 난민이 일으키는 43건의 성폭력이 발생한다", "이슬람화를 멈춰라", "독일에서 이슬람은 존재할 수 없다", "히틀러가 지금 살아 있다면", "더 많은 이민자가 독일로 오는 것은 독일에 이롭지 않다", "남성 난민들의 외출을 금지시켜야 한다", "우리는 나중에 그들을 모두 가스로 처리하거나, 총으로 쏘거나, 다른 방식으로 죽일 수 있다" 등의 선거포스터와 주요 정치인들의 공식, 비공식적 발언이 문제가 되어 헌법수호청BfV: Bundesamt für Verfassungsschutz의 감시를 받았을 정도다.

지금까지는 녹색당을 비롯해 모든 정당이 독일을 위한 대안당과는 연립정부를 구성하지 않을 것이라고 분명히 선을 그었다. 민주주의를 위협하는 극단주의 우파 포퓰리스트 정당과는 어떠한 동맹이나 협력도 하지 않을 것이라는 입장이다. 그중에서도 녹색당은 독일을 위한 대안당이 의회, 공영방송 등의 공공의 마이크를 빌려 독일 사회에 혐오를 조장하지 않도록 이민자와 난민, 소수자 들을 위한 더 강력한 정책을 추진 중이다.

8장 · 농업 정책

폐쇄적인 독일 농업계

녹색당의 농업 정책을 한 단어로 요약하는 말이 있다면 그것은 '농업 전환Agrarwende'이다. 이 표현은 녹색당 정치인 레나테 퀴나스트가 적녹연정 시기 녹색당 최초의 농업부[1] 장관에 취임하면서 일종의 정치적 수사로서 처음 사용하기 시작했다. 이후 그동안 이어져 오던 관행농 중심의 농업 정책과 농업 체계를 지속가능한 농업과 먹거리 체계로 탈바꿈하는 것 그리고 이를 위한 일련의 정책들을 상징하는 용어가 되었다.

1998년 적녹연정이 들어서기 이전까지는 독일의 농업 정책에서 농업이 환경 및 자연에 미치는 문제나 공장식 축산으로 인한 문제들이 제대로 다뤄지지 않았다. 제2차 세계대전 직후 수십 년간 식량 생산 증대를 통한 안정적인 식량의 확보 그리고 농민의 소득 안정이 독일을 비롯한 유럽 내 농정의 우선순위였다. 농약의 환경적 폐해를 고발한 레이첼 카슨의 『침묵의 봄』(1962)이 독일 사회에서도 반향을 일으켰지만 농업 정책에 미친 영향은 미미했다.

1990년대 초부터 유럽 내에서는 농업이 환경에 미치는 영향이나 동물복지, 유기농업 등에 대한 대중의 관심이 높아진다. 같은 시기 유럽연합 차원에서 유기농업 규정이 신설되는 등 농업 정책에도 조금씩 변화가 생기기 시작한다. 그러나 당시 독일은 통일의 여파를 수습하는 것이 우선적인 과제였다. 동독 지역의 계획경제식 농장을 민영화하여 시장에 참여시키고, 동독의 농식품 체계를 기존의 유럽연합 및 서독식 농정으로 통합해야 했던 것이다.[2]

산업화된 관행농으로 인한 부작용이 독일 농업 정책에서 제대로 다뤄지지 못한 더 근본적인 원인은 수십 년간 지속되어온 정치적 구조에 있다. 제2차 세계대전 이래 독일의 농업 정책은 줄곧 농업인에 의한, 농업인을 위한 전유물이었다. 유기농업 단체나 환경 단체, 소비자 단체 등 다양한 시민사회 단체들이 농업 정책에 목소리를 내고 영향력을 미치는 현재와는 달리 폐쇄적인 정책 결정 구조를 가졌다. 농업인은 견고하게 조직된 농민 단체들을 통해 농업 정책에 영향력을 행사했고, 정부 내에는 농업 대학 등에서 농업인들과 같은 농학 교육을 받은 관료들이 농업인을 위해 일했다. 정책의 대상인 농업인과 정책을 책임지는 관료가 같은 교육을 받았다는 사실은 생산주의적인 관행농 중심의 농업과 농정에 대해 그들이 공통된 관점을 갖고 있었음을 시사한다.

한편 농업 정책에 대한 대중의 관심은 낮았다. 독일을 포함해 유럽연합 회원국의 농업 정책은 큰 틀에서 공동농업정책CAP: Common Agricultural Policy을 따른다. 그런데 정책의 구조가 매우 복잡한 데다 기술적이고 세세한 규제가 많아 언론에서도 이를 제대로 다루지 않았다. 전문적인 정보에 접근하기 어려운 일반 시민들의 관심은 더욱 낮을 수밖에 없었다.

그 결과 독일의 농정 구조는 정치인과 유권자인 농업인이 표와 이익을 교환하는 정치적 후견주의clientelism의 전형적인 형태를 띠었다. 농업인들은 조직화된 영향력을 행사해 정부로부터 보조금이나 규제 유예 및 완화 등의 형태로 이익을 얻고, 농촌 지역의 지역구 의원들은 그들로부터 표를 얻는 식이었다. 이런 구조 아래에서는 농업환경규제 등 농업인이 반기지 않는 정책 변화가 이뤄지기 어려웠다. 그나마 독일 농업 정책의 변화를 이끌어온 것은 유럽연합의 농업 정책이었는데, 때때로 독일 정부는 이러한 변화를 가로막는 선봉에 서곤 했다. 광우병과 관련된 식품안전 정책에 대해서도 마찬가지였다.[3]

광우병의 충격과 농업 전환

1998년 수립된 적녹연정은 줄곧 보수정당들이 이끌어온 독일 농업 정책의 변화를 추진한다. 두 정당은 유기농업 확대, 소비자보호 강화, 동물복지 강화, 유럽연합 차원의 농업환경규제 강화 같은 농업 정책을 친환경적, 소비자 지향적으로 바꾸기 위한 대책들을 연정합의문에 담았고, 사민당의 칼-하인츠 풍케Karl-Heinz Funke가 첫 농업부 장관이 되어 이를 추진했다. 그러나 이러한 변화는 정권 초기부터 농업 단체들의 반발에 직면한다.

상황에 전환점을 불러온 것은 광우병 파동이었다. 2000년 11월 24일 독일에서 첫 번째 광우병 사례가 보고되면서 갑작스레 농식품 정책을 새롭게 논의할 기회의 창이 열렸다. 거의 모든 소비자들이 광우병에 대한 불안에 떨었고, 이는 광우병 사태 발생의 원인을 제공한 공장식 축산업 문제를 비롯해 기존의 축산업 및 농식품 정책에 대한 미디어와 대중의 높은 관심과 비판 그리고 소비자보호 대책에 대한 요구로 이어진다.

첫 사례 보고 일주일 뒤인 11월 30일 광우병 사태에 대한 대응을 논하는 의회 토론에서, 슈뢰더 당시 총리는 공장식 농업에서 벗어나 새로운 소비자 지향적인 농업의 발전을 위해 이 위기를 이용하자고 요청한다. 그런데 농업인 출신 풍케 농업부 장관은 이에 동의하지 않았다. 해당 토론에서 풍케는 시장자유화와 세계화의 영향이 농업에도 영향을 줄 것이라며 전문적이고 이성적으로 문제를 다루어야 함을 역설했다. 반면 녹색당 농업 정책 대변인은 같은 토론에서 산업화된 농업 생산 방식에 대한 급진적인 변화를 촉구해 연립정부 내의 이견을 드러냈다.[4] 농업 정책 개혁을 두고 정부 내에서 입장이 모아지지 않자 결국 2001년 1월 12일 풍케는 장관직을 사임했고, 녹색당의 레나테 퀴나스트가 차기 농업부 장관에 올랐다.

농업부 장관에 취임한 퀴나스트는 곧바로 소비자보호와 식품안전 기능의 강화를 꾀했고, 부처의 명칭 또한 기존의 식품·농업·임업부Bundesministerium für Ernährung, Landwirtschaft und Forsten에서 소비자보호·식품·농업부Bundesministerium für Verbraucherschutz, Ernährung und Landwirtschaft로 바꾸었다. 그는 취임 후 첫 정부 정책 발표에서 소비자보호를 결합한 새로운 농업 정책을 발표한다. 퀴나스트는 "광우병 스캔들은 구식 농업 정책의 끝을 의미한다"며 오랫동안 지속되어온, 생산량 증대의 원칙에 따른 농업 정책과 영농 활동이 문제의 원인임을 지적했다.

'농업 전환'이 독일 정치에 본격적으로 등장한 것은 바로 이때다. 퀴나스트는 "나는 농업 전환에 걸었다. 양이 아니라 질이 우리의 기준이 될 것이다"며 기존의 생산주의적 농업 정책과의 결별을 고한다. 독일어에서 급격한 변화를 의미하는 '전환-wende'이 포함된 '농업 전환Agrar-wende'이라는 용어는 농업 정책의 급진적인 방향 전환과 더불어 농업 분야의 포괄적인 변화를 예고하는 표현이었다.[5]

농업 전환의 핵심 목적은 유기농의 확대, 동물복지 및 동물보호 강화, 식품안전 강화, 소비자 정책 및 소비자보호 강화, 다기능적 농업 강화 등 크게 다섯 가지로 나눌 수 있다. 이중에서도 유기농업은 농업 전환 정책의 이상적인 영농 형태로서 적극적인 확대가 추진된다. 구체적으로 2001년 당시 2.7%이던 유기농 재배 비율을 10년 뒤인 2010년까지 20%로 확대한다는 목표가 수립되었다.

유기농 생산과 유통 확대를 위해 연방유기농업프로그램Bundesprogramm Ökologischer Landbau을 통한 유기농업에 관련된 교육 및 훈련, 마케팅, 연구 등 비재정적 지원이 도입되었고, 유기농 인증 관련 규정인 유기농업법ÖLG: Öko-Landbau-Gesetz, 유럽연합 유기농 규정에 따른 유기농 상품 표시제 등이 시행되었다. 재정 지원책 또한 마련되었는데, 농어촌 개발을 지원하기 위한 제도인 '농업 구조 및 연안보호 개선을 위한 공동 과제GAK: Gemeinschaftsaufgabe Agrarstruktur und Küstenschutz'의 개혁을 통해 해당 제도의 재정 지원 대상을 유기농업으로 확대하였고 유기농 면적 직불금, 유기농 농산물 판촉 지원 등을 도입하였다.[6]

더하여 유기농업이라는 특정 영농방식을 넘어서 농업의 다기능성,

즉 경제적, 생태적, 사회적 측면의 기여를 장려하기 위한 조치들 또한 시행되었다. 우선 2003년 처음 도입된 유럽연합의 공동농업정책 예산 조정 제도를 통해 기존의 면적 직불금에 할당된 예산을 삭감하여 농촌개발 및 농업환경 프로그램용 예산으로 이전, 농업 예산의 공익성을 강화했다. 또 정부 차원에서는 '소농 액션 프로그램Aktionsprogramm 'Bäuerliche Landwirtschaft'을 통해 소규모 농가와 신규 농업인에 대한 행정적, 금융적 혜택을 확대하기도 했다. 이런 조치들은 기존의 농업 지원 제도가 생산성 증대에 인센티브를 주고 대농에게 더 큰 혜택을 줌으로서 관행농으로 인한 문제를 악화시킨다는 문제의식에 기반한 것이다.[7]

광우병과 직접적인 관련이 있는 축산업, 동물보호, 식품안전, 소비자 정책 분야에서도 중요한 개혁이 추진되었다. 축산 및 동물보호 분야에서는 우선 동물보호에 대한 국가의 의무를 포함하는 기본법 개정이 이뤄졌고,[8] 산란기 닭의 배터리 케이지 사육을 금지하는 동물복지축산조례Tierschutz-Nutztierhaltungsverordnung가 도입되었다. 식품안전과 소비자 보호를 위해서는 동물성 사료의 금지와 육류 위생에 대한 규제 강화를 위해 관련 기관인 연방위해평가원BfR과 연방소비자식품안전청BVL 설립 등이 이뤄졌다.

정책적 차원 외에도 연성적인 조치로서 농식품 분야의 6대 행위자인 소비자, 농축산업가, 사료산업가, 식품산업가, 유통업자, 정치인으로 이뤄진 이른바 '마법의 육각형Magisches Sechseck' 협력을 통한 독일 농식품업계의 품질과 안전성의 강화도 시도되었다.[9]

농업 전환의 성과와 유산

퀴나스트의 농업부는 '농업 전환'이라는 이름에 걸맞게 전환적인 정책을 다각도로 시도한다. 그러나 수치로 나타난 성과만을 보면 성공적이었다고 평가하긴 어렵다. 가령 농업 전환을 대표하는 유기농 확대 정책은 2010년까지 20%로 확대한다는 목표에 지금까지도 도달하지 못하고 있다. 2001년 유기농 면적인 3.7%가 2005년 4.7%로 불과 1% 확장하는 데 그쳤으며,[10] 2022년에도 유기농 면적은 전체 농지의 약 10%에 불과한 상황이다. 이러한 저조한 성과의 이유로 관행농 농업인의 저항과 정책 시행 기간이 짧았던 점을 꼽을 수 있다. 더해서 농업 정책의 내용과 예산 대부분이 유럽연합 차원에서 결정된다는 점도 독일이 농업 정책을 더 적극적으로 펼치지 못한 이유다.

그러나 양적인 성과로만 평가하면 퀴나스트의 농업 전환이 남긴 중요한 측면을 놓치고 만다. 농업 전환을 통해 가장 많은 영향을 받은 것은 독일 농업 정책을 둘러싼 정치적 구조이기 때문이다. 농업 전환을 통해 추진된 일련의 개혁 정책은 농업 정책을 먹거리, 소비자 정책으로 확장시켰다. 또한 이전에 농업인 출신 정치인, 농업 전문가, 농업 로비 단체 사이에서만 이뤄진 폐쇄적인 농업 정책 결정 과정을 시민사회, 특히 소비자 단체와 환경 단체 등 농식품 문제의 폭넓은 이해관계자들이 참여하는 개방적인 방식으로 바꾸었다. 정책 결정 구조를 변화시키고 새로운 체계를 자리 잡게 한 것 자체를 중요한 성과라고 볼 수 있다.

같은 시기에 농업 정책이 중요한 정치 의제로 부상하고 주요 미디어에서도 이를 다루기 시작한 점도 큰 변화다. 2001년에 실시된 한 설문조사에서 응답자의 54%가 '농업 전환'이라는 용어와 정확한 의미를 아는 것으로 조사되었는데,[11] 농업 정책 용어가 이렇게 유명세를 누린 것은 광우병 파동과 농업 전환 이전에는 상상할 수 없는 일이었다.

앞서 언급한 변화가 가능했던 결정적인 이유는 기존의 농업 정책에 소비자 및 식품안전 정책이 결합되어 보다 포괄적인 먹거리 정책으로 거듭난 데 있다. 또한 농업 정책이 다루는 분야가 확대되는 과정에서 농업부에 식품안전과 소비자 관련 산하 기관이 신설되고, 농업경제학자 중심의 기성 농학계가 장악하던 농업부 장관 산하 과학자문위원회 구성원 또한 경제학, 법학, 영양학 등 보다 폭넓은 학계 인사들로 교체되는 등, 정부 조직에 관여된 전문가 구성에 돌이키기 어려운 상당한 변화가 있었던 점도 중요한 이유 중 하나다.

농업 정책이 소비자 분야로 확대된 점은 특별히 중요성을 갖는데, 이를 통해 농식품을 소비하는 모든 이들이 농업 정책에 대한 발언권을 획득했기 때문이다. 소비자 단체와 환경 단체 등 기존에는 적극적으로 농정 논의에 개입할 수 없던 시민들이 본격적으로 입장을 낼 수 있게 되었다. 이러한 변화는 녹색당 입장에서는 전략적 이익으로 작용한다. 유기농 친환경 농업과 동물복지, 유전자재조합생물체Genetically Modified Organism(이하 GMO) 반대를 주장하는 것 외에는 농정 논의에서 중요한 위치를 차지하지 못하던 녹색당이 농업 전환을 통해 확실하게 소비자보호 정당으로서 자리매김했기 때문이다.[12] 다시 말해 녹색당은 농업 전환을 통해 농정 논의에서 소비자와 친환경 유권자들을 위한 공간을 창출했고 동시에 그 공간을 스스로 장악하였다. 이제는 유권자의 42%가 농업 정책을 투표의 중요한 기준으로 생각할 만큼[13] 농업 정책에 대한 대중의 관심 또한 높아졌다. 20년 전 농업 전환이 독일 농업 정치에 남긴 길고 짙은 자취를 짐작케 한다.

농업계의 반감과 금지정당의 낙인

첫 녹색당 농업부의 시대는 2005년 정권 교체와 함께 5년이라는 짧은 기간만에 막을 내렸지만 그 유산은 오래도록 영향력을 발휘한다. 그런데 이러한 유산에는 앞에서 설명한 농업 정책 결정 구조의 개방 같은 긍정적인 면이 있지만, 녹색당에 대한 대다수 농민들의 반감이 높아진 부정적인 면도 존재한다. 농업 전환 정책 이래 농민들 사이에서 녹색당의 인기는 높지 않다. 정확히 말하자면 여러 직업군 중에서 녹색당에 대한 선호가 가장 낮은 집단이다. 과거 독일의 식량안보를 책임지는 자랑스러운 농부였던 자신들이 녹색당이 주도한 농업 전환 정책 이후 환경을 훼손하고 시민의 건강을 위협하는 비난의 대상이 되었다고 느낀 까닭이다. 독일의 가장 큰 농업인 단체인 독일농민총연맹DBV: Deutscher Bauernverband이 이러한 현상에 '퀴나스트 효과'라는 이름을 붙일 정도로 그 영향은 지대하다.

농업인들의 낮은 선호도는 최근 연방의회 선거에서도 재차 확인되었다. 2021년 녹색당은 득표율 14.8%로 3위를 기록하며 역대 최고의 성적을 거두었지만, 농업인에게는 5%를 득표하는 데 그쳤다. 2017년 연방의회 선거보다 전체 득표율이 5.8%나 증가했지만 농민 득표율은 변하지 않았다. 어쩌면 그나마 농민 득표율이 더 낮아지지 않고 유지된 것을 다행으로 생각해야 할지도 모른다. 전통적으로 농민들에게 강력한 지지를 받았던 기민/기사당 연합은 2017년 농업인에게 61%를 득표했지만, 2021년엔 45%를 얻는 데 그쳤기 때문이다. 믿었던 메르켈 정부에서 강력한 환경규제들이 도입되자 갈 곳 잃은 농심이 다른 정당으로 흩어진 탓이다.

농업계의 반감과는 별개로, 퀴나스트는 농업부 장관직 이후 녹색당의 원내대표로서 성공적인 정치적 커리어를 이어갔다. 그러나 그가 녹색당을 대표하는 최고후보Spitzenkandidat로서 이끈 2013년 연방의회 선거에서 퀴나스트는 한 사건을 계기로 큰 정치적 타격을 입으며, 동시에 또 다른 부정적인 유산을 남긴다. 공공기관의 식당에서 일주일에 하루는 채식만 제공하도록 의무화하는 '채식의 날' 도입을 선거 공약에 넣은 것이 화근이었다.

채식 식단의 제공을 통해 독일 내 육류 소비를 낮추고, 이를 통해 축산에서 발생하는 온실가스를 감축하는 한편, 동물복지 증진 효과도 고려한 공약이었지만 여론 반응은 기대와 달랐다. 개개인의 식단 선택권을 국가가 통제하고 육식을 금지하고자 한다는 비난이 쏟아졌고, 기존 녹색당이 가졌던 금지정당 이미지가 다시 소환되어 역풍이 불었다. 결국 '채식의 날' 공약은 2013년 총선 패배의 원인 중 하나가 된다. 결과적으로 퀴나스트는 8년간 맡았던 원내대표직에서 물러났으며, 녹색당은 농업인뿐만 아니라, 농업 전환을 통해 새롭게 확보한 지지 기반인 소비자들, 먹거리 정책에 관심이 있는 일반 유권자들에게도 급진적인 환경주의 정당이라는 부정적인 이미지를 남겼다.

실용주의를 따르는 새로운 녹색당

그런데 녹색당의 농업 정책은 과연 정말 그렇게 급진적일까? 20년 전에는 그렇다고 할 수도 있었겠지만, 최근엔 오히려 녹색당이 초심을 잃고 현실과 타협한다는 평가나 비판 또한 적지 않다. 경제, 평화, 외교 등의 정책과 마찬가지로 농업 정책에서도 녹색당은 초기의 급진적 생태주의에서 대중적인 실용주의로 점차 변모하였다. 가장 대표적인 예로는 2020년 개정된 강령에서 GMO에 대한 입장이 변한 것이다. 기존에는 유전자공학과 관련된 사안은 무조건 반대하던 녹색당이지만, 새로운 강령에서는 유전자공학 연구를 학문의 자유로서 보장하되, 이를 농업에서 활용하는 과정에서의 위험은 엄격한 평가와 규제 등을 통해 배제한다는 내용이 담겼다. 기술 자체에 대한 반대보다는 기술이 가져올 위험과 결과에 초점을 맞추고 대응해야 한다는 입장으로 완화된 것이다.

변화의 기저에는 기후변화에 더 잘 적응하는 품종, 농약을 덜 필요로 하고 악성 기후에 대한 저항성이 높은 품종 등의 개발을 위해 크리스퍼CRISPR[14] 같은, 기존의 유전자 조작 기술보다 정교한 새로운 유전자 편집 기술의 가능성을 배제할 수 없다는 판단이 깔려 있다. 심지어 새 강령의 초안에는 "기존의 전통적 육종 방법과 함께 새로운 유전자공학 연구를 강화해야 한다"는 표현까지 나왔지만, 당 내부의 비판으로 현재 형태 같은 수정안이 채택되었다. 분명한 것은 실용주의 노선의 당 지도부, 특히 당시 당대표였던 로베르트 하벡의 영향으로 전통적으로 견고했던 유전자공학 반대라는 녹색당의 입장이 변화했다는 점이다.

공약이 아닌 녹색당의 실제 농업 정책은 어떨까? 녹색당은 2005년 적녹연정이 끝난 이후에는 오랜 시간 연방정부에 참여하지 못했지만, 주 정부 단위에서는 여러 곳에서 농업부를 담당해 왔다. 2021년 9월 연방의회 선거 즈음에는 독일 16개 주 가운데 절반에 해당하는 8개 주[15]에서 농식품 관련 부처의 장관직을 맡았을 정도다. 각 주 농업부 장관의 행보를 통해 녹색당의 실용주의적인 면을 발견할 수 있다.

예를 들어, 슐레스비히-홀슈타인의 농업부 장관 얀 필립 알브레히트Jan Philipp Albrecht는 늑대의 출몰로 가축 피해가 발생하자 환경보전운동가들의 항의에도 늑대 사냥을 허가한다. 사냥 관련 제도의 현대화와 동물보호에 앞장서 온 녹색당에 속한 장관으로서는 파격적인 결정이었다. 8개 주 중에서 녹색당의 농업 정책을 가장 모범적으로 실현한 곳으로 평가받는 헤센에서는 녹색당 농업부 장관의 임기 중 대규모 가금류 농장수가 두드러지게 늘어났다. 또한 독일 연방상원에서는 2020년 번식용 암퇘지의 축사와 분만시설에 대해 동물복지 차원의 전환을 촉구하되 이를 최장 15년까지 유예하는 규제안이 통과되었는데, 녹색당 또한 이를 지지했다.[16]

농업 정책에 대한 녹색당의 실용주의 행보를 이해하기 위해서는 독일 농업에서 관행농이 차지하는 비중을 주목할 필요가 있다. 관행농은 독일 내 재배면적과 농장수의 90%를 차지하는데, 이는 관행농과 함께하지 않으면 어떠한 농업 정책도 성공적으로 시행할 수 없음을 의미한다. 알브레히트 주장관은 "최근 몇 년 사이 녹색당은 유기농민들을 위한 정책만으로 충분하다는 생각을 버렸다"고 밝힌다. 녹색당 농업부가 들어선 주 중에서 16%라는 가장 높은 유기농 비율을 자랑하는 헤센의 농업부 장관 프리스카 힌츠Priska Hinz 또한 관행농업계와의 협력을 강조한다. 생태주의적인 교리를 설파하면서 아무런 변화를 만들어내지 못하는 것보다는, 관행농들이 조금이라도 더 친환경적으로 변하도록 돕는 것이 생태적인 방향이라는 게 그의 생각이다.[17]

현재 외무부 장관인 안나레나 배어보크는 당대표이던 2020년 1월 《짜이트》와의 인터뷰에서 공장식 축산의 구조적 문제를 지적한다. 그는 경쟁을 통한 규모화와 집약화를 유도하는 유럽연합의 농업 정책이 문제의 근원임을 강조하면서, '젖소를 괴롭힐 마음으로 일에 나설 농부는 없을 것'이라며 관행농 농민 개인에 대한 비판을 피했다. 각 개인의 행위가 잘못된 것이 아니라 잘못된 행동을 유도하는 구조를 바꾸는 것이 중요하다는 일반적인 주장이었지만, 축산업자나 관행농 농업인에 대한 규범적인 판단을 거두고 그들에 대한 악마화를 적극적으로 거부하려는 녹색당의 변화된 입장을 읽을 수 있는 대목이다.

앞서 던졌던 질문으로 돌아가면, 녹색당은 더 이상 과거에 알려진 것과 같은 급진적인 정당이 아니라는 결론에 이른다. 적어도 당 지도부나 각 주 정부 단위에서 농업 정책을 다루는 많은 녹색당 정치인들은 관행농이나 GMO 등에 대해 비타협적이고 교조적인 입장을 고집하기보다는 실질적인 변화를 만들어내기 위해 더욱 유연한 태도를 갖추고자 하는 것으로 보인다.

녹색당 농업 정책의 실용주의화는 채식의 날 도입 시도가 야기한 정치적 실패를 반면교사로 삼은 듯하다. 분명 채식의 날이 도입되었다면 육류 소비량이 줄고, 또 도축되는 동물의 수도 줄일 수 있었을 것이다. 그러나 현재 녹색당 정치인들은 그런 방식으로 개인의 일상적 결정에 간섭하고자 하지 않는다. 금지정당 이미지는 그만큼 녹색당에 커다란 타격을 주었고, 녹색당은 더 이상 그러한 이미지로 받아들여지길 원치 않기 때문이다. 그래선지 새 정부의 연정합의문이나 새로 취임한 녹색당 농업부 장관의 발언에서도 녹색당을 대표하던 농업 전환이라는 선전 문구를 찾아보기 어렵다. 농업계를 자극하지 않기 위해 표면적으로라도 퀴나스트의 유산과 결별하려는 것처럼 보이기도 한다.

생태적, 경제적 위기

현재 독일의 농업은 큰 위기와 변화의 기로에 놓였다. 한편에서는 경쟁력과 경제성을 유지하기 어려워 농업을 포기하는 농가의 수가 갈수록 늘고, 가뭄과 홍수 같은 극한 기상현상은 기후변화로 인해 점점 더 자주, 강하게 발생하여 농업 생산성에 큰 영향을 미친다. 다른 한편에서는 농약과 비료의 과도한 사용이 생물종 다양성 감소와 지하수 및 토양오염으로 이어지며, 축사와 경작지에서 발생하는 온실가스가 기후변화를 더 심화시키고 있다. 생태적 위기와 농장의 위기가 동시에 농업을 엄습하고 있다.

이 같은 현실은 흔히 독일을 농업 선진국이자 유기농 친환경 농업의 천국으로 그리곤 하는 한국의 인식과는 사뭇 동떨어진 것이다. 물론 여러 면에서 한국보다 독일의 사정이 나은 것은 사실이다. 유기농업 재배면적만 따져도 2020년 기준 전체 농지 면적의 10.3%인 독일에 비해 한국은 2019년 기준 1.81%에 불과한 형편이다. 독일의 경우 유기농업 비중이 꾸준히 증가세를 보인다는 점도 긍정적으로 평가할 만한 부분이다. 그러나 퀴나스트 전 농업부 장관이 2001년 유기농 지원 정책을 본격적으로 추진하며 세웠던, 재배면적 비율을 10년 내 20%까지 올린다는, 야심찬 목표는 20년이 지난 지금까지도 절반밖에 달성되지 못했다. 무엇보다 전체의 90%를 차지하는 관행농이 초래하는 환경오염은 여전히 지속 중이다.

독일 농업이 생태계와 환경에 미치는 악영향이 상당히 심각하다는 점, 이것이 독일 농업의 첫 번째 위기인 생태적 위기다. 기후변화 측면으로 봐도 독일 전체 온실가스 배출량의 13.4%가 농업 부문에서 발생한다. 이때 9%에 해당하는 6,640만 톤(탄소 환산)의 온실가스가 직접적인 영농 활동에서 나오고, 4.4%인 3,240만 톤은 토지 이용 변화로 인해 발생한다. 농업 온실가스 배출량 중에 가장 큰 비중을 차지하는 건 축산업에서 발생하는 메탄이지만, 질소 기반의 비료로 인해 농지에서 발생하는 아산화질소 또한 총 2,440만 톤이나 된다. 2021년 개정된 독일 연방기후변화법은 현재의 농업 부문 배출량을 5,600만 톤까지 줄이는 걸 목표로 하고 있어 지금보다 최소 3,000만 톤 이상을 절감해야 한다.[18]

토양 내 잉여 질소는 토양 생태계 다양성을 망가뜨리는 주요 원인

인데, 독일에서 취약한 생태계 면적의 68%(2015년 기준)가 질소 과잉으로 인한 위협을 받는 것으로 파악된다. 잉여 질소의 주요 원인은 물론 농업이고, 잉여 질소는 비와 함께 지하수와 하천으로 흘러들어 수질오염을 일으키기도 한다. 독일 지하수의 35%는 화학적 오염이 심각한 수준인데, 주요 원인은 역시 농업으로 인한 질소 과잉이다. 하천 등 지표수 또한 질소와 인의 과잉으로 오염되는데, 이 또한 대부분 농업에서 나온 것이다.[19] 심각한 수질오염으로 독일은 이미 수년째 유럽연합 질산염 농도 기준(50mg/l)을 위반해 왔고, 2018년에는 유럽연합법원으로부터 질산염 지침 위반에 대한 유죄 판결을 받기에 이른다.[20]

관행농은 농촌 지역의 경관 훼손, 동식물의 서식지 파괴, 생물종 다양성 감소의 원인이기도 하다. 관행농은 집약적인 농업과 질소 과잉 시비, 농약 살포와 초지의 농지 전환 등과 결합해 심각한 수준의 종 다양성과 개체군 감소를 야기한다. 특히 초지에는 독일 내 동식물 종의 52%가 서식하여 생물종 다양성 보호에 결정적인 중요성을 가진다.[21] 현재 이러한 초지의 83%가 사라질 위기에 처한 것으로 파악된다.[22]

농업 부문이 야기하는 환경적 폐해는 다수의 농업환경규제 관련 입법 시도로 이어졌다. 2019년 9월 소위 '농업 패키지Agrarpaket'로 불리는 세 가지 법안 및 수정안이 농업부와 환경부의 합의를 거쳐 입안되었다. 각각 공동농업정책 예산 재할당, 동물복지 표시제, 곤충보호 프로그램이다. 또한 같은 해 10월에는 농업 부문을 포함한 각 부문별 온실가스 감축 대책을 담은 기후보호 프로그램 2030Klimaschutzprogramm 2030이 기후보호법과 함께 채택됐다.

그러나 이 정책들에 공통적으로 농약과 비료 사용 등 농업 투입재에 대한 규제가 포함되자 농민들의 극심한 반발이 따랐다. 농업부가 위치한 베를린을 포함, 독일 곳곳에서 수천 명의 농민들이 트랙터에 올라 시위를 벌였다. 전국적으로 조직된 농민 시위대의 가장 큰 불만은 농업에 직접적인 영향을 미치는 규제를 결정하는 과정에서 농업계의 목소리가 반영되지 않았다는 점이다. 시위대의 수많은 푯말에는 식량과 원자재를 생산하는 자신들에 대한 존중을 호소하는 내용들이 적혀 있었다.

더군다나 농민들에게는 농업환경규제로 인해 기존의 생산성을 담보할 수 없을 것이라는 불안 또한 컸다. 불안정한 소득 때문에 갈수록 많은 농장들이 농업을 포기하는 상황에서 정부의 환경규제 강화 정책이 발표되자 농민들은 이를 경제적 타격에 대한 예고로 여길 수밖에 없었다. 이는 독일의 농업이 마주한 두 번째 위기인 농장 경영의 위기를 드러낸다.

서독에서만 1960년대 150만 개에 달했던 농장수가 2019년에는 독일 전체에서 약 26만 개로 줄어든다. 같은 기간 농장당 농지 규모는 평균 8.7헥타르에서 62헥타르로 급증하고,[23] 이 과정에서 많은 영세농민이 땅과 농업을 포기했다. 그리고 변화는 경작 부문에만 국한되지 않았다. 메르켈 정부가 들어선 2005년 이후 낙농업자의 절반이 농장 운영을 포기하고, 양돈농가의 4분의 3이 생산을 중단한다. 농업 부문 전체에서 2005년 이후에만 3분의 1 이상의 농가가 농업을 포기한 셈이다.[24] 한 연구는 2040년까지 독일 내 농장수가 약 10만 개로 줄어들 것이라 예측한다.[25]

이 같은 변화는 기계화, 규모화 및 전문화를 통한 생산성과 경쟁력 확보의 결과로서 농업에서도 자본주의적 경쟁이 심화되었음을 의미한다. 물론 단순히 경제적 관점에서만 보면 자연스러운 시장 경쟁의 결과라고 볼 수 있다. 단일 상품을 중심으로 한 대규모 농장의 출현과 집중화는 규모의 경제를 통한 높은 생산성을 제공하기 때문이다. 하지만 단일 작물이나 단일 가축으로의 전문화specialization는 농가를 가격 변동성의 위험에 노출시키는 결과로 이어진다. 상품의 다각화를 통한 위험 분산을 할 수 없는 탓이다.

그래서인지 규모화와 전문화를 통한 경쟁력 확보에도 농업 종사자의 소득은 여전히 적고 불안정하다. 농산품의 가격 변동성으로 인해 농장이 벌어들이는 이익 또한 들쭉날쭉한 까닭이다. 2017년에는 농업 종사자 1인당 연평균 3만 5,900유로를 번 반면 2018년에는 3만 1,000유로(약 4,278만 원)에 그쳤다. 한 해 사이에 13%가량이나 소득에 큰 변동이 있었다. 이런 불안정성은 갈수록 많은 농장이 재생에너지 발전이나 농촌 관광 등 농외소득 창출을 위해 활동하게 만든다. 실제로 2016년에는 4분의 1 이상의 농장이 농외소득 활동을 한 것으로 나타났다.[26]

토지 면적에 비례해 유럽연합에서 지급하는 공동농업정책 직불금에 대한 의존도가 높은 것도 문제다. 직불금은 최근 3년간 독일 내 농장 이익의 평균 40%를 차지했을 정도로 안정적인 소득원이지만 이는 농업계가 그만큼 경제적으로 취약하다는 방증이기 때문이다. 농가 경영에서의 마지막 문제는 상대적으로 낮은 임금 수준이다. 2018년 숙련 농업 노동자의 평균 임금은 월 2,030유로(약 280만 원)인데, 이는 같은 해 독일

노동자의 평균인 월 3,000유로(약 414만 원)의 약 3분의 2에 불과한 수준이다.[27]

사회적 합의

농업의 생태적, 경제적 위기는 정치권을 향한 두 방향의 목소리로 나타났다. 한쪽에서는 '미래를 위한 금요일'을 비롯한 환경 단체들이 강력한 기후 및 환경 대책을 요구했고, 다른 한쪽에서는 농업인들이 농업 환경규제에 대해 거센 반발을 이어갔다. 특히 2019년 말 농업 정책으로 인한 사회적 혼란이 심화하자, 메르켈 총리는 다양한 농업 이해관계자를 불러 모아 사회적 합의를 끌어냄으로써 사태를 해결하고자 했다. 이를 위해 독일농민총연맹를 비롯해 축산, 유기농, 소농, 청년농 등 여러 농업 부문을 대표하는 단체와 농식품 산업 협회, 소비자 단체, 환경 및 동물보호 단체, 학계 등 독일의 농식품 체계의 다양한 영역을 대표하는 30여 개 단체의 대표자로 구성된 '농업미래위원회ZKL: Zukunftskommssion Landwirtschaft'가 꾸려졌다.

1년에 가까운 논의 끝에 위원회는 독일 농업의 현실에 대한 공동의 인식과 전망을 공유하고 독일 농업 전체를 지속가능한 농업으로 전환하는 데 만장일치의 합의에 이르는 성공을 거둔다. 이것이 가능했던 이유는 우선 서로 다른 이해관계를 대변하는 30여 명의 대표자와 그들이 속한 단체들이 대결보다는 대화와 절충을 추구했기 때문으로 볼 수 있다. 그러나 무엇보다도 결정적인 요인은 관행농의 이해관계를 대변해 온 단체들의 전향적인 변화일 것이다.

환경규제에 반대해 대규모 농민 시위까지 조직했던 이들이 어떻게 농업의 전환에 합의할 수 있었을까? 농업미래위원회에 참여한 농업 및 농산업 단체에서 별도로 발표한 보도자료[28]에서 그 이유를 찾아볼 수 있다. 이들이 특별히 강조하는 것 중 하나는 농업인에 대한 충분한 보상 및 지원이다. 농업 전환이 창출하는 사회적 편익에 대한 충분한 보상이 있어야 하며, 또한 전환 과정에서의 비용과 어려움들을 극복하기 위한 지원이 필요하다는 것이다.

이는 곧 농업 단체에게 궁극적으로 중요한 건 환경규제에 대한 찬반이 아니라 농장의 위기를 해결하고 방지하는 것이었음을 시사한다. 이전까지의 거센 반발은 농업인에게 직접적인 경제적 타격으로 이어질 환경규제를 농업인 생존에 대한 고려나 배려 없이 추진한 데 대한 저항이었던 셈이다. 그렇기에 보상과 지원에 대한 요구가 수용되자, 관행농업인들도 농촌의 생태 위기에 대한 관행농의 책임을 인정하고 그 개선에 합의하는 일이 가능했던 것이다.

농업미래위원회는 이와 같이 농장의 위기와 생태적 위기 모두를 고려한 포괄적인 정책 권고안을 담은 결과보고서를 2021년 8월 정부에 제출한다. 그러나 이때는 연방의회 선거를 불과 한 달여 앞둔 시점으로, 이미 임기 말을 바라보던 당시의 농업부로서는 위원회의 성과를 활용할 여지가 적었다. 결국 위원회가 내놓은 포괄적인 권고안의 활용은 차기 정부와 새로 취임할 농업부 장관의 몫으로 남았다.

다시 찾아온 농업 전환의 기회

레나테 퀴나스트가 녹색당 최초의 농업부 장관으로 취임한지 20년만인 2021년 12월, 다시 한 번 녹색당 출신의 농업부 장관이 탄생한다. 새 정부의 식품농업부 장관인 쳄 외즈데미르는 취임을 앞둔 인터뷰에서 퀴나스트가 농업부에서 거뒀던 성공을 기반으로 하겠다고 밝혀, 직접 언급하지는 않았지만 '농업 전환' 정책의 본격적인 귀환을 알렸다.

새 내각의 연정합의문에 담긴 농업 정책들은 확실히 메르켈 정부보다 농축산업의 환경적 측면과 동물복지 관련 대책의 강력한 추진을 예고한다. 가장 대표적으로 농업 분야에서는 2030년까지 유기농 면적을 전체 재배면적의 30%로 확대하고 글리포세이트 판매를 금지하는 등 농약 사용 감축을 통한 생물종 다양성 보호 대책들이 포함되었고, 축산 및 동물보호 분야에서는 축산 사육환경 의무표시제의 2022년 내 도입과 동물복지 농장으로의 전환 투자 지원, 동물보호법 처벌 강화 등 적극적인 동물보호 정책들이 담겼다. 공공급식에서의 로컬푸드 및 유기농 먹거리 비중 재고, 육류를 대체하기 위한 식물 기반 식품의 장려 등 식품환경food environment[29]을 건강하고 친환경적인 식품을 중심으로 조성하기 위한 대책들 또한 중요하게 다뤄졌다.

새 정부의 방향성은 농업부가 2022년 2월 유럽 집행위원회에 제출한 유럽 공동농업정책의 독일 내 시행안을 담은 전략 계획Strategic Plan에도 반영되었다. 공동농업정책을 통해 독일에는 2023년부터 2027년까지 연간 약 60억 유로(약 8조 원)의 농업 부문 재원이 유럽연합으로부터 제공될 계획이다. 이 재원의 사용 계획을 담은 새로운 전략 계획을 보면 독일 정부는 농업 분야의 환경 및 기후 관련 조치들에 대한 투자를 늘리고, 기존의 직불금에 부과되는 환경 관련 의무도 강화할 계획이다.

특히 유기농에 대한 지원 가능성을 넓혀 연간 5억 유로(약 6,900억 원) 이상이 유기농 지원에 사용될 수 있도록 하고, 지원금의 가장 큰 몫을 차지해 온 면적 직불금은 2022년의 1헥타르당 166유로(약 23만 원)에서 2027년까지 1헥타르당 149유로(약 20만 원)로 점차 줄여, 여기서 확보한 재원을 농촌 개발과 환경 및 기후보호, 동물복지, 축산 등에 추가 활용한다는 계획이다. 그간 녹색당은 직불금이 공공 재원에서 지출됨에도 환경적 측면에서의 공익 창출이 부족했음을 비판하면서, 공공의 재원은 공공의 이익을 위해 사용되어야 한다는 원칙을 강조해 왔다.

비록 농업 전환이라는 말을 전면에 내세우지는 않았지만 새 농업부가 사실상 농업 전환을 추진할 것은 자명하다. 그렇다면 농업부로 다시 돌아온 녹색당은 농업 전환이라는 어려운 과제를 해낼 수 있을까? 이에 대해 우려와 기대되는 점들을 몇 가지 짚어 보겠다.

___ 예상되는 어려움

우선 러시아의 우크라이나 침공으로 인한 식량 공급 불안정을 꼽을 수 있다. 러시아가 식량을 무기화하여 식량안보 문제가 부상함에 따라 유럽에서는 식량안보를 위한 생산량 증대라는 해묵은 구호가 다시 부활했고, 독일 및 유럽 내 농업환경 정책의 시행에는 적신호가 켜졌다. 독일 내에서는 환경규제 일시 완화를 통한 식량안보 확보가 더 중요하다는 독일농민총연맹과 자민당의 입장과 전쟁을 핑계로 과거의 농업으로 돌아가서는 안 된다는 녹색당과 사민당, 환경 단체들의 입장이 부딪혔다.

외즈데미르 장관의 입장은 타협이었다. 부당한 전쟁으로 인한 식량 불안정이 가장 가난한 국가들의 식량 안보를 심각하게 위협하기 때문에, 독일이 아닌 세계 식량안보 때문이라도 일시적으로나마 타협할 수밖에 없다는 것이다. 그 일환으로 농업부는 우선 농경지 확보를 위해 기존에 휴경이나 녹비작물 재배 등을 통해 관리하던 생태초점구역의 규제를 완화하여, 이곳에서 평상시에는 금지하던 상업적 재배를 일시적으로 가축 사료 재배에 한해 허가했다. 또한 공동농업정책 직불금의 강화된 수급 요건으로 2023년부터 새로 시행될 예정이었던 윤작(돌려짓기) 의무와 농경지 내 비생산용 구역(기존의 생태초점구역) 확대 규정의 시행을 예외적으로 1년간 유예하는 안을 추진키로 했다.

농업 전환 추진의 큰 장애물 중 하나는 농민들의 정부에 대한 불신이다. 대표적인 농민 단체들을 포함한 전사회적 합의가 이뤄졌다고는 하지만, 그것이 모든 농민들의 무조건적인 지지와 변화 수용을 의미하지는 않는다. 새 내각의 연정합의문에 담긴 농업 정책이 관행농에게는 규제만 강화하고 유기농업과 동물복지에는 투자를 늘린다는 불만이 제기되고, 새로 부임한 외즈데미르 장관에 대해서도 농업 문외한인 비전문가라는 비판이 있었다.

농민들의 가장 강력한 반발이 우려되는 지점은 비료와 농약규제이다. 특히 비료규제와 관련해 지하수오염에 대한 책임을 농민들에게만 전가한다는 인식이 팽배하다. 러시아-우크라이나 전쟁으로 비료와 연료 가격 등 생산 비용이 증가하면서 농민의 경제적 부담이 더 커진 상황이라, 그 부담을 완화하는 대책이 마련되지 않은 채 환경규제가 강화된다면 2019년의 시위가 재현될 위험은 물론, 현재 어렵게 이뤄진 농식품계의 사회적 합의조차 흔들릴지 모르는 일이다.

또 다른 우려 요인은 신호등 연정 내 자민당의 존재이다. 재정부를 맡은 자민당이 재정 지출 확대와 증세에 보수적이고, 녹색당이 중요시하는 정책들에 대한 정치적 입장 차이가 크다는 점이 문제다. 농업미래위원회나 축산의 전환을 다룬 보어헤르트 위원회Borchert Kommission에서 제안된 대책들을 볼 때, 농업 전환에서 농업인들에게 가장 중요한 것은 전환에 필요한 충분한 지원과 보상이다. 농업미래위원회에 따르면 독일 농업의 지속가능한 전환에는 기존의 지원정책에 더해 연간 15억에서 55억 유로 정도의 추가 재원이 필요할 것으로 추정된다.[30] 그러나 자민당은 농업 전환을 위한 대규모 공적 지출에도, 재원 마련을 위한 증세에도 소극적이다.

자민당은 많은 정책에서 녹색당과 대립각을 보인다. 식량안보 논쟁에서는 환경규제를 완화해야 한다는 입장으로 녹색당과 대립각을 세웠고, 그 외에도 유럽연합의 글리포세이트 재승인, 농업용 디젤 세제 혜택, 유전자공학 규제 완화, 과자, 정크푸드 등 건강에 나쁜 식품에 대한 광고 금지안 등 다양한 의제에서 지속적으로 견해차를 드러냈다. 이처럼 연정에 참여하는 각 당이 계속해서 협력보다 선명성 경쟁을 택한다면 정책 추진이 안정적으로 이어지기 어렵다.

___ 새 정부에 기대를 거는 이유 _____

그럼에도 농업 전환의 성공적인 추진에 기대를 갖게 하는 요소 또한 새 정부의 구성이다. 기후변화와 에너지 분야를 담당하는 경제기후보호부, 각종 환경규제 등 환경 관련 업무 전반을 담당하는 환경부를 모두 녹색당에서 담당하는 까닭이다. 기후변화, 환경, 농업 관련 부처를 모두 녹색당이 맡으며 정부 내 부처 간 긴밀한 협력이 가능해졌다.

메르켈 총리가 이끈 지난 두 번의 대연정 정부에서는 기민당이나 기사당이 농업부를 사민당이 환경부를 맡았는데, 두 부처 간의 갈등이 심각해 정책 추진에 많은 문제가 있었다. 환경부에서는 농업부에 강화된 환경규제의 도입을 요구하는 한편, 농업부에서 추진하는 정책에 대해서는 환경적 영향을 이유로 반대하기 일쑤였고, 반대로 농업부 또한 환경부가 추진하는 정책들을 농업 경제에 대한 영향 때문에 반대하곤 해 서로 상대 부처의 업무 추진에 방해가 되곤 했던 것이다.[31] 메르켈 정권 말기 농민들 내 기민당 지지율이 낮아진 것 또한 이런 이유로 농업 정책의 결정과 추진이 제대로 이뤄지지 못하고 지지부진했기 때문이다.

녹색당이 그동안 농업 정책 분야에서 보여준 성과 또한 녹색당 농업부의 성공적인 정책 추진을 예상할 수 있는 근거이다. 2019년 하인리히 뵐 재단은 녹색당이 독일 내 정책들을 생태적으로 근대화ecological modernisation하는데 어떠한 역할을 했는지 분석한 보고서[32]를 발간했다. 여기엔 녹색당이 주 정부에 참여하여 담당한 에너지, 기후, 환경, 농업, 교통 등 여러 분야 중에서 가장 큰 영향력을 발휘한 분야는 농업 정책인 것으로 나온다. 특히 사냥 관련 제도의 현대화를 비롯한 동물보호 정책이 녹색당이 참여한 주 정부에서 크게 발전되었고, 각 주들이 GMO-free 지역 네트워크에 가입하는 데도 해당 부처의 녹색당 장관의 존재가 큰 역할을 한 것으로 파악되었다.

농업 전환에 기대를 거는 가장 큰 이유는 무엇보다도 '농업미래위원회'의 존재 자체이다. 독일 먹거리 정책의 주요 이해관계자들은 이미 농업이 가진 경제적, 사회적, 환경적 문제를 공유하면서, 지속가능한 농업으로의 변화가 불가피하다는 점에 대해 성공적인 사회적 합의를 이루었다. 현재 기후 활동가와 관행농의 대변자들이 한 목소리로 농업 전환을 요구하는 만큼 농업 전환에 가장 필요한 당사자의 지지가 확보된 것이다. 가장 강력하게 관행농의 이익을 대변해 온 독일농민총연맹의 대표조차 스스로 나서서 농민 회원들에게 농업 방식을 친환경적으로 바꾸도록 설득할 정도이다. 이제 남은 것은 정부가 위원회의 권고안을 얼마나 충실히 실행하는가에 달렸다.

___ 환경과 경제의 딜레마를 넘어

기후 문제를 비롯한 대부분의 환경 문제는 줄곧 환경과 경제라는 양자택일의 딜레마로 이해되고 다뤄졌다. 농업 분야의 문제들 또한 마찬가지로, 농업 정책에 대한 관행농과 환경 단체 사이의 갈등이나 메르켈 정부 내 농업부와 환경부의 충돌 또한 이 같은 이분법적인 관점의 결과로 이해할 수 있다.

그렇지만 신호등 연정에서는 녹색당이 이끄는 경제기후보호부를 중심으로 기후보호를 통한 경제 성장, 기후를 보호하는 경제 성장이라는 새로운 접근을 경제 전략으로 제시한다. 인센티브와 투자, 지원 정책, 규제를 효과적으로 조합하여, 환경적 노력과 경제 성장의 선순환 구조를 만듦으로써 환경과 경제 간의 딜레마를 해소하려는 시도다. 이런 시도가 농업 정책에도 요구된다. 단지 유기농업만을 지원하거나 농업환경 규제를 강화하는 것만으로는 농식품 체계 전체의 전환을 이루기 어렵기 때문이다. 농업인의 절대다수를 차지하는 관행농이 거부하거나 배제되는 정책으로는 전체 농식품 체계의 전환을 이룰 수 없고 일부 개선에 그칠 뿐이다.

무엇보다 필요한 것은 모두에 의한, 모두를 위한 농업 전환이다. 농업 전환의 환경적, 사회적 혜택은 공공재로서 사회 전체가 누리지만 실질적인 전환의 과정은 농업인의 직접적인 실행을 통해 이뤄질 수밖에 없다. 그렇기에 농업인들이 전환 과정에 대한 책임을 오롯이 감당하거나 피해받지 않도록 해야 하며, 그들 또한 농업 전환으로부터 혜택을 받을 수 있어야 한다. 이를 가능하게 만들고 담보하는 것은 정치의 몫이다.

다행스럽게도 독일에서는 이미 이를 위한 사회적 합의가 마련되었다. 또한 농업부와 환경부를 모두 녹색당이 맡는 등 여러 조건들이 농업 전환의 추진에 호의적이다. 이제 모두를 위한 농업 전환을 어떻게 이뤄낼 수 있는지는 녹색당의 의지와 실력에 달렸다.

9장 · 유럽연합 정책

유럽의 약속을 새롭게

유럽연합이라는 정치 체제는 독일 녹색당이 현실 참여 정당으로 성장해 가는 과정에서 중요한 역할을 했다. 유럽연합 덕분에 국민국가 극복을 요구하는 녹색당의 평화외교 정책이 현실적 틀을 가질 수 있게 되었다. 초기 녹색당의 평화외교 정책[1]은 자국의 군비 확장과 군사적 행동 반대에 방점이 찍혀 있었다. 국가주의를 넘어서는 유럽연방이라는 이상은 있었지만, 구체적 실행 방안이 없었기에 정책적인 중요성도 떨어졌다. 그런데 유럽연합이 발전하면서 유럽연방에 대한 이상이 다시 부각되었다. 정책 방향 또한 군사 경쟁에 대한 반대에서 유럽연합의 강화로 옮겨갔다.

유럽연합은 녹색당의 기후정치[2]에도 현실성을 부여했다. 기후정치는 국제사회의 협력을 필요로 한다. 유럽연합 같은 정치·경제공동체는 초국가적 단위에서 기후정치를 효과적으로 실행할 수 있는 좋은 구조를 마련한다. 또한 유럽의회 선거는 유권자에게 국내 정치의 이해관계를 떠나 유럽이라는 거대한 정치 체제의 공동 가치와 미래를 중심에 두고 투표하는 경험의 장이다.

그래선지 유럽의회 선거는 녹색당 창당의 역사적 배경이 되었을 뿐 아니라, 녹색당이 독일의 많은 유권자에게 선택받을 수 있다는 가능성을 확인하는 계기가 되었다. 특히 2019년 유럽의회 선거는 유럽연합이라는 체제 아래서 녹색당이 가질 수 있는 강점이 잘 드러난 선거였다. 독일 녹색당은 이 선거에서 20.5%의 득표율로 사민당을 제치고 2위를 차지한다. 독일 연방 전체를 대상으로 하는 선거에서 녹색당이 2위를 차지한 것은 역사상 처음이었으며, 직전 선거였던 2014년의 10.7%와 비교했을 때 두 배 가까이 높은 득표율이었다.

독일 언론들은 2019년 선거에서 녹색당이 선전할 수 있었던 요인을 자세히 분석해 보도한다. 가장 중요하게 언급된 것은 기후위기에 대한 여론의 관심이었고, 두 번째는 유럽연합에 대한 녹색당의 명확한 입장이었다. 2019년 독일의 유럽의회 선거 투표율은 61%로 1994년 유럽연합 출범 이후 가장 높은 수치였으며, 유럽 전체 평균인 50.66%에 비해서도 높았다. 이는 당시 독일 사회의 현실을 반영한 결과였다.

2019년엔 '미래를 위한 금요일' 시위가 확산되며 독일 사회에서도 기후변화에 대한 관심이 최고조에 달했다.[3] 각종 설문조사를 통해 2019년 유럽의회 선거에서 독일 시민들이 가장 큰 관심을 갖는 주제는 기후위기라는 것이 확인되었으며, 기후위기 대응은 다른 어떤 주제보다 유럽연합 차원에서의 공동 대응이 필수적이라는 것 또한 명확했다. 여기에 2016년 결정된 브렉시트(Brexit, 영국의 유럽연합 탈퇴)와 유럽 각국에서 나타난 유럽연합에 반대하는 정치 세력의 득세는 유럽연합 존속에 대한 위기감을 불러일으켰다. 이를 지켜본 독일 시민들 사이에서 유

럽연합에 대한 관심과 지지가 높아졌다.[4]

2019년 녹색당의 유럽의회 선거 공약집의 제목은 '유럽의 약속을 새롭게'였다. 여기서 녹색당은 유럽연합의 가치를 보존하면서도 발전시킬 것을 약속한다. 공약집은 첫 문장부터 시민들에게 유럽이 다시 민족주의로 분열되기를 원하는지 질문하며, 이번 선거가 유럽연합의 방향을 결정한다고 밝힌다.

현재 녹색당은 독일 정당들 중에서 유럽연합에 대해 가장 긍정적이며, 유럽연합의 역할 강화를 주장한다. 하지만 녹색당의 입장이 처음부터 긍정적이었던 것은 아니다. 오랜 시간 녹색당은 많은 변화를 겪었으며, 유럽연합 또한 변화를 겪어왔다. 물론 녹색당은 창당 이전부터 국가의 이익을 중심에 두는 정치를 반대해 왔으며, 평화로운 정치공동체로서 유럽연방에 대한 이상을 가지고 있었다. 다만 녹색당 내에서도 유럽 정치가 갖는 중요성과 현존하는 유럽 기구에 대한 평가는 큰 변화를 겪어왔다.

녹색당 창당의 가교가 된 유럽의회 선거

1979년 6월 유럽의회 선거가 처음으로 직접선거 방식으로 치러졌다. 유럽연합의 전신인 유럽공동체EC: European Community의 여러 기구 중 하나였던 유럽의회는 그때까지 각 회원국 의회에서 파견한 대표들에 의해 운영되었으며 자문 역할을 하는 상징적 기구의 성격이 강했다.[5] 하지만 유럽의회 선거가 직접선거 방식으로 변하면서 그 위상도 변했을 뿐만 아니라, 유럽공동체와 회원국 시민 간의 관계도 변하게 되었다. 유럽의회를 통해 유럽연합은 각국을 대변하는 대표들의 모임을 넘어, 유럽공동체 그 자체를 대표하는 성격을 띠게 되었다.

1970~1980년대는 독일 뿐 아니라 유럽의 다른 나라에서도 녹색정치 세력이 탄생하고 정당이 만들어지던 시기였다. 특히 1979년 유럽의회 선거는 이런 정치 세력들이 연합하고 유럽의 방향성을 공동으로 제시하는 계기가 되었다. 이미 유럽의 환경운동, 특히 반핵운동은 그러한 연대의 역사를 가지고 있었다. 여러 국가가 복잡하게 국경을 마주한 유럽에서 환경 문제는 한 국가만의 문제가 아니었을 뿐 아니라, 핵발전소 가운데는 국경 가까이에 건설된 것이 적지 않았기 때문이다.[6] 에코로파ECOROPA: European Network for Ecological Reflection and Action는 유럽의 녹색정치 세력이 유럽의회 선거를 계기로 연대한 대표적 사례이다.

1977년 독일의 '시민주도 환경보호 전국연합'의 대표였던 한스 귄터 슈마허Hans Günter Schumacher는 유럽의회 직선제 논의에 함께 참여할 녹색정치 세력의 연대를 제안한다. 그의 제안에 따라 같은 해 유럽 10개국의 환경 관련 단체 및 정치권 인사들이 참여한 행사가 조직되었고, 이 행사를 통해 에코로파가 만들어졌다.

1979년 에코로파는 '새로운 유럽으로, 생태 민주주의를 위하여'라는 제목으로 유럽의 미래를 위한 제안문을 발표한다. 국가, 기업, 노동조합 등 중앙에 권력이 집중된 현재 시스템에서는 생태, 핵, 평화 등의 당면 문제를 해결할 수 없기에, 유럽은 자율적 정치적 결정권을 가진 지역들이 모인 연방이 되어야 한다는 주장이었다.[7] 에코로파는 국가 단위의 정치 체제를 해체하고 유럽을 더 작은 단위인 지역과 지역의 연합체로 만들어야 한다고 주장한 것이다.

에코로파의 주장이 유럽의 녹색정치 세력 전체를 대표하는 것은 아니다. 독일에서도 보수적 생태주의자였던 헤르베르트 그룰Herbert Gruhl 같은 인물이 유럽의회 선거를 위한 만들어진 독일의 '녹색정치연합'에서 공동대표 역할을 했으며, 유럽의 통합보다는 국가 중심의 환경보호를 중요시한 것을 보면 짐작할 수 있다.[8] 그렇지만 다른 한편에서 비례대표 1번과 2번 후보였던 페트라 켈리와 로날드 폭트Roland Vogt는 유럽연방의 이상을 적극 주장했다. 두 사람은 에코로파 탄생을 주도했던 '시민주도 환경보호 전국연합'에 참여하고 있었으며 적극적으로 유럽 단위의 연대 활동에 참여해 왔다.

켈리는 유럽의회 선거에 참여하는 유럽의 녹색정치 세력에게 보내는 서한을 통해 "이번 선거전은 유럽 대륙의 개조를 위한 것이다. 나는 탈중앙화, 탈핵, 탈군사화를 이룩하는 부드러운 유럽을 위해 싸우겠다"고 밝힌다. 또한 그는 유럽이 지역과 인간을 위한 공동체가 되어야 한다고 주장한다. 켈리와 폭트는 프랑스, 네덜란드, 이탈리아 후보들과 함께 '점진적으로 유럽의 민족국가를 해체하고 유럽경제공동체를 환경 민주주의로 대체하자'라는 내용의 공동의 결의안을 발표한다. 그런데 이는 녹색정치연합 내에서 논란을 불러일으켰다. 앞에서 내세운 주장과 달리 실제 녹색정치연합의 공식적인 공약의 상당수는 민족국가의 해체나 새로운 체제로의 전환 같은 것이 아니라, 유럽연합에서 추진할 정책에 관한 구체적인 내용이 주를 이루었기 때문이다. 생산량이 적은 생태

농업에 대한 소득 보전 같은 내용이 대표적이다.

결국 녹색정치연합은 의석 획득을 위한 최소 기준인 5% 득표에 실패했으며, 이탈리아의 3명을 제외하면 선거 기간 중 연대했던 다른 나라의 녹색정치 세력 또한 유럽의회에서 의석을 얻지 못한다. 하지만 독일의 녹색정치연합은 자국의 규정에 따라 3.2% 득표율에 대한 선거비용 약 450만 마르크를 보전받을 수 있었다. 켈리와 폭트는 이 돈의 일부로 선거자금을 보전받지 못한 프랑스의 동료들을 지원하고, 나머지 돈으로 유럽의회가 있는 프랑스의 스트라스부르Strasbourg에 사무실을 열어 녹색 세력의 유럽 네트워크를 만들자고 주장한다.

아쉽게도 두 사람의 의견은 받아들여지지 않았다. 녹색정치연합의 지도부는 이미 유럽의회 선거를 준비하는 과정에서 1980년으로 예정된 서독 연방의회 선거를 고민하기 시작했기 때문이다. 그렇지만 유럽의회 선거를 위한 녹색정치연합의 경험은 독일 전역에 흩어져 있던 생태환경운동 세력과 정치 세력에게 서독 전체를 대표할 녹색당의 필요성과 가능성을 생각할 수 있도록 만들었다. 결국 유럽의회 선거에서 보전받은 돈은 1980년 서독 녹색당 창당을 위한 자금으로 쓰인다.

독일 통일과 유럽연합의 출범

1980년 1월 서독 녹색당의 공식 창당과 함께 녹색운동 세력의 주무대는 국내 정치로 옮겨왔다. 녹색당 창당과 연방의회 선거 준비에 몰두하며, 유럽공동체에 대한 관심은 자연스럽게 줄어들었다. 개별 국가의 해체와 시민 중심의 유럽연방이라는 이상을 가진 페트라 켈리가 녹색당의 공동 대표가 되었지만, 유럽공동체에 대한 분명한 정책적 활동은 보이지 않았다. 켈리는 서독 녹색당이 선거에 참여하는 것을 제외하고는 미래 유럽공동체에 대한 명확한 입장이 없다며 비판했다.[9]

하지만 서독 녹색당에게도 유럽 문제는 평화외교 정책 차원에서 중요한 위치를 차지한다. 서유럽과 동유럽의 군사적 대결을 중단시키고, 군비 축소와 평화를 위한 유럽 국가들 사이의 합의를 위해선 '유럽' 그 자체에 대한 고민이 필요하기 때문이다. 특히 녹색당은 군사 동맹인 나토가 동서 냉전을 강화하고 경쟁적 군비 확장과 핵무기 배치를 압박하는 원인이라고 보았다. 이는 1989년 베를린 장벽이 무너지기 전까지 서독 녹색당이 가졌던 유럽의 상황에 대한 문제의식이었다. 군비 경쟁과 핵무기 배치에 대한 분명한 반대 입장은 녹색당이 1983년 연방의회 선거에서 5.6%의 득표를 얻으며 처음으로 연방의회 진출에 성공한 주요 원인 중 하나로 언급된다.[10]

물론 동서 냉전의 극복과 군사적 긴장관계 없는 평화로운 유럽이라는 지향은 서독 녹색당만의 것은 아니었다. 제1, 2차 세계대전을 겪은 유럽 국가들 사이에서 유럽 전체를 아우르는 기구를 만들려던 시도 자체가 그러한 이상의 표현이었다. 그러나 서유럽 국가 간의 경제 협력을 중심으로 만들어진 기존의 유럽공동체는 동유럽 진영과 군사적 긴장감을 높이던 나토 회원국을 중심으로 하였기에, 독일을 포함한 유럽 각국의 녹색당들은 여기에 비판적이었다. 1989년 사회주의 진영이 몰락하고 1994년 유럽연합이 탄생하기 전까지, 이들은 기존 유럽공동체에

대한 비판적 입장을 가지고, 동서 대립 관계를 극복한 평화로운 유럽의 탄생을 촉구했다.[11]

비록 1980년대 유럽의회에는 소수의 국가만이 참여한 데다 그 역할 또한 한정적이었지만, 유럽의회는 유럽 녹색당들이 연합할 수 있는 기반이 되었다. 1979년 선거를 통해 이미 협력 관계를 마련한 유럽 녹색 세력은 1984년 선거에서도 공동의 선거운동을 펼치며 유럽의회 진출에 성공한다. 서독 녹색당은 8.2%를 득표해 7석의 의석을 얻었으며, 네덜란드와 벨기에 녹색당도 각각 2석을 차지했다. 이들 세 나라의 녹색당 의원들은 다른 나라의 좌파 대안 정당 의원이나, 선거연합을 통해 당선된 의원들과 원내교섭단체를 구성했다.

1989년 유럽의회 선거에서는 서독, 프랑스, 이탈리아에서도 녹색당이 선전하면서 전체 30명의 녹색당 의원들이 모여 단독으로 유럽의회에서 원내교섭단체를 구성한다.[12] 당시 영국 녹색당은 14.9%로 유럽 녹색당 가운데 가장 높은 득표를 얻었지만, 영국의 선거 제도 때문에 단 한 석도 얻지 못한다. 그래서 녹색당 원내교섭단체는 영국 녹색당의 성과를 인정하는 의미에서 영국 녹색당에 참관 자격을 부여하기도 했다. 또한 1993년에는 유럽의회 녹색당 원내교섭단체가 당시 유럽공동체 회원국이 아닌 유럽 국가의 녹색당들과 '유럽 녹색당 연합european federation of green parties'을 결성한다. 1994년부터 시작되는 유럽연합 체제를 대비한 것이다.

동유럽 사회주의 진영의 붕괴와 유럽연합의 탄생은 유럽 지역 녹색당에게 정치공동체로서 유럽에 대한 새로운 전망을 요구했다. 서유럽 중심의 경제공동체였던 유럽공동체와 다르게 유럽연합은 동유럽을 포함한 유럽 대륙 전체로 확장된 정치공동체를 상상하게 만들었다.[13] 1994년 유럽의회 선거를 위한 유럽 녹색당 공동 선언문은 유럽연합의 탄생이 유럽 국가들 사이의 결속과 평화를 위해 새로운 전기를 마련했다고 밝힌다. 선언문은 "비록 유럽연합 회원국들이 지금까지는 각국의 이익만을 대변했지만, 이제는 민주적이고 하나로 결속된 유럽을 만들 기회"라고 말한다.

특히 독일 녹색당에게도 동유럽 사회주의 체제의 붕괴와 유럽연합의 탄생은 유럽 정책을 포함한 큰 틀에서 당의 노선이 변하는 전기가 되었다. 독일은 동유럽 붕괴와 동서독 통일을 추진하는 과정에서 유럽연합의 탄생을 자극하고 주도하였다. 서독의 헬무트 콜 총리는 통일을 추진하며 서방의 다른 국가들에게 통일에 대한 승인을 받는 조건으로 정치공동체로서 유럽의 강화를 약속했다. 제2차 세계대전 패전국인 독일이 서독과 동독으로 분단되어 각각 정부를 수립하는 과정에서 대부분의 주권은 회복됐지만, 통일 문제는 전후 조약에 의해 당시 승전국이었던 미국, 영국, 프랑스, 소비에트연방에게 책임과 권리가 있었다.

이때 영국과 프랑스는 독일 통일에 부정적이었다. 당시 유럽공동체의 주요 회원국이었던 영국, 프랑스, 이탈리아는 모두 약 6,000만 명 정도의 인구를 가졌는데, 통일이 되면 독일 인구는 약 8,000만 명이 되어 유럽에서 러시아 다음으로 인구가 많은 국가로 자리매김할 수 있었다. 게다가 서독의 막강한 경제력을 생각하면, 유럽의 다른 국가들에게 독일 통일은 국가 간 힘의 균형을 깨뜨리는 우려할 만한 일이었다.

헬무트 콜 총리는 독일의 통일을 영국과 프랑스에게 승인받고, 다른 서유럽 국가들의 지지를 확보하기 위해 유럽의 통합과 유럽연합의 탄생을 강하게 추진한다.[14] 결국 1990년 10월 3일 독일은 통일을 이룬다. 그리고 1991년 12월 벨기에와 독일의 국경과도 가까운 곳에 위치한 네덜란드의 소도시 마스트리히트에서 마스트리히트 조약Treaty of Maastricht으로 불리는 '유럽연합 조약Treaty on European Union'이 체결된다. 유럽공동체 12개국 대표가 경제-통화 통합, 공동 외교 안보, 내무-사법 분야에서의 정치적 통합 실현이라는 세 가지 큰 줄기를 담은 조약에 서명하면서 유럽연합의 탄생이 결정된 것이다.

콜 총리는 1992년 열린 기민당 전당대회에서 "우리에게 유럽의 발전은 일상적 정치 문제 중 하나가 아니다. 유럽은 독일에게 운명의 문제다"라는 유명한 발언을 남긴다. 이 자리에서 그는 유럽이 정치적, 경제적 통합을 이룰 것인가, 다시 과거의 국가적 경쟁 상태로 떨어질 것인가가 마스트리히트 조약에 대한 논의의 핵심이라고 이야기한다. 조약 비준을 위한 연방의회 투표를 앞둔 시점이었다.

독일에게 유럽연합은 제1, 2차 세계대전을 일으켰던 과거를 극복하고 유럽의 다른 국가와 평화로운 관계 속에서 통일 국가의 발전을 담보하는 길이었다. 1992년 12월 2일 독일 연방의회는 마스트리히트 조약을 비준했다. 543명의 의원이 찬성표를 던졌고, 반대는 17표에 불과했다. 인준 직후 새롭게 만들어진 기본법 제23조는 독일이 유럽연합의 발전에 기여해야 하는 의무를 명시하고 있다. 원래 기본법 제23조는 기본법의 적용 범위를 서독의 영토 내부로 규정하는 조항으로, 통일 이후 삭

제되었다가 수정되어 부활한 셈이다.[15]

녹색당의 혼란과 변화

그런데 독일의 통일과 유럽연합의 탄생은 독일 녹색당에게 혼란을
가져왔다. 우선 서독 녹색당은 통일에 부정적이었다. 서독 녹색당에는
동독과 동유럽의 사회주의 체제를 지지하는 당원들이 있었으며 그들
은 통일보다는 동독과 서독이 두 국가 체제로 유지되기를 바랐다. 서독
녹색당이 통일 직후에 치러진 연방의회 선거에서 "모두가 통일 독일에
대해 이야기하지만, 우리는 날씨에 대해 이야기한다"라는 구호를 내세
운 이면에는 이러한 사정도 있었다. 하지만 서독 녹색당은 선거에서 처
참하게 실패한다. 통일에 대한 기대가 컸던 사회적 분위기를 읽지 못했
던 것이 주된 원인이었다.[16]

유럽연합의 출범에 대한 서독 녹색당의 입장 또한 논쟁적이었다.
연방의회에 진출하지 못했던 서독 녹색당은 1992년 7월 전국위원회에
서 마스트리히트 조약을 반대하며 조약 비준에 대한 국민투표를 요구
하는 결의안을 통과시킨다.[17] 그들이 조약에 반대한 이유는 과거 유럽
공동체보다 거대하고 국내 정치에 많은 영향력을 가진 유럽연합이 탄
생할 경우 지역 단위의 민주주의가 더욱 약화될 것이라 우려했기 때문
이다. 유럽공동체의 환경 정책에 대한 불만 또한 반대의 중요한 이유였
다. 과거 유럽공동체의 환경 정책 기준이 독일보다 낮아서 독일에서 새
로 도입한 환경 정책들을 무효화시킨 사례가 있었다. 마스트리히트 조

약을 반대하는 당원들은 유럽연합의 탄생이 환경 문제를 더 악화시킬 것으로 생각했다.

하지만 해당 결의안에 대한 당 내부의 의견은 갈라졌다. 현실 정치를 중요시하는 당원들은 서독 녹색당 전국위원회의 결정을 강하게 비판한다. 특히 요슈카 피셔는 해당 결정을 "멍청한 짓"이라고 표현하며, 마스트리히트 조약 비준은 평화로운 유럽 건설을 추진할 것인지, 민족 국가 간의 대립을 강화할 것인지 결정하는 거대한 분기점이기에 세부 내용에 대한 비판은 핵심이 아니라고 주장했다.

이런 상황 속에서 1993년 서독 녹색당과 동독 녹색당의 합당은 독일 녹색당에 중요한 전환점이 되었다. 베를린 장벽이 무너진 뒤 탄생한 동독 녹색당은 현실 정치에 더 친화적이었다.[18] 동독 녹색당은 1990년 연방의회 선거에서 서독 녹색당과 달리 6.2%를 득표하며 8석을 차지하였고, 소속 의원 일부는 마스트리히트 조약 비준 투표에서 찬성표를 던졌다. 그중 게르트 포페Gerd Poppe 의원은 조약에 담긴 서유럽 경제 통합에 대한 내용이 민주주의를 훼손할 위험성도 있지만 개선과 변화의 가능성 역시 보이기에 조약에 찬성한다는 입장을 밝힌다. 그는 분명 조약에는 비판할 여지가 많지만, 지금 조약을 승인하지 않는 건 유럽을 위험하게 할 것이라고 주장했다.

서독 녹색당과 동독 녹색당의 합당으로 독일 녹색당의 공식 명칭은 '동맹 90/녹색당'이 되었다. 동독 녹색당이 참여했던 선거연합의 이름을 따른 것이다.[19] 두 조직의 합당과 함께 1990년 연방선거에서 서독 녹색당의 선거 실패, 독일의 통일, 유럽연합의 탄생과 같은 경험은 녹색당에게 국내 및 유럽 정치에 대한 새로운 시각을 요구했다. 그만큼 1993년 합당을 통해 만들어진 새로운 녹색당 강령은 과거보다는 현실 정치에 가까웠다. 그 후로도 녹색당은 시대적 상황의 변화 및 현실 정치와의 관계 속에서 조금씩 변화했다. 유럽연합에 대한 입장도 마찬가지였다.

유럽연방을 이야기하다

유럽연합에 대한 녹색당의 입장과 경험은 2000년을 전후해서 많은 변화를 겪는다. 1998년 녹색당이 사민당과의 연정을 통해 연방정부에 참여한 경험이 특히 중요했다. 유럽연합은 직선제 선거를 통해 유럽의회 의원들을 별도로 선출하지만, 현실적으로는 회원국 각 부서 장관들의 협의체인 각료이사회나 정부 수반들의 협의체인 유럽이사회European Council의 역할이 매우 중요하다. 따라서 녹색당의 연정 참여는 유럽연합의 정책에 녹색당이 더 많이 참여할 수 있는 기회가 되었다. 유럽연합이 교토의정서[20]를 인가하고 실행 규정을 만드는 협상을 하는 일에, 녹색당 소속 환경부 장관인 위르겐 트리틴이 참여한 것은 대표적 사례이다. 공교롭게도 당시 독일 뿐 아니라, 이탈리아, 핀란드, 프랑스, 벨기에의 환경부 장관이 모두 각국의 녹색당 소속이었다.

이때는 유럽헌법 제정을 위한 논의와 협상이 진행된 시기이기도 하다. 역시 녹색당 소속 외무부 장관이었던 요슈카 피셔는 유럽헌법 제정에 적극적인 목소리를 냈으며, 그가 2000년 훔볼트 대학에서 한 유럽의 최종 발전 단계에 관한 연설은 유럽헌법 제정에 대한 논의를 확장하는 데 기여했다는 평가를 받는다. 피셔는 중부 유럽과 동유럽 국가의 참여를 통해 회원국의 비약적인 증가가 예상되던 상황에서, 유럽공동체가 정치적 능력을 유지하고 시민들에게 인정받기 위해서는 결정적인 구조 변화가 필요하다고 주장했다.[21] 그는 헌법 제정을 통한 새로운 유럽공동체 창립을 촉구했다. 유럽연합이 국가 연합체를 넘어 헌법과 의회를 중심으로 한 독일과 같은 하나의 연방이 되어야 한다는 것이다.

피셔의 주장처럼 유럽연합을 유럽연방으로 발전시키는 논의는 아직 진행되지 않았다. 하지만 유럽연합은 2001년 유럽헌법에 대한 논의를 시작했다. 그리고 다양한 논의와 합의 끝에 2003년 유럽헌법 초안이 마련되었고, 2004년 6월에는 회원국 정부 간의 합의가 완료되었다. 합의된 헌법안에는 유럽연합의 다양한 결정 방식에 대한 개혁안이 담겨 있으며, 여기엔 유럽연합을 대표하는 외무부 장관직 신설 또한 포함되었다. 유럽의회가 유럽연합의 정책 대부분에 공동결정 권한을 갖게 하자는 것도 주요 내용으로 포함되었다. 유럽헌법은 각 정부의 비준이 완료된다면 2006년 11월부터 효력을 가질 예정이었지만, 프랑스와 네덜란드 국민투표에서 비준이 부결되면서 무산되었다.

그 후 유럽연합의 회원국 숫자는 계속 증가했지만, 회원국 내에서 반유럽연합 세력과 극우주의자들의 영향력 또한 증가했다. 큰 틀에서 구조적 변화를 이루지 못한다면 유럽연합은 다시 민족국가 간의 대결 상태로 떨어질 것이라는 피셔의 경고가 현실로 나타나는 듯하다. 이는 유럽연합의 존재뿐 아니라 각 국가의 민주주의와 법치주의를 위협하는 것으로 보이며, 유럽 공동의 기후변화 대응이라는 시급한 정책 마련에도 방해가 되는 요소다.

2020년 개정된 녹색당 강령은 피셔가 이야기한 유럽연방에 대한 이상을 공식적인 당론에 포함시켰다. 강령 제5장 '민주주의의 강화'는 유럽연합이 점차 하나의 연방 국가로 확대 발전하는 것이 전 지구적인 협력을 요구하는 현재의 도전 앞에서 유럽의 정치적 실천 능력을 강화하는 길이라고 말한다. 녹색당이 그리는 유럽연방에서는 회원국이 각자의 독립적 성격을 유지하면서도 중요한 정치적 결정 가운데 일부에 대해서는 개별 국가가 아닌 연방 단위에 결정 권한이 있다. 핵심은 연방 단위의 결정 과정에 시민들의 민주적인 참여가 보장되고, 이를 통해 유럽연합의 시민들이 자신들의 정체성에 유럽연방을 분명히 자각하는 것이다.

2021년 독일 연방의회 선거를 통해 탄생한 사민당-녹색당-자민당 정부는 연정합의서에서 유럽헌법 제정과 유럽연합을 연방으로 발전시키는 것을 목표로 표명했다. 이는 다른 나라와의 합의가 필요할 뿐만 아니라, 내부적으로도 많은 설득이 요구되는 사안이다. 따라서 유럽연방을 향한 정책이 실제로 추진될지는 미지수다. 다만 연정합의서에는 유럽연방에 대한 내용 외에도 유럽 정책에 대한 내용이 다수 포함되어 있다. 이제는 거의 모든 분야에서 독일 정치와 유럽 정치가 연결되어 있다.

공교롭게도 이번 정부에서 녹색당은 외무부 장관직을 포함하여, 기후위기 문제를 다루는 경제기후부와 환경부 그리고 유럽연합의 재정 지출 중 가장 큰 비중을 차지하는 농업부 장관직 또한 맡았다. 모두 유럽연합 차원의 정책적 사고가 필요한 부서들이다. 녹색당은 새로운 연정 참여를 통해 다시 한 번 유럽연합의 발달과 정책 결정 과정에 깊이 관여하여, 유럽연합에서 결정된 정책에 따라 독일 국내 정책을 조율하고 발전시켜야 한다. 이들의 노력과 성과에 따라 유럽연방이 한 걸음 더 현실로 다가올지 모른다.

10장 · 정당 내 민주주의 정책

우리에서부터, 모두를 위임

지방자치에서 시작하다

독일은 연방제 국가로 16개 주로 구성된다. 4년에 한 번씩 열리는 연방의회 선거Bundestagswahl를 통해 구성된 연방의회와 연방정부에서 국가의 중요한 법안이 만들어지고 집행된다. 또한 16개 각 주는 5년마다 열리는 주 의회 선거Landtagswahl 및 기초의회 선거Kommunalwahl를 통해 독자적으로 의회를 구성해 지방자치를 실현한다.[1] 연방정부와 연방의회, 즉 하원에서 각 주에 관한 주요 법안을 결정할 때는 연방상원의 동의가 필수적인데, 상원의원은 16개 각 주에서 인구수 비례로 3~6명까지 대표를 파견하여 총 69명으로 구성한다.

16개 주는 독자적으로 의회를 구성할 뿐만 아니라 고유한 헌법과 주법을 가지기 때문에 주별로 독립적인 헌법재판소를 통해 자체 헌법 관할권을 가진다. 또한 연방과 주 사이에 헌법 분쟁이 발생하거나, 혹은 각 주 간에 발생한 분쟁이 연방행정재판소 등에서도 해결되지 않은 경우에는 연방헌법재판소가 이를 심판한다.

연방제의 특징은 정당 구조에서도 잘 나타난다. 독일의 주요 정당은 연방Bund 단위부터 가장 작은 게마인데Gemeinde 단위까지 조직을 갖추고 있다. 이 조직들이 연방·주·기초의회 선거에 참여해 지역을 대표하는 연방의원과 해당 지방자치를 담당할 대표자들을 배출한다. 독일 녹색당은 16개 주 녹색당 위원회Landesverbände와 440개 기초위원회Kreisverbände, 1,800개 지역 모임Ortsverbände으로 구성된다.[2] 각 지역 모임은 분권화 원칙에 따라 광범위한 자치권을 가진다.

매년 각 기초위원회에서는 당원 수를 기준으로 대의원을 선출하는데, 이 대의원들이 참여하는 전당대회BDK: Bundesdelegiertenkonferenz가 매년 개최된다. 전당대회는 당내 최고 의사결정 기관으로서 강령, 당헌, 당규 같은 당내의 중요한 원칙을 결정할 뿐만 아니라 2년에 한 번씩 당 대표단Bundesvorstand, 또는 연방집행위원회[3]을 선출하고, 연방의회 선거와 유럽의회 선거를 앞둔 시기에는 주요 의제와 선거 공약 등을 결정한다. 녹색당은 창당 이후 총 세 차례 강령을 개정했는데, 전당대회 전 지역당에서 모은 수정 안건들을 대의원의 투표를 통해 최종 결정하는 방식이었다.

전당대회를 통해 당의 중요한 핵심 가치와 프로그램, 선거 공약 등을 결정하는 일은 쉽지 않은 일이다. 실제 그 과정에서 당내 갈등이 발생기도 하고 많은 당원들이 녹색당을 떠나기도 했다.[4] 창당 이후 몇 년이 지나지 않아 녹색당은 주 단위에서 연립정부를 구성할 파트너로 고려되기 시작했다. 그러면서 다른 정당과 협상과 타협을 통해 연립정부에 참여할 것인가를 놓고 당내 좌파 근본주의자 그룹과 실리 정치를 추구하는 현실주의자 그룹의 갈등이 심했다.

또한 1991년 구유고슬라비아 전쟁이 발발한 이후 녹색당은 독일이 군사력을 동원해 전쟁에 개입할 것인가를 두고 뜨거운 논쟁을 진행했다. 1993년 6월 열린 녹색당 전국위원회에서는 집단 학살의 위협을 받는 보스니아 민간인을 보호하기 위해 군사력을 사용할 것을 요구하는 결의안을 통과시켰다. 하지만 전당대회에서는 대의원의 압도적인 다수가 보스니아 내 무슬림 집단 학살을 인정하는 결의안에는 지지하면서도 군사적인 개입은 거부했으며, 당시 많은 평화주의자 당원들은 이 결의안에 격렬히 반대하고 당을 떠나기도 했다. 이렇듯 여러 차례 큰 진통을 겪었지만 전당대회는 지금도 녹색당의 세부 정책 및 선거 공약을 결정하는 가장 중요한 의사결정 기관이다.

지난 40여 년간 당원과 의회 정치인이 증가하면서 녹색당의 구조도 기능별, 의제별로 세분화되었다.[5] 16개 주의 대표와 녹색당 내 주요 조직 대표들로 구성된 전국위원회Länderrat는 전국당과 지역당, 연방 및 주 의회 그룹 간의 작업을 조정하는 역할을 담당한다. 전국위원회는 연방과 지역의 이슈와 의제들을 하나로 모아 매년 열리는 전당대회에서 나눌 안건 등을 결정한다. 1998년 새로 생긴 당위원회Parteirat는 당대표 2인과 사무총장 그리고 전당대회에서 선출된 13명으로 구성되며, 적극적으로 당의 방향과 의제를 결정하는 역할을 담당한다.

더하여 유럽연합의 중요성이 커지면서 유럽의회 원내교섭단체 Europafraktion를 비롯해, 1994년 청년녹색당 창당 이후로 청년녹색당 연방위원회Grüne Jugend Bundesverband도 중요한 조직으로 자리 잡았다. 특별히 전국위원회와 같은 구성을 지닌 여성위원회Frauenrat는 여성으로만 이루어진 조직으로, 당내 여러 단위 및 조직 운영과 의제별 그룹에서 필요한 여성주의 정책을 조정하고 결정하는 역할을 한다. 실질적인 녹색당의 여성 정책 개발은 연방실무 그룹BAG: Bundesarbeitsgemeinschaften 소속 여성정책위원회BAG Frauenpolitik에서 담당한다. 여성정책위원회는 여성할당제뿐만 아니라 페미니즘 관점에서 경제이론 및 정책, 노동 및 사회 정책, 평등법 등을 구상하고 만들어내는 역할을 담당한다. 연방실무 그룹은 녹색당의 강령에 부합하는 의제별 정책을 만들어내는 싱크탱크 역할을 담당하는데, 여러 전문 기관들과 협력해 의제별 정책을 뒷받침하는 개념과 전략을 개발한다.

권력이 집중되지 않도록 하라

녹색당은 창당 초부터 지금까지 풀뿌리 민주주의를 중요한 가치로 삼는다. 1980년 첫 강령부터 "풀뿌리 민주주의는 공공의 의사결정에 가능한 많은 사람들의 목소리가 대변될 수 있도록, 직접민주주의 구현을 확대하는 것을 의미한다"고 밝히며, 스스로를 '반정당의 정당'으로 자리매김한다. 정치권력은 정당을 기반으로 당원들의 지속적인 통제를 받아야 하며, 권력이 특정 인물에게 집중되거나 이를 통해 전문화된 엘리트 정치인이 양성되는 것을 방지해야 한다는 입장이었다. 녹색당은 당내 풀뿌리 민주주의를 정치의 전문화, 집중화를 막는 제도적 장치라고 보았다.

대표적인 것이 주요 당직 및 공직에 대한 2년 '순환임기제'였다. 2년마다 당내 주요 직책을 교체하여 직권남용과 권력 집중을 방지하고자 하는 시도였다. 녹색당은 이 제도를 연방의회에 진출한 이후에도 동일하게 적용하려 시도한다. 1983년 3월 연방의회 선거에서 녹색당은 정당득표율 5.6%를 기록해 총 28명의 연방의원(비례대표)을 배출했는데, 이 의원들은 전체 4년 임기 중 2년만 의정 활동을 하고, 자신의 임기를 당내 다음 후보에게 넘겨주려 했다. 가능한 많은 사람들이 의정을 경험하도록 하기 위한 것이다. 하지만 2년이라는 기한으로는 연속성 있는 의정 활동이 어렵다는 당내 의견, 녹색당 비례명부 순으로 다음 후보가 연방의원으로 교체되는 방식이 기본법 위반에 해당한다는 비판이 제기되었다. 결국 녹색당의 2년 순환임기제는 1986년 4년 순환임기제로 대체되었다가 1991년에는 폐지되었다. 그렇지만 보통 1인이 4년 내내 원내대표를 역임하는 다른 정당과는 다르게 녹색당은 매년 원내대표를 새로 임명해 왔다.

순환임기제와는 달리 당직과 공직을 동시에 수행할 수 없도록 만든 '겸직금지제'는 창당 초부터 현재까지 이어진다. 이는 녹색당 내 주요 당직자가 연방정부 및 주 정부, 연방의회와 주 의회 주요 요직을 겸직할 수 없도록 한 것으로 권력 집중을 막기 위한 제도적 장치였다. 다른 정당의 주요 정치인들이 당대표와 주요 공직을 겸임했던 것과는 다른 방식이었다.[6] 실제로 1983년 연방의원이 된 페트라 켈리가 당대표격인 대변인[7]에서 물러나고, 새로운 인물이 대변인으로 선출되었고, 35년이 지난 2018년 1월 당대표로 선출된 로베르트 하벡도 8개월 유예 기간을 거쳐 같은 해 8월 슐레스비히-홀슈타인 주의 환경부 장관직을 사임해야 했다. 2018년 당대표로 선출된 배어보크와 하벡이 각각 새 정부의 외교부 장관, 경제기후보호부 장관이 되자 녹색당은 새로운 당대표

2인을 선출한다.

녹색당의 겸직금지제는 중간에 변화를 겪었다. 녹색당이 각종 선거에서 이겨 당내 활발하게 활동하는 정치인들이 각 주와 연방의회의 정부에 참여하기 시작하면서, 겸직금지 조항으로 인해 당내 주요 직책을 사퇴해야 하는 경우가 많아지자 겸직금지제에 대한 수정 요구가 나온 것이다. 이에 대해 기성 정치와 정치인에 대해 불신하는 의견, 권력은 집중되면 안 된다는 금기 문화를 깨고 당내 정치인들에게 신뢰를 주자는 의견, 실력 있는 정치인을 양성하자는 의견, 의회 정치에 발 빠르게 대응할 수 있는 당내 힘을 기르자는 의견 등등이 모여 전당대회에서 몇 차례 겸직금지 조항 폐지를 표결에 부쳤지만, 대의원 3분의 2 이상의 찬성을 얻어내지 못한다.[8]

2003년 녹색당은 1993년 동독과 서독 녹색당의 합당을 결정하는 첫 전 당원 투표 이후 두 번째로 전 당원 투표를 진행했다. 투표 결과 그동안 엄격하게 당직과 공직을 금지했던 규정을 완화해 당대표단의 3분의 1까지 연방의회 의원직을 수행할 수 있도록 한다. 이어 2018년에는 규정을 조금 더 완화해 당대표단 3분의 2까지 연방의회 의원직을 수행하도록 했다. 하지만 여전히 녹색당 당대표단은 각 주와 연방의 행정부 구성원이 될 수 없다.

여성정치인,
여성당원 비율이 높은 이유

녹색당은 남성 중심의 오랜 독일 정치에 여성을 전면에 내세우는 정당으로 등장했다. 녹색당의 전신이었던 전국 단위의 선거연합인 기타 정치연합SPV: Sonstige Politische Vereinigung은 1979년 6월 열린 유럽의회 선거에서 페트라 켈리를 정당명부 1번 후보로 내세우며 선거에 참여했고, 페트라 켈리는 녹색당 창당 이후 당대변인 3인 가운데 1명으로 선출되었다. 독일 정당 역사상 여성이 당대표가 된 첫 사례였다.

그럼에도 초기 당대표단과 원내대표단에 여성 비율이 높지 않은 상황이 이어지자, 1986년 녹색당은 당내 모든 기구 구성원에 최소 50%가 여성이어야 한다는 여성정족제를 도입한다. 당 내외 모든 선출직 후보 1번에 여성을 우선적으로 배치하면서, 이후 순서에서도 여성을 홀수 번호에 두어 가능한 여성에게 더 많은 의석이 할당되도록 했다. 1993년 서독의 녹색당과 동독의 녹색당이 합당한 이후에는 당대표와 원내대표를 공동대표 체제로 전환하는데, 1명 이상은 꼭 여성을 포함하도록 했다. 이는 그동안 어느 정당에서도 찾아볼 수 없는 파격적인 제도였다.

원래 당대표와 원내대표를 비롯해 모든 당내 기구에서 대표를 공동대표 2인 체제로 운영한 것은 창당 초기 근본주의자와 현실주의자 그룹 모두를 대표하려는 시도였다. 녹색당은 이 제도를 통해 기존 남성 중심의 권력 집중을 방지하고자 한 것이다. 녹색당의 당내 제도는 다른 당에도 영향을 미쳤는데, 2007년 사민당에서 분리되어 창당한 좌파당은 2010년부터는 구동독 출신과 여성을 포함하는 2인 당대표 체제로 전환했으며, 사민당도 2019년 150년 역사상 처음으로 2인 당대표 체제로 전환하면서 그중 1명은 반드시 여성을 포함하도록 했다. 사민당은 "남녀 공동 체제가 우리 사회의 다양성을 더 잘 포함하는 것이며, 남녀가 함께 힘을 모아야 평등을 이룰 수 있을 것이다"라고 말했다.

연정 참여와 집권 가능성을 가늠하기 시작한 1998년 연방의회 선거부터 녹색당은 다른 정당들과 마찬가지로 선거를 대표하는 최고후보[9]를 세운다. 그때까지 녹색당은 특정 인물 중심이 아니라 정당을 홍보하는 방식으로 선거에 참여했다. 하지만 2002년 연방의회 선거부터는 외무부 장관을 맡았던 요슈카 피셔를 최고후보로 선출하고, 그의 사진을 담은 포스터로 선거 캠페인에 임한다. 녹색당은 2009년 선거부터 최고후보를 여남 2인으로 선출하여 이를 홍보했으며, 녹색당 최초로 총리후보를 배출한 2021년 선거에서는 당시 공동 당대표인 배어보크와 하벡 간의 합의를 통해 여성인 배어보크를 최종 총리후보로 세워 선거를 치뤘다.

여성의 평등한 정치 참여를 보장하고 정치에서 여성과 남성의 균형 잡힌 비율이 달성될 때까지 여성정족제를 실행하겠다는 녹색당의 목표는 현재 진행형이다. 녹색당은 독일 정당들 중 가장 많은 여성 의원 비율과 여성당원 비율을 보유한다. 2019년 기준 독일 정당 내 여성 비율은 녹색당이 41%로 가장 높다. 다른 정당들의 경우는 좌파당 36.4%, 사민당 32.8%, 기민당 26.5%, 자민당 21.6%, 기사당 21.3%, 독일을 위한 대안당 17.5%이다. 2022년 제20대 연방의회에서 각 정당별 여성의원의 비율 또한 녹색당이 59.3%로 가장 높다. 다른 정당들은 좌파당 53.8%, 사민당 41.7%, 자민당 25%, 기민/기사당 연합 23.4%, 독일을 위한 대안당 13.8%이다.

젊은 세대와 함께하는 정당

독일은 모든 선거에서 18세 이상에게 선거권과 피선거권을 부여하며, 일부 주에서는 주 의회 선거와 기초의회 선거에서 16세부터 투표할 수 있다.[10] 특히 다른 대부분의 정당은 십 대부터 정당 활동이 가능하도록 제한하는 반면, 녹색당에는 연령 제한 없이 가입할 수 있다. 현재 창당 이래 가장 많은 수의 당원을 보유한 녹색당은 당원의 평균 연령이 48세로 정당 중에서 가장 낮으며, 연방의회 내 의원들의 평균 연령도 42.5세로 가장 젊다.[11] 녹색당이 이렇게 젊은 정당일 수 있는 이유 중 하나는 청년녹색당의 존재다. 1994년 1월 하노버Hannover에서 전국 단위로 설립된 청년녹색당은 독립적인 조직으로 활동하다가, 2001년 공식적으로 녹색당의 하위 조직이 된다. 청년녹색당은 전체 녹색당과 마찬가지로 16개 주 위원회와 지역 및 지구위원회를 가지며, 2021년 11월 기준으로 28세 미만의 녹색당원 약 1만 6,000명이 활동 중이다.

매 선거 시 최연소 정치인을 배출하는 것도 녹색당의 특징이다. 2002년 제15대 연방의회 선거에서 녹색당의 안나 뤼어만Anna Lührmann, 1983년생은 당시 19세로 역사상 최연소 연방의원으로 당선되었고 이후 재선으로 8년간 재임했다. 뤼어만은 9세 때부터 국제 조직인 그린피스 Greenpeace 청소년 그룹에서 활동했으며, 14세 때 헤센 주 청년녹색당에 가입해 정치 활동을 시작했다. 마찬가지로 2016년 베를린 시의회 선거에서는 당시 19세던 녹색당 준 토미아크June Tomiak, 1997년생가 최연소 시의원으로 당선되었다. 토미아크 또한 15세부터 베를린 지역 청소년의회에서 활동하다 16세 때 청년녹색당에 가입해 녹색당 활동을 시작했다.

2021년 제20대 연방의회 선거에서 선출된 의원들 중 최연소 의원은 당시 23세인 녹색당 에밀리아 페스테르스Emilia Festers, 1998년생이다. 그는 14세 때부터 니더작센 주 힐데스하임을 중심으로 핵발전소에 반대하는 시위에 참여했으며, 17세 때 니더작센 주 녹색당과 청년녹색당에 가입해서 본격적으로 정치를 시작했다. 그는 2021년 선거에서 함부르크 비례대표명부 3번으로 출마해 당선되었다. 페스테르스 의원의 가장 큰 관심사는 기후위기 시대 인간의 실존적인 삶을 위협하는 기후변화를 막기 위한 효과적인 기후 정책이다. 자연보호를 위해 자신이 참여했던 곳에 항상 녹색당이 있었기에 자연스럽게 녹색당 활동을 시작했다고 말하는 페스테르스 의원처럼 녹색당은 십 대와 이십 대 청년들이 정치 활동을 할 수 있는 가장 열린 정치 집단이다.

조직적으로는 녹색당 내부에 자리하지만 청년녹색당은 많은 영역에서 전체 녹색당이 이야기하는 것보다 더 급진적인 입장을 가지고 의제 활동을 해 왔다. 기후 정책과 관련해 청년녹색당은 전체 녹색당이 설정한 탈핵, 탈석탄 시기보다 가능한 더 빨리 탈핵과 탈석탄을 이루고 에너지 전환을 해야 한다는 입장이다. 매년 대규모로 열리는 석탄발전소 가동중단운동에 많은 청년 당원들이 참여하며, 자동차 없는 도시 만들기, 자전거 도로 확대, 무상 대중교통 등은 청년녹색당이 진행 중인 주요 캠페인이다. 특히 청년녹색당은 페미니즘, 퀴어 정책, 반인종주의 및 반차별 정책, 친난민 정책과 같은 당내 주요 의제에 강력하게 힘을 싣는다. 청년녹색당에는 성소수자, 트랜스젠더, 외국인, 난민 배경을 가진 당원들이 함께한다.

2021년 사민당, 자민당과 함께 집권당이 된 녹색당은 실업자를 위한 재정 지원과 관련한 연정 협상 과정에서 당내 청년녹색당과 입장 차이를 좁히지 못했다. 녹색당과 청년녹색당 모두 장기실업자에게 지급하는 실업급여를 지금 수준보다 더 높여야 한다는 데 동의하지만, 청년녹색당은 녹색당이 제안한 50유로(약 6만 9,000원) 인상액보다 높은 200유로(약 27만 원) 인상, 재산 여부와 상관없이 지급되는 600유로(약 82만 원) 표준 급여를 주장했다. 결국 녹색당은 당내 투표를 통해 결정된 50유로 인상액으로 연정 협상에 나섰지만, 그것마저 받아들여지지 않았다.[12] 청년녹색당 대변인인 사라-리 하인리히Sarah-Lee Heinrich, 2001년생는 "나는 하르츠IV를 지급받는 가정에서 자랐으며, 생계 수준 이하로 산다는 것이 무엇인지, 고용센터를 두려워하는 게 무엇인지를 경험했다"라며 현 실업급여 제도로는 빈곤 문제가 해결되기 어렵다고 강력히 비판했다.

그런데 녹색당은 청년녹색당이라는 조직을 통해 젊은 당원들의 정치 참여를 장려하면서도, 청년할당제 같은 제도를 따로 두지 않는다. 청년 당원들도 당내 중요한 사안을 결정할 수 있는 대의원 권한이나 또는 선거 시 출마 자격을 얻기 위해서는 자신이 속한 지역 모임을 기반으로 선출되는 것이 원칙이다.

비례대표제,
소수정당이 사라지지 않을 정치

2002년 9월 연방의회 선거에서 슈트뢰벨은 베를린의 한 지역구에서 가장 강력한 사민당 경쟁 후보를 이기고 31.6%로 당선되었다. 1983년 녹색당이 처음 의회로 진출한지 20년 만의 지역대표 당선이었다. 같은 선거에서 베를린 다른 지역구에 출마한 레나테 퀴나스트는 아쉽게 낙선했지만 비례명부 1번으로 연방의원이 되었다. 독일 선거 제도에서는 선거 출마자가 지역구 후보와 비례대표 후보를 동시에 지원할 수 있다.

연방의회 선거가 있기 전 녹색당의 16개 주 위원회는 주별로 지역구 후보와 비례명부에 오를 후보자를 당원 투표를 통해 선출한다. 중앙 조직에서 후보를 지명하는 방식이 아닌 해당 지역당원들이 지역을 기반으로 활동하는 정치인을 후보로 세우는 풀뿌리 방식이다. 선거 한 해 전부터 녹색당의 가장 하위 단위인 지역위원회는 지역구를 대표하는 후보를 결정한다. 비례대표 후보의 경우 지역위원회에서 당원들의 투표로 결정된 비례명단이 주 위원회에 올려지고, 주 전역에서 올라온 비례대표 후보들을 최종 당원 투표를 통해 순서를 정한다. 여기서도 당연히 비례대표 1번은 여성 후보에게 주어진다.

독일 선거 제도는 1957년 연방의회 선거부터 '권역별 연동형 비례대표제'로 운영된다. 이 제도는 득표율과 의석율을 동일하게 만들어 유권자의 선택을 최대한 반영하고 의석을 공정하게 나눈다는 점에서 독일식 다당제의 기반을 제공한다. 소수정당을 지지하는 유권자가 사표를 걱정해 다른 정당에 표를 주고, 결국 소수정당이 매번 의석을 얻지 못하고 사라지는 것을 방지하는 장치이다.

독일의 권역별 연동형 비례대표제는 유권자가 해당 지역구 후보와 정당에 각각 한 표씩 행사하며, 전국에서 5% 정당득표율(봉쇄조항)을 넘은 정당에게는 주별 정당득표율만큼 주에 할당된 의석수를 먼저 배정하는 방식이다. 초기 녹색당에게는 최소 기준인 정당득표율 5%를 넘기는 일은 쉽지 않았다. 사실 전국적인 선거에서 소수정당이 정당득표율 5%를 넘는다는 것은 지금도 매우 어려운 일이다. 특히 통일 이후 구동독 지역에서는 녹색당이 정당투표에서 5%를 넘기 더욱 어려웠다. 메클렌부르크-포어포메른Land Mecklenburg-Vorpommern 주 녹색당은 2009년 연방의회 선거에서 처음으로 5.4%를 기록해 연방의원을 배출했지만 그 다음 두 번의 선거에서 3.8%와 3.6%를 기록해 해당 주를 대표하는 연방의원을 배출하지 못했다. 작센-안할트Land Sachsen-Anhalt 주 녹색당은 2021년이 되어서야 정당득표율 5.4%로 연방의원을 배출할 수 있었다. 녹색당이 오랫동안 5% 봉쇄조항을 없애자고 주장한 이유도 바로 여기에 있다. 실제로 일부 주에서는 주 의회 선거 또는 기초의회 선거 시 봉쇄조항을 3%로 낮춰 시행하거나 아예 봉쇄조항 없이 선거를 치른다.

독일의 권역별 연동형 비례대표제의 특징 중 하나는 매 선거마다 최종 선출 의원수가 바뀐다는 점이다. 통일 이후 독일 연방의회 정수는 지역구 299석, 비례대표 299석으로 총 598석이지만, 지난 2021년 제20대 연방의회 선거 결과 총 736명의 연방의원이 선출되었다. 이는 직전 제19대 연방의회보다 27개 의석이 늘어난 것이다. 9개 주에서 기민당, 사민당, 독일을 위한 대안당, 기사당이 정당득표율로 확보한 비례의석수보다 지역구 당선자 수가 많아 전국적으로 초과의석 34석이 발생했다. 이 초과된 의석수를 감안해 각 주별 정당 득표율과 비례하는 의석수를 보장하기 위해 전국적으로 총 104석의 보정의석이 발생한 것이다. 녹색당은 전국적으로 14.5%의 정당득표율을 기록하여 총 118명의 연방의원을 배출했다. 지역구에서 당선된 의원은 16명이고, 나머지 102명은 비례대표명부에서 결정됐다. 그중 24석이 보정의석이었다.

해당 선거에서 베를린 권역으로 예로 들면, 베를린은 기본적으로 총 598석 중 인구 비례에 따라 지역구 12석, 비례대표 12석 총 24석을 배정받는다. 선거 결과 녹색당은 베를린 내 정당득표에서 22.4%를 득표해 총 24석 중 6석을 확보했는데, 베를린 내 3개 지역구에서도 당선이 되면서, 나머지 3석을 비례정당명부에서 채울 수 있었다. 그리고 전국적으로 발생한 24개 보정의석 중 1개의 보정의석을 배정받아 결과적으로 베를린에서는 녹색당이 3명의 지역구 연방의원과 4명의 비례대표 연방의원을 선출한 것이다.

소수정당이었던 녹색당이 주 의회와 연방의회에 의원들을 꾸준히 진출시키고, 주 정부와 연방정부에 집권당으로 참여할 수 있었던 것은 이러한 선거 제도 때문이다. 이웃 국가인 영국과 프랑스 녹색당을 통해 설명하자면, 영국 녹색당GPEW: Green Party of England and Wales은 1985년 창당해 올해로 38년 역사를 가졌지만, 한국 같은 소선거구 단순다수제 선거 제도 아래 정치적 힘을 발휘하지 못하는 형편이다. 2010년 총선에서 이스트서식스East Sussex 주에서 녹색당 캐롤라인 루카스Caroline Lucas 후보가 최초로 지역구 하원의원으로 당선된 이래 지금까지 총 650석인 하원의석 중에 단 1석 만을 기록했을 정도다.

결선투표제를 실시하는 프랑스에서도 마찬가지다. 1984년 창당 이후 없어졌다가 2010년 재창당한 프랑스 녹색당EELV: Europe Écologie Les Verts은 2012년 총선에서 전통 좌파인 사회당Parti socialiste과 선거연합을 맺었다. 그 결과 5.46%를 기록해 총 17개 지역구 결선투표에서 상대후보를 이기고 최초로 하원의원을 배출했다. 하지만 단독으로 참여한 2017년 총선에서는 총 577석 중 단 1석밖에 얻지 못했다. 영국과 프랑스 녹색당의 실정은 기성정당들이 기득권을 가진 정치 지형에서 신생 소수정당이 얼마나 의회에 진출하기 어려운지를 단적으로 보여준다.

물론 비례대표제가 모든 소수정당의 의회 진출을 보장하진 않는다. 하지만 독일 녹색당은 권역별 연동형 비례대표제를 통해, 지역 주민의 목소리를 기초의회에서부터 주 의회, 나아가 연방의회까지 전달하기 위한 최적의 조직 구성을 갖춰왔다. 내가 사는 동네와 해당 정당에서 활발하게 활동하는 사람이 선거에 출마해 당선되고, 나를 대표해 지역정치를 하는 모습을 눈으로 확인한 사람들은 정치와 삶이 멀리 떨어져 있다고 생각하지 않는다.

녹색당은 내가 사는 지역의 자전거 도로를 늘리고, 내 아이가 다니는 유치원과 교사 들의 수를 늘렸으며, 동네 슈퍼마켓에서 플라스틱 용기와 비닐봉지 사용을 멈추게 했다. 현재 녹색당 당원 수는 약 12만 5,000명이지만 선거 시 녹색당에 표를 주는 유권자는 685만 명 이상이다. 지역을 기반으로 아래에서부터 위로 올라가는 풀뿌리 민주주의를 실현하고, 성별과 나이 등에 따른 차별과 차등을 철저하게 배제하는 수평적인 당내 문화를 유지하려는 노력은 녹색당을 계속 시대에 흐름에 발맞춰 나가는 젊고 매력적인 정당으로 만드는 원동력이다.

부록
독일 정치와 녹색당

1. 주요 정당

* 당대표 및 원내대표(2022년 5월 기준)
* 당원 수(2021년 12월 기준)

CDU

CSU ⚘

° **기독교민주연합(기민당)**

CDU | **Christlich-Demokratische Union**

창당 | 1945년 바트 고데스베르크에서 가톨릭 및 개신교 대표가 창당한 보수정당, 1870년 바이마르공화국 시대의 중앙당(Deutsche Zentrumspartei) 추종자 및 보수 신교주의자와 구교주의자들이 중심

특징 | 사유재산제와 사회적 시장경제 강화, 구동독지역 경제재건, 구주통합 적극 추진, 개인의 사회적 능력 향상, 남·녀 평등 현실화, 가족 보호, 세계의 자유·평화 지원

주요 정치인 | 헬무트 콜(Helmut Kohl), 앙겔라 메르켈(Angela Merkel)

당대표 | 아르민 라셰트(Armin Laschet)

원내대표 | 프리드리히 메르츠(Friedrich Merz)

당원 | 약 38만 4,000명

청년조직 | 요트우(JU: Junge Union ; www.junge-union.de)

정당재단 | 콘라드 아데나워 재단(Konrad-Adenauer-Stiftung ; www.kas.de)

홈페이지 | www.cdu.de

° **기독교사회연합(기사당)**

CSU | **Christlich-Soziale Union**

창당 | 1946년 바이에른 주에서 창당된 독일 내 보수 가톨릭 세력의 대표 정당

특징 | 창당 이래 기민당과 항상 제휴, 기민당의 자매정당으로서 기민당 집권 시 연립정부 구성에 참여, 농민층이 주요 지지 세력, 기본적으로 기민당과 유사한 정강과 이념 채택, 보수주의와 자유주의, 사회정의, '보다 작은 국가, 보다 많은 자유' 추구

주요 정치인 | 호르스트 제호퍼(Horst Seehofer)

당대표 | 마르쿠스 세데르(Markus Söder)

원내대표 | 프리드리히 메르츠(기민당과 원내 자매정당)

당원 | 약 13만 9,000명

청년조직 | 기민당 청년조직과 동일

정당재단 | 한스 자이델 재단(Hanns-Seidel-Stiftung ; www.hss.de)

홈페이지 | www.csu.de

° 사회민주당(사민당)

SPD | Sozialdemokratische Partei Deutschlands

창당 | 1879년 창당된 바이마르 사회민주당 근간, 1945년 쿠어트 슈마허(Kurt Schumacher)가 사회주의 노동당 등 사회주의적 군소정당 추종자를 규합, 결성(가장 오랜 역사를 가진 정당)

특징 | 사회적 민주주의로서 자유, 사회적 정의 및 연대, 노동자 권익 보호 등을 추구하는 중도좌파 정당

주요 정치인 | 빌리 브란트(Willy Brandt), 헬무트 슈미트(Helmut Schmidt)

당대표 | 자스키아 에스켄(Saskia Esken), 라르스 클링바일(Lars Klingbeil)

원내대표 | 롤프 뮈젠니히(Rolf Mützenich)

당원 | 약 39만 3,000명

청년조직 | 유소스(Jusos ; www.jusos.de)

정당재단 | 프리드리히 에버트 재단(Friedrich-Ebert-Stiftung ; www.fes.de)

홈페이지 | www.spd.de

° 연맹 90/녹색(녹색당)

die Grünen | Bündnis 90/Grünen

창당 | 1979년 유럽선거 출마를 계기로 1980년 1월 칼스루에에서 전국 정당으로서의 서독 녹색당 창당, 1983년 총선에서 5.6% 득표율을 기록해 최초로 연방의회 진출, 1991년 동독 지역에서 연맹 90 창당, 1993년 동서독의 두 녹색당이 합당

특징 | 환경보호, 인권, 비폭력 원칙, 사회정의, 환경오염 및 군비 증강 반대, 핵 에너지 반대, 환경세 도입, 이중국적 허용, 무기 수출 억제, 성평등, 동성 부부 차별 반대, 여성할당제 도입, 고소득자 세율 인상, 재산세 도입

주요 정치인 | 페트라 켈리(Petra Kelly), 요슈카 피셔(Joschka Fischer)

당대표 | 리카르다 랑(Ricarda Lang), 오미드 누리푸르(Omid Nouripour)

원내대표 | 카탈리나 드뢰제(Katharina Dröge), 브리타 하셸만(Britta Haßelmann)

당원 | 약 12만 5,000명

청년조직 | 그루네 유겐트(Grüne Jugend ; www.gruene-jugend.de)

정당재단 | 하인리히 뵐 재단(Heinrich-Böll-Stiftung ; www.boell.de)

홈페이지 | www.gruene.de

° 자유민주당(자민당)

FDP | Freie Demokratische Partei

창당 | 1948년 비스마르크 이래 분열된 좌익 자유정당(DDP) 및 우익 자유정당(DVP)이 결합

특징 | 자체 당세는 크지 않으나, 제3당으로서 기민/기사당 연합 또는 사민당과의 연정 파트너 역할 수행, 주요 지지층은 자영업자, 고소득 화이트칼라, 자유시장주의자 등 자유주의를 표방하는 중도 성향, 신자유주의와 친기업적 시장경제 체제 옹호, 의회민주주의, 최소한의 국가권력 추구, 인권 문제와 시장 논리에 의한 환경 문제 강조

주요 정치인 | 한스-디트리히 겐셔(Hans-Dietrich Genscher)

당대표 | 크리스티안 린트너(Christian Lindner)

원내대표 | 크리스티안 듀어(Christian Dürr)

당원 | 약 7만 7,000명

청년조직 | 융에 리버랄레(Junge Liberale ; www.julis.de)

정당재단 | 프리드리히 나우만 재단(Friedrich-Naumann-Stiftung für die Freiheit ; www.freiheit.org)

홈페이지 | www.fdp.de

° 좌파(좌파당)

Die Linke

창당 | 구동독의 지배정당 사회주의통일당(SED, 1946-1990)을 전신으로 하는 민주사회당(PDS, 1990-2007)과 사민당에서 분당한 좌파 세력인 '노동과 사회정의를 위한 선거대안(WASG)' 두 정당이 2007년 합당하여 창당, 구동독 지역의 이익을 대변하는 지역적 정당으로 성장

특징 | 사회정의, 생태주의적 반자본주의적 경제로 전환, 부의 재분배, 전쟁 반대와 평화, 군축 지지, 해외 파병 거부, 나토 해체, 직접민주주의

주요 정치인 | 그레고리 기지(Gregor Gysi), 오스카 라퐁텐(Oskar Lafontaine)

당대표 | 야니네 비슬러(Janine Wissler)

원내대표 | 아미라 모하메드 알리(Amira Mohamed Ali), 디트마르 바트쉬(Dietmar Bartsch)

당원 | 약 6만 명

청년조직 | 링스유겐트 솔리드(Linksjugend Solid ; www.linksjugend-solid.de)

정당재단 | 로자룩셈부르크 재단(Rosa-Luxemburg-Stiftung ; www.rosalux.de)

홈페이지 | www.die-linke.de

° 독일을 위한 대안당(독일 대안당)

AfD ❘ Alternative für Deutschland

창당 ❘ 2013년 2월 유럽국가 부채위기 관련 유로화 구제 정책에 반대하며 창당

특징 ❘ 극우주의 단체인 정체성 운동(Identitären Bewegung), 페기다(Pegida)뿐만 아니라 각종 네오나치 단체들과 연결된 우익 포퓰리스트 정당 또는 극우주의 또는 나치식 인종주의 국가주의 정당으로 유럽연합 회의론, 민족주의, 보수주의, 자유주의 경제 옹호, 기독교 근본주의, 직접민주주의, 권위주의, 호모포비아, 반페미니즘, 반유대주의, 이민 제한, 난민 수용 반대

주요 정치인 ❘ 뵈른 회케(Björn Höcke)

당대표 ❘ 티노 흐루팔라(Tino Chrupalla)

원내대표 ❘ 알리스 바이델(Alice Weidel), 티노 흐루팔라

당원 ❘ 약 3만 2,000명

청년조직 ❘ 요트아(JA: Junge Alternative für Deutschland ; www.netzseite.jungealternative.online)

정당재단 ❘ 데시데리우스-에라스무스 재단 (Desiderius-Erasmus-Stiftung ; www. erasmus-stiftung.de)

홈페이지 ❘ www.afd.de

2. 독일 선거 및 선거 제도

독일인들이 참여하는 선거는 크게 유럽의회 선거(Europawahl), 연방의회 선거(Bunde-stagswahl), 16개 주(州)에서 실시되는 주 의회 선거(Landtagswahl), 기초의회 선거(Kom-munalwahl)이다.

° 유럽연합의회 선거

5년마다 치러지며, 현재(2024년 1월 기준) 유럽연합 27개국에서 약 5억 명이 선거에 참여해 701명의 유럽의회 의원을 선출한다. 1999년부터 모든 회원국은 비례대표제를 적용하고 있으나, 선거구 수, 봉쇄조항 여부 및 기준, 개방형 또는 폐쇄형 명부식 여부 등은 회원국마다 차이가 있다. 개방형은 투표지에 정당 및 후보 선호를 모두 표시할 수 있으며, 폐쇄형은 정당에만 표시할 수 있다. 독일의 경우, 96명의 유럽의회 의원이 폐쇄형 권역별 비례대표제에 의해 선출되며, 2014년 유럽의회 선거부터는 독일 내 정당의 유럽의회 진출을 위한 최소득표에 해당하는 봉쇄조항이 없어졌다(2009년 이전 5%, 2014년 이전 3%).

° 연방의회(하원) 선거

한국의 국회의원 선거에 해당하며 4년에 한 번 치러진다. 의석수는 지역구 299석, 정당 비례대표 299석으로 총 598석이지만, 정당 득표율과 의석 비율을 맞추는 보정의석이 발생하여 전체 의석수가 변동되는 권역별 연동형 비례대표제로 실시된다. 제20대 연방의회 의원 수는 736명이다. 유권자는 지역구 후보와 정당에게 각각 1표씩 총 2표를 행사한다. 선거 결과에 따라 먼저 각 정당에게 정당득표율에 따라 전체 598석이 배분이 되며, 권역별로 배분된 의석에서 지역구 당선 의석을 제외한 남은 의석수를 권역별 비례대표 명부에서 채우는 식이다. 예를 들어 녹색당이 정당득표율에서 20%를 얻으면 전체 598석 가운데 20%인 119석을 배정받는다. 더해서 녹색당이 전체 299개 지역구 중 44개 지역구에서 승리했다면, 119석에서 44석을 제외한 75석을 비례명부에서 확보할 수 있다. 배분된 의석수보다 지역구 당선자가 더 많이 나올 경우, 보정의석을 통해 전체 득표율과 의석수를 조정하는데, 여기서 추가의석이 발생한다.

° 연방(상원), 주 의회, 기초의회, 대통령 선거

하원과 다르게 상원은 선거를 통해 선출되지 않으며, 16개 주에서 파견한 69명의 대표로 구성된다. 각 주는 인구 규모에 따라 3~6명의 대표를 상원으로 파견할 수 있으며, 보통 해당 주의 총리, 장관, 시장 또는 상원인 경우가 많다. 주 의회, 기초의회 선거는 대체로 5년에 한 번 치러지지만, 브레멘 주는 모두 4년에 한 번 치러지고, 바이에른 주의 기초의회 선거는 6년에 한 번 열린다. 독일 연방대통령은 주 의회와 연방하원에서 구성한 '연방회의'를 통해 결정되며, 임기는 5년으로 1회 재선이 가능하다. 연방대통령은 독일의 국가원수로서 독일을 대외적으로 대변하고, 대내적으로도 연방총리와 연방장관에 대한 임명권 등을 갖는다. 하지만 실제 권력은 제한된 존재로 어디까지나 독일을 상징하는 역할을 수행한다.

° 선거권과 피선거권

선거에 참여하는 투표권, 피선거권 연령은 각 선거마다 주별로 다르다. 유럽연합의회 선거는 그동안 투표권과 피선거권 연령이 18세였으나, 2024년부터 투표권을 16세로 하향했다. 연방하원 선거에서는 투표권과 피선거권 모두 18세 이상에게 주어진다. 연방대통령의 경우 피선거권 연령이 40세 이상인 것과는 달리 연방의회 선거를 통해 선출되는 총리의 경우 최소 연령 조건이 없다. 주의회 선거의 경우 16개 중 일부 주에서 16세부터 투표권을 부여하고 있으며, 기초의회 선거에서는 대부분의 주에서 16세부터 투표권을 부여하고 있다.

모든 정당의 지역구 후보와 비례대표 후보는 16개 주별 지역 조직에서 권역별로 결정된다. 각 지역 정당의 활동당원들의 투표로 지역구 후보와 비례대표 명단이 결정되며, 한 후보가 지역구와 비례대표 모두 출마할 수 있다. 한국과는 달리 기탁금 제도가 없어 후보 등록을 위한 기탁금을 따로 내지 않으며, 선거비용은 각 정당의 수입(당비, 정당 기부금, 직간접 공공 기부금, 선출직 의원 및 장관이 부과하는 특별 기부금 등)에서 충당한다.

3. 녹색당의 역대 강령

독일 녹색당은 창당 초인 1980년 강령부터 가장 최근의 2020년 강령에 이르기까지 정치적 상황과 당내의 변화에 따라 총 네 차례에 걸쳐 강령을 채택했다. 강령이 수립된 시대적, 정치적 배경에 따라 각 강령의 성격과 강령에 담긴 기본가치/기본원칙 또한 변화해 왔다.

°1980년 녹색당 연방 강령(일명 자브뤼켄 강령)

"녹색당 – 연방 프로그램"

원제 | Die Grünen - Das Bundesprogramm

서독 녹색당의 첫 강령으로, 1980년 1월 칼스루에 창당대회 이후 같은 해 3월 자브뤼켄에서 열린 2차 전당대회에서 채택되었다. 강령이 채택된 전당대회 개최지의 이름을 따라 '자브뤼켄 강령'으로도 불린다.

1993년 이후의 강령들은 당이 공동으로 지향하는 기본가치(Grundwerte)를 담고 있지만, 이 강령은 공동의 기본원칙(Grundsätze)으로서 생태적, 사회적, 풀뿌리 민주주의적, 비폭력적 원칙을 담고 있다.

°1993년 동맹 90/녹색당

"정치적 기본원칙"

원제 | Politische Grundsätze

독일 통일 이후 긴 합당 논의 끝에 1993년 동독의 동맹90과 서독의 녹색당이 합당하며 채택된 두 번째 강령이다. 다른 정당들의 경우 대부분 서독 측 정당이 동독 측의 파트너 정당을 흡수하는 방식으로 합당이 이뤄진 반면, 동맹 90과 서독 녹색당의 합당은 양측의 당원 투표를 통해 민주적으로 이뤄졌다.

구체적인 선언과 방침이 담긴 일반적인 정당의 강령과는 달리, "정치적 기본원칙"은 합당에 앞서 하나의 정당으로서 동맹90/녹색당이 견지해야 할 공동의 원칙에 대한 합의에 가깝다. 또한 녹색당의 기반이 되는 구체적인 기본가치들을 최초로 공식화한 강령으로, 인권, 생태, 민주주의, 사회 정의, 남성과 여성의 사회적 평등, 비폭력이 6대 기본가치로서 제시되었다.

° 2002년 동맹 90/녹색당 기본강령(일명 베를린 강령)

"미래는 녹색"

원제 | Die Zukunft ist grün. Grundsatzprogramm von BÜNDNIS 90/DIE GRÜNEN

1998년부터 2005년까지 이어진 적녹연정 참여 중에 새롭게 마련된 강령으로, 기존의 '반정당의 정당'에서 제도권 개혁정당으로 변모한 녹색당의 정치적 입장이 반영되어 있다. 2002년 3월 베를린 전당대회에서 채택되었다.

녹색당의 핵심 가치들과 이를 실현하기 위한 구체적인 선언과 방침을 180쪽에 달하는 내용을 통해 담고 있다. 기본가치로서 생태, 자기결정(Selbstbestimmung), 정의, 민주주의 등을 제시하고, 기본원칙으로 인권과 비폭력 등을 명시한다.

° 2020년 동맹 90/녹색당 기본 강령

"존중하며 보호하기 위해… - 변화가 안정을 만든다"

원제 | "…zu achten und zu schützen…" - Veränderung schafft Halt

---

창당 40주년을 맞은 2020년, 코로나 팬데믹으로 인해 처음으로 온라인상에서 치러진 전당대회에서 채택된 네 번째 강령이다. 기후위기와 디지털화, 민족주의의 확산 등 독일 사회가 직면한 다양한 도전들에 대한 독일 녹색당의 새로운 시대 인식과 지향점, 방침을 담고 있다. 생태, 정의, 자기결정(권), 민주주의, 평화 등이 당을 통합하는 기본가치임을 밝히고 있다.

4. 역대 대통령, 총리, 연립정부

대통령

*1990년 통일 전 자료는 서독 정부 기준

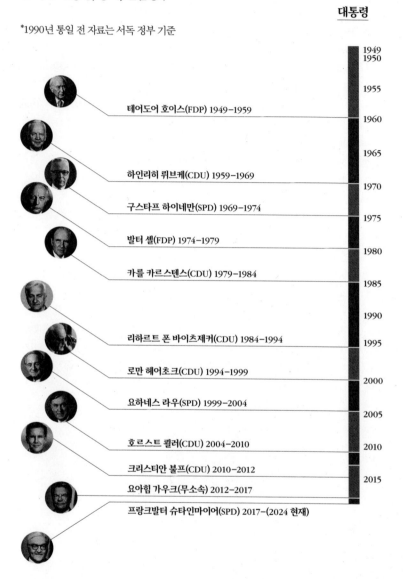

테어도어 호이스(FDP) 1949-1959

하인리히 뤼브케(CDU) 1959-1969

구스타프 하이네만(SPD) 1969-1974

발터 셀(FDP) 1974-1979

카를 카르스텐스(CDU) 1979-1984

리하르트 폰 바이츠제커(CDU) 1984-1994

로만 헤어초크(CDU) 1994-1999

요하네스 라우(SPD) 1999-2004

호르스트 쾰러(CDU) 2004-2010

크리스티안 불프(CDU) 2010-2012

요아힘 가우크(무소속) 2012-2017

프랑크발터 슈타인마이어(SPD) 2017-(2024 현재)

1949
1950

1955

1960

1965

1970

1975

1980

1985

1990

1995

2000

2005

2010

2015

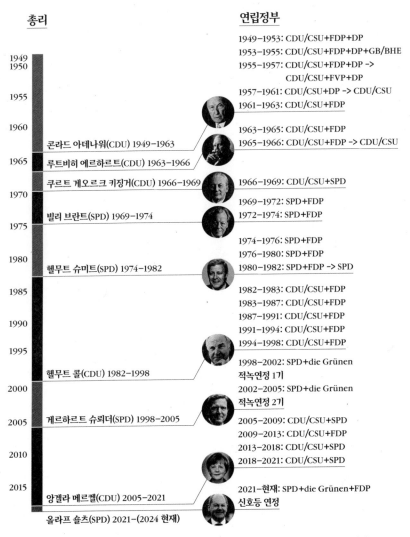

총리

1949
1950

1955

1960

콘라드 아데나워(CDU) 1949–1963

1965 루트비히 에르하르트(CDU) 1963–1966

쿠르트 게오르크 키징거(CDU) 1966–1969

1970

빌리 브란트(SPD) 1969–1974

1975

헬무트 슈미트(SPD) 1974–1982

1980

1985

1990

1995

헬무트 콜(CDU) 1982–1998

2000

게르하르트 슈뢰더(SPD) 1998–2005

2005

2010

2015 앙겔라 메르켈(CDU) 2005–2021

올라프 숄츠(SPD) 2021–(2024 현재)

연립정부

1949–1953: CDU/CSU+FDP+DP
1953–1955: CDU/CSU+FDP+DP+GB/BHE
1955–1957: CDU/CSU+FDP+DP ->
    CDU/CSU+FVP+DP
1957–1961: CDU/CSU+DP -> CDU/CSU
1961–1963: CDU/CSU+FDP

1963–1965: CDU/CSU+FDP
1965–1966: CDU/CSU+FDP -> CDU/CSU

1966–1969: CDU/CSU+SPD

1969–1972: SPD+FDP
1972–1974: SPD+FDP

1974–1976: SPD+FDP
1976–1980: SPD+FDP
1980–1982: SPD+FDP -> SPD

1982–1983: CDU/CSU+FDP
1983–1987: CDU/CSU+FDP
1987–1991: CDU/CSU+FDP
1991–1994: CDU/CSU+FDP
1994–1998: CDU/CSU+FDP

1998–2002: SPD+die Grünen
적녹연정 1기
2002–2005: SPD+die Grünen
적녹연정 2기
2005–2009: CDU/CSU+SPD
2009–2013: CDU/CSU+FDP
2013–2018: CDU/CSU+SPD
2018–2021: CDU/CSU+SPD

2021–현재: SPD+die Grünen+FDP
신호등 연정

*CDU/CSU: 기민/기사당 연합, SPD: 사민당, FDP: 자민당, die Grünen: 녹색당, DP: 독일당,
GB/BHE: 실향민–추방민 동맹, FVP: 진보인민당

5. 1949년 이후 주요 연표

	세계/유럽사		독일사		녹색당사
		1949	서독(독일 연방공화국) 동독(독일 민주공화국)		
1950	한국 전쟁				
1955	베트남 전쟁 바르샤바 조약기구 창설	1955	서독, 나토 가입		
1956	제2차 중동전쟁				
1957	유럽경제공동체 창설	1957	권역별 연동형 비례대표제 도입		
1962	쿠바 미사일 위기	1961	베를린 장벽 설치		
1966	중국 문화대혁명				
1968	68운동 프라하의 봄				
1970	석유파동	1969	최초 사민당 총리 선출 동방정책		
1973	제1차 석유파동	1973	서독, 동독 유엔 가입		
1979	제2차 석유파동소련 아프가니스탄 침공 유럽의회 직선제 도입			1979	유럽의회 선거 참여
1980	이라크-이란 전쟁			1980	서독 녹색당 창당 자브뤼켄 강령
				1983	첫 연방의회 진출
				1985	적녹연립 주 정부 탄생
1986	체르노빌 핵발전소사고			1986	여성할당제 도입
	동유럽 혁명 천안문 사건	1989	베를린장벽 붕괴		
1990	걸프전쟁	1990	독일 통일	1990	차별금지법 발의
1991	소련 붕괴			1991	동독 녹색당 창당
1992	마스트리히트 조약 유럽연합 결성			1993	동서독 녹색당 합당 첫 강령 개정

1997	아시아 금융위기				
1998	코소보 사태	1998	코소보 파병	1998	사민당과 적녹연정 1기 구성
		1999	베를린으로 수도 이전	1999	요슈카 피셔 물감 테러
		2000	광우병 파동 재생에너지법 시행		
2001	9.11 테러 미국-아프가니스탄 전쟁	2001	아프가니스탄 전쟁 참전	2001	농업 전환 선언
2002	유로화 통용	2002	하르츠IV 법안 통과	2002	베를린 강령 개정 최초 지역구 의원 배출 적녹연정 2기 구성
2003	미국, 이라크 침공				
2007	글로벌 금융위기	2006	일반평등대우법 도입		
2010	아랍의 봄				
2011	후쿠시마 핵발전소 사고 시리아 내전			2011	최초 녹색당 주총리 배출
2014	러시아, 크림반도 합병 RE100 캠페인			2013	채식의 날 공약 논란
2015	파리기후협약				
2016	브렉시트	2016	기후변화 대응법 도입		
2018	미래를 위한 금요일 시위	2017	동성결혼 법안 통과		
2019	유럽 그린딜 핏포55			2019	유럽의회 선거에서 20.5% 역대 최대 득표
2020	코로나 팬데믹			2020	강령 개정
		2021	농업미래위원회 사회적 합의	2021	사민당, 자민당과 신호등 연립정부 구성
2022	러시아, 우크라이나 침공	2022	시민급여 도입		
		2023	탈핵 완료		

6. 독일 제20대 연방의회 현황

° 연방하원

연방하원은 최소 598명의 의석으로 구성된다. 여기에 일반적으로 일명 초과의석과 보정의석이 더해진다. 2021년에 선출된 제20대 연방하원은 총 736명의 의원으로 구성된다(2021년 9월 기준).

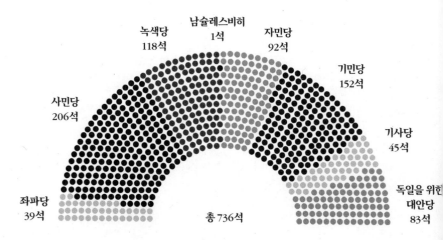

녹색당
118석

남슐레스비히
1석

자민당
92석

기민당
152석

사민당
206석

기사당
45석

독일을 위한
대안당
83석

좌파당
39석

총 736석

° 연방상원

연방상원은 독일의 5대 헌법기관 중 하나이다. 연방상원은 주(州)정부를 대표하는 기관으로 16개 주에서 파견한 69명의 대표로 구성된다. 각 주는 인구수에 비례해 최소 3명에서 최대 6명까지 대표를 파견한다.

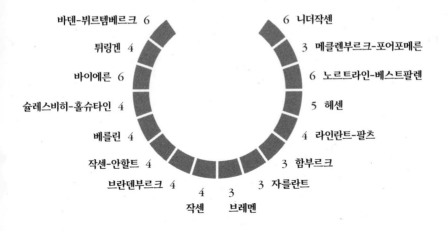

7. 독일 16개 연방주

*브레멘, 함부르크, 베를린은 주이면서 시이기 때문에 주도가 따로 없다.

슐레스비히-홀슈타인
킬

함부르크

메클렌부르크-포어포메른
슈베린

브레멘

니더작센
하노버

베를린

브란덴부르크
포츠담

작센-안할트
마그데부르크

노르트라인-베스트팔렌
뒤셀도르프

작센
드레스덴

튀링겐
에르푸르트

헤센
비스바덴

라인란트-팔츠
마인츠

자를란트
자르브뤼켄

바덴-뷔르템베르크
슈투트가르트

바이에른
뮌헨

*주도 ■

주

1장 | 기후보호 정책

1 2018년 유럽은 유래 없는 폭염과 가뭄을 경험했다. 독일도 마찬가지였다. 더위는 2019년
에도 계속되어 2019년 7월 16일 독일 뒤스부르크의 온도계는 41.2도를 기록했다. 기상
관측 이래로 독일에서 가장 높은 기온이었다.

2 젊은 층의 기후보호 시위는 기성 언론에도 큰 주목을 받았지만, 유튜브 같은 매체를 통해
적극적으로 기후위기에 대한 목소리를 내는 새로운 젊은 세대도 등장했다.

3 독일에서는 현실적으로 선거에서 제1당이나, 제2당의 의석을 확보해 연정 구성을 주도할
가능성이 있는 정당만 총리후보를 지명해 왔다. 지금까지는 기민/기사당 연합과 사민당
만이 여기에 해당했다. 보통은 가장 많은 의석을 얻은 제1당이 정권을 주도적으로 구성하
지만 의무는 아니다. 1969년 연방의회 선거에서 사민당은 제2당의 득표를 얻었지만, 3위
를 기록한 자민당과 연정을 구성했다. 이 연정을 통해 빌리 브란트가 총리로 선출된다.

4 독일 고속도로에서는 일반 승용차에 속도 제한이 없다. 고속 주행 시 자동차는 더 많은
화석연료를 소비하기 때문에 녹색당은 고속도로의 속도 제한 도입을 요구한다.

5 Diekmann, Florian. (2022). "Die widersprüchlichen Einstellungen der Deutschen",
Spiegel, January 1. 슈피겔지의 기사는 전문가들이 기후위기를 막기 위해 효과적이라고
생각하는 정책과 일반 시민이 효과적이라고 생각하는 정책 사이에 큰 차이가 있다는 것
을 지적한다. 기사는 독일인들이 기후위기에 대해 모순적인 태도를 가졌으며, 기후위기
정책이 필요하다고 대답하는 것에 비해 규제나 가격 인상 등에 대해서는 부정적인 평가
를 내리는 것을 지적한다.

6 Schulte, Ulrich. (2001). "Die grüne Macht: Wie die Ökopartei das Land verändern
will", Rowohlt Polaris, pp.168~201; https://www.boell.de/de/2013/11/25/das-stig-
ma-der-verbotspartei-abschuetteln

7 Süddeutsche Zeitung. (2018). "Das alte Realo-Fundi-Hickhack will Baerbock
überwinden", January 11. 녹색당 내에는 생태좌파적 이념 지향을 가진 근본주의자와
시장 친화적이며 현실 정치를 중요시하는 현실주의자라는 두 개의 큰 세력이 있다고 여
겨져 왔다. 배어보크와 하벡 두 사람은 대표가 되면서 당내의 이런 이념적 대결을 극복해
야 한다고 주장해 왔다. 하지만 당내 이념적 대결을 극복해야 한다는 요구는 현실 권력을

잡기 위해서 당 내부 갈등을 피해야 한다는 의미가 크다. 녹색당 내부의 갈등은 당이 유권자들에게 신뢰를 주지 못하는 요소로 여겨졌다.

8 픽스는 경제의 축소를 주장하는 탈성장(Degrowth, Postwachstum) 논의가 일자리에 대한 노동자의 염려나, 사회복지를 확장하는 정치와 잘 맞지 않다고 말한다. https://www.boell.de/de/2014/04/04/was-ist-die-gruene-erzaehlung?dimension1=ds_gruene_erzaehlung_2014

9 녹색당이 생태적 전환과 경제적 성장을 함께 말한 데는 오랜 역사가 있다. 녹색당은 2002년에 채택된 강령을 통해 이미 사민당과의 연정 과정에서 사용하던 '지속가능성(Nachhaltigkeit)'을 녹색당 정치의 핵심 개념으로 사용한다. 그리고 지속가능성 개념을 통해 생태와 사회, 경제의 발전을 연결시켰다. 나아가 2009년 연방의회 선거 공약부터는 '그린뉴딜'이 정책의 중심에 들어오면서 기술 발전을 통한 효율성 증가, 에너지 전환, 국가의 대대적인 인프라 투자를 생태적 전환과 연결시키기 시작한다. Klein, Markus & Flater, Jürgen. (2003). "Der lange Weg der Grünen", C.H.Beck, pp.71~86 ; Stifel, Andreas. (2018). "Vom erfolgreichen Scheitern einer Bewegung", Springer VS, pp.17~49 ; https://www.boell.de/de/2015/03/20/die-gruenen-und-die-oeko-soziale-frage

10 2011년 탈핵을 결정하면서 이는 더 이상 녹색당의 주요 의제가 아니었다.

11 독일 연방헌법재판소는 2021년 4월 29일 기존의 독일 기후변화법이 제시하는 탄소 감축 목표가 미래 세대에 지나치게 탄소 감축의 책임을 부가한다며 위헌 판결을 내렸다. 결국 기민/기사당 연합과 사민당 정부는 2030년 탄소배출 65% 감축, 2045년 기후중립이라는 새 계획을 통과시켰다.

12 2011년 탈핵을 결정한 독일에서 에너지 전환 관련해 가장 큰 화두는 탈석탄이다. 독일의 재생에너지 비율은 높은 편이지만 석탄발전 비중도 크다. 에너지 전환 관련해서는 이 책의 2장 참조.

13 하르츠IV에 관련해서는 이 책의 3장 참조.

14 녹색당의 사회-생태적 시장경제 정책에 관해서는 이 책의 2장 참조.

2장 | 사회-생태적 시장경제 정책

1 독일에서는 '플루크샴(Flugscham)'이라는 단어가 만들어졌다. 비행기를 뜻하는 '플루

크(Flug)'와 부끄러움을 뜻하는 '샴(Scham)'을 결합한 신조어다. 이와 함께 기차를 뜻하는 독일어 '추크(Zug)'와 자랑스러움을 뜻하는 '스톨츠(Stolz)'를 합성한 단어 추크스톨츠(Zugstolz)도 유행했다.

2 Schulte, Ulrich. (2001). "Die grüne Macht: Wie die Ökopartei das Land verändern will", Rowohlt Polaris, pp.202~214.

3 제2차 세계대전 전후로 미국과 유럽에서는 케인스 경제학의 영향으로 국가가 고용과 임금에 적극적으로 개입해 상품 수요를 창출하는 경제 정책이 우위에 있었다. 질서자유주의를 전후 경제 정책의 기초로 했던 독일을 제외하고 다른 서구 국가에서는 1970년대에 이르러서야 신자유주의가 주류가 된다. 하지만 학교나 병원 같은 공공시설까지 시장의 자유에 맡겨버린 미국을 중심으로 하는 1970년대의 미국식 신자유주의와 유럽에서 나타난 최초의 신자유주의에는 차이가 있다. 질서자유주의와 신자유주의 전통에 관해서는 Biebricher, T. (2021). "Die politische Theorie des Neoliberlismus", Suhrkamp Verlag.

4 Feld, Lars. (2020). "Soziale Marktwirtschaft, Ordnungsökonomie und Freiburger Schule: Wie modern ist ordnungspolitisches Denken?", in: Norbert Lammert (Hrsg.), Christlich-Demokratische Union: Beiträge und Positionen zur Geschichte der CDU, Siedler, pp.136~162.

5 서독의 재건 과정에서 실업급여나 의료보험 같은 사회 정책은 이전 시대부터 있었던 전통의 일부로 수용되기도 했으며, 사민당 같은 다른 정치 세력의 요구에 의해 선택되기도 했다. 여기에다 사회적 시장경제의 기초가 되었던 질서자유주의도 실업급여 같은 일부 정책의 필요성을 인정했다.

6 Biebricher, Thomas & Ptak, Ralf. (2020). "Soziale Marktwirtschaft und Ordoliberalismus zur Einführung", Junius.

7 넷제로(Net-zero)라고도 한다. 1997년에 채택된 교토의정서에서 규정한 이산화탄소(CO_2), 메탄(CH_4), 아산화질소(N_2O), 수소불화탄소(HFCs), 과불화탄소(PFCs), 육불화황(SF_6) 등 기후변화를 초래하는 6대 온실가스의 순배출량을 제로화하는 것을 말한다.

8 1997년 독일의 주도로 유럽연합 회원국의 인플레이션 정책을 억제하기 위해 만들어진 결의안이다. 독일이 2009년 채무 제한법을 도입한 이유 중 하나는 결의안에 맞춰 독일이 모범적으로 국가 총 채무를 줄일 필요가 있었기 때문이다.

9 분트, '미래를 위한 금요일', 그린피스 등이 공동으로 소송을 제기했었다.

10 기후보호의 필요성에 대한 인정 정도에 비해 기후보호를 위한 필수적인 정책에 대한 선호가 낮은 유권자의 이중적인 태도에 대해서는 이 책의 1장 참조.

11 Süddeutsche Zeitung. (2021). "Die Kohle frisst das deutsche Klimabudget auf", August 12 ; https://www.sueddeutsche.de/politik/klimaschutz-kohlekraft-emissionsbudget-1.5379691

12 국제에너지기구는 2016년 독일의 연간 총 전기사용량은 531TWh라고 밝힌다. 한국의 사용량은 534TWh였는데, 독일의 인구는 약 8,000만 명이고 한국의 인구는 약 5,000만 명이다.

13 러시아의 우크라이나 침공이 독일에 미친 영향과 녹색당의 입장에 대해서는 이 책의 6장 참조.

14 녹색당과 독일의 탈핵과 재생에너지 정책에 대해서는 이 책의 5장 참조.

15 2007년 기민당 강령에는 2002년 녹색당 강령과 유사하게 지속가능성을 바탕으로 경제성장과 기후보호 등을 연결시킨 내용이 등장한다. 녹색당에서 지속가능성 개념과 경제성장이 연결 고리를 맺고 정착하는 과정 그리고 이것이 독일 사회 전반의 의식이 되어가는 과정에 대해서는 Stifel, Andreas. (2018). "Vom erfolgreichen Scheitern einer Bewegung", Springer VS, pp.17~49.

16 Schulte, Ulrich. (2001). "Die grüne Macht: Wie die Ökopartei das Land verändern will", Rowohlt Polaris, pp.202~214.

17 Winkelmann, Ulrike. (2019). "Weniger Konsum als Antwort auf die Klimafrage?", Deutschlandfunk, November 28 ; https://www.deutschlandfunk.de/politik-und-verzicht-weniger-konsum-als-antwort-auf-die-100.html

18 Schick, Gerhard. (2014). "Grüne Revolution und Postwachstumsgesellschaft zusammen denken", degrowth, Juli 14 ; https://www.degrowth.info/blog/grune-revolution-und-postwachstumsgesellschaft-zusammen-denken

3장 | 노동 및 사회 정책

1 당시 독일 법정 주당 노동시간은 1일 8시간, 총 6일 기준으로는 48시간이다. 다만 단체협약이 우선되는 노사정위원회 협상에서는 전 산업군에서 주 38.5시간 근무제를 시행하기로 했다. 그런데 경우에 따라 1일 2시간, 1주 12시간 연장 근무가 가능하다는 조항이 추

가되어, 최대 가능한 주당 노동시간은 60시간으로 늘었다. 이는 현재도 동일하다.

2 사민당 슈미트 총리는 성장에 대한 회의론, 핵발전을 반대하며 생태보존과 환경을 이야기하는 새로운 정치 세력에 대해 "환경바보, 소수 방랑자들의 광기"라고 비난하며 "이런 유행은 10년 안에 끝날 것이다"고 말했다.

3 단축근로(Kurzarbeit) 제도는 경기 침체 시 기업이 노동자를 해고하는 것이 아니라, 정부의 지원으로 임금의 완전보장을 목표로 노동자의 고용을 보장하는 방식이다. 노동자들은 노동시간 단축과 임금 삭감을 수용하고, 정부는 삭감된 임금의 일부를 보존해주는 방식으로 고용을 보장하고자 했다. 1985년 독일 금속노조는 정부의 중재로 사측과 주 38.5시간 노동시간, 임금의 완전보장을 기본으로 한 노동시간 단축에 합의했다. 이어 1987년 주당 노동시간 37.5시간, 1993년 36시간, 1995년 35시간까지 노동시간 협상을 체결했다. 1995년부터 독일 전 산업군에 걸쳐 주 38.5시간 근무제가 시행되었다.

4 오트밀 등과 같이 별다른 조리하지 않은 곡물, 말린 과일, 견과류 등을 혼합한 시리얼의 일종으로 보통 독일 사람들이 아침 식사로 간단히 먹는 건강식이다.

5 통일부. (2015). "독일 통일 총서 – 통일 비용 분야". 통일기금은 1991~1994년간 총 1,606억 마르크가 조성되었는데, 기금 조성을 위한 재원은 연방예산이 406억 마르크, 서독 부담으로 161억 마르크, 그 외 대부분의 재원이 자본시장 차입의 방식을 통해 1,000억 마르크(약 1,105억 유로) 이상의 금액이 조달되었다.

6 1939년 선별적, 차등적으로 지급되기 시작한 독일의 아동수당은 1987년부터 25세 이하 모든 자녀에게 지급하는 것으로 변화했다. 지급액은 물가 수준 반영으로 꾸준히 증액되었으며, 2022년 기준 첫째와 둘째 자녀에게 219유로, 셋째 자녀에게 225유로로, 네 번째 자녀부터는 250유로를 지급한다. 독일 아동수당에 관한 자세한 내용은 정재훈. (2017). "독일의 아동수당 현황", 『국제사회보장리뷰』 2017 가을호, pp.16~24.

7 2021년 기준 세금 면제 대상이 되는 최하 소득은 연 9,744유로이다. 현 유로 시세로 환산하면 면세 최하 소득 기준은 더 감소했다. 과세 대상이 되는 최하 기준은 2009년부터 현재까지 14%이다.

8 노동시장 현대화 개혁위원회는 폭스바겐 이사이자 당시 위원회 의장이었던 페터 하르츠(Peter Hartz)의 이름을 따서 '하르츠 위원회(Hartz-Kommission)'로 불린다. 15명 위원 중 다수가 사용자 측 대표였고, 노동자 대표는 2명에 불과했다.

9 하르츠IV에 관한 자세한 내용은 김영미. (2013). "독일의 하르츠 개혁에 따른 근로연계복지에 관한 법제 연구", 『비교법제연구』 13-20-1.

10 하르츠IV는 '노동시장의 현대적 서비스를 위한 법률'이라는 이름으로 2003년부터

2005년까지 총 4단계로 법제화되었고, 하르츠 I과 II가 2003년 1월에 발효되었다.

11 2005년 7월 사민당은 스스로 불신임함으로써 '국민들이 여전히 하르츠 개혁을 지지하는지 알아보려 한다'는 명목으로 조기총선을 요구한다. 이때 사민당의 좌파진영 상당수 당원과 지지층이 탈당해 '선거대안: 노동과 사회정의(WASG)'를 결성했고 이어 좌파당을 창당했다.

12 기후정의에 부합한 사회-생태적 시장경제에 관한 자세한 내용은 이 책의 2장 참조.

4장 | 여성 정책

1 독일 사회주의학생연맹은 사민당이 마르크스주의를 포기한 것에 반발한 젊은 당원들이 만든 조직이며, 68운동 시기 독일의 사회 투쟁을 주도했다.

2 형법 제218조에 대한 저항 외에도 1970년대에는 페미니즘의 영향을 받아 전국 각지에서 다양한 여성 조직이 만들어졌다. 1972년 40여 개 도시의 약 400명의 여성이 프랑크푸르트에 모여 제1회 전국여성대회를 개최했다. 대회에 모인 여성들은 "여성은 자신들의 근원적 문제를 이해하고 배우기 위해서 그리고 자신들의 이익을 대변하기 위해 스스로 조직을 만들어야 한다"고 선언했다. 1973년 서베를린을 시작으로 전국 각지에서 정치적, 페미니즘 성향을 불문하고 여성들이 모일 수 있는 여성센터가 만들어졌다. 이곳을 중심으로 레즈비언 그룹, 여성을 위한 카페, 펍, 쉼터 같은 자율적인 프로젝트들이 생겨났다. 1976년 서베를린에 여성 활동가들이 최초의 여성보호소를 설립했고, 전국적으로 여성보호소가 만들어져 파트너에게 폭력을 당하는 여성과 그 자녀의 피난처로 이용되었다. 이 시기 여성을 위한 페미니즘 미디어도 등장하는데, 1976년 페미니즘 잡지 《용기(Courage)》, 1977년 《엠마(EMMA)》가 발행되었다. 엠마는 "우리는 낙태를 했다!" 선언을 주도했던 알리스 슈바르처가 창간한 잡지이다.

3 1978년부터 독일 연방의 각 주의 지역 선거에서 다양한 녹색 선거연합이 등장했다. 니더작센(GLU), 함부르크(Bunte Liste, GLU), 헤센(GLH, GAZ), 베를린(AL), 슐레스비히-홀슈타인(GLSH), 브레멘(BGL) 등지에서 각 선거연합체들이 1978~1979년 실시된 주 의회 선거에 출마했다.

4 1982년 사민당과 자민당 연립정부가 자민당의 불신임으로 해체되고, 1983년 조기 총선에서 승리한 기민/기사당 연합은 헬무트 콜을 총리로 선출하여 자민당과 연립정부를 구성했다.

5 Spiegel. (1988). "Das sind politisch motivierte Prozesse", September 18. 당시 메밍
엔 인구의 3분의 2가 가톨릭 신도였다. 1985년 4월 메밍엔 시의회 회의에서 녹색당 소속
유타 쿨무스(Jutta Kühlmuss) 의원은 마라톤으로 이어지는 장기간 회의 도중 자신의 아
들에게 공개적으로 모유수유를 했다가 의회 안팎의 맹렬한 비난을 받았다. 당시 메밍엔
가톨릭 교구 신문은 쿨무스 의원의 모유수유를 "야성적이고 도발적인 누드이자 건방지
고 수치스러운 행동"이라고 보도했다.

6 2011년 여성폭력과 가정폭력 근절을 위해 만든 국제조약으로, 2011년 유럽연합을 포함
한 유럽 45개국과 터키가 가입했다. 이 협약에 따라 당사국은 여성과 소녀에 대한 폭력을
퇴치하고 폭력으로부터 이들을 보호하는 조치, 가해자를 처벌하는 법안 등을 마련해야
했다. 2014년 8월 최초 발효되었는데, 독일의 경우 2018년 2월에 비로소 비준되었다.

7 여성의 가슴선이 많이 드러나는 바이에른 지역 전통의상.

8 녹색당이 구속력 있는 여성할당제를 실시하기 이전까지 독일 의회 내 여성의원 비율은
10%도 되지 않았다. 1976년 선거에서 여성은 518석 중 38석으로 가장 낮은 비율(5.8%)
이었고, 녹색당이 의회에 진출한 1983년 선거에서는 전체 520석 중 51석이 여성으로
9.8%로 올랐다. 녹색당의 여성할당제 이후 1987년 선거 결과 전체 519석 중 80석을 여성
이 차지했다.

9 Melanie, A., Clauß, A., Hassenkamp. M, Amalia., Heyer, J. & Rosenfelder, L. (2019).
"Das Frauenproblem der CDU", Spiegel, November 22. 연방총리였던 앙겔라 메르켈
과 크람프-카렌바우어(Annegret Kramp-Karrenbauer) 등의 기민당 소속 주요 정치인
들은 조금 다른 입장이다. 이들은 당내 주요 공직자 및 후보자 중 여성비율을 2025년까
지 50%(2021년까지 30%, 2023년까지 40%)로 높이자고 이야기했다.

10 2021년 12월 기준 녹색당 당원은 총 12만 5,126명이며 이중 약 42.3%가 여성당원이다
(2019년 기준, 다른 정당의 여성당원 비율은 좌파당 36.4%, 사민당 32.8%, 기민/기사당
연합 23.9%, 자민당 21.6%, 독일을 위한 대안당 17.8%). 2021년 9월 연방의회 선거 결과
녹색당은 선출된 총 연방의원 118명 중 70명(59.3%)이 여성이다(좌파당 53.8%, 사민당
41.7%, 자민당 23.9%, 기민/기사당 연합 23.4%, 독일을 위한 대안당 13.3%).

11 기업 내 여성할당제는 논의는 2000년대에 등장한 것이 아니다. 녹색당은 1985년 9월 6일
《짜이트》의 기사를 인용하며 독일 대표 화학기업 바스프(BASF)의 임원 2,025명 중 여성
이 13명, 건설회사 노이에 하이맛(Neue Heimat)의 경우 81명 중 1명, 폭스바겐(Volks-
wagen)은 290명 중 여성이 한 명도 없다고 지적했다.

5장 | 환경 정책

1 신사회운동과 녹색당의 설립에 관한 자세한 내용은 조현옥. (2002). "사회운동에서 정당으로—독일 녹색당의 설립 과정과 쟁점", 『현상과 인식』 통권 86호, pp.124~148.

2 유럽의회 선거에서는 독일의 유럽의회 선거 규정에 따라 정당이 아닌 기타정치연합으로 참여가 가능하다.

3 독일 환경 제도의 초기 발전 과정에 대한 자세한 내용은 Weidner, H. (1997). "Performance and characteristics of German environmental policy: Overview and expert commentaries from 14 countries", WZB Discussion Paper(FS II 97–301).

4 Markovits, A. S. & Klaver, J. (2012). "Thirty Years of Bundestag Presence: A Tally of the Greens' Impact on the Federal Republic of Germany's Political Life and Public Culture", AICGS German–American Issues 14(7).

5 Weidner, H. (1995). "25 years of modern environmental policy in Germany: Treading a well–worn path to the top of the international field", WZB Discussion Paper(FS II 95–301), pp.53~56.

6 각 강령별로 다음의 순서대로 가치 및 입장이 소개된다. 1980년 강령: 생태적, 사회적, 풀뿌리민주주의적, 비폭력적 ; 2002년 강령: 생태, 자결, 정의, 민주주의 ; 2020년 강령: 생태, 정의, 자결, 민주주의, 평화.

7 Markovits, A. S. & Klaver, J. (2012). "Thirty Years of Bundestag Presence: A Tally of the Greens' Impact on the Federal Republic of Germany's Political Life and Public Culture", AICGS German–American no.14, p.17.

8 최백순. (2013). 『미래가 있다면 녹색』, 서울: 이매진, p.264.

9 사랄 사르카르. (2018). "독일 녹색당, 과연 희망의 등대인가", 『녹색평론』 통권 제163호, pp.57~69.

10 최백순. (2013). 『미래가 있다면 녹색』, 서울: 이매진, p.265.

11 Blühdorn, I. (2009). "Reinventing green politics: on the strategic repositioning of the German Green Party", German Politics 18(1), pp.40~42.

12 Markovits, A. S. & Klaver, J. (2012). "Thirty Years of Bundestag Presence: A Tally of the Greens' Impact on the Federal Republic of Germany's Political Life and Public Culture", AICGS German–American Issues 14(7), p.18.

13 김영태. (2007). "독일 녹색당의 기본강령변화와 독일의 정당경쟁구조", 『한국정당학회

보』6(1), pp.193~215.

14 같은 글, p.35.

15 Bündnis 90/Die Grünen. (2002). "The future is green", p.8.

16 Weidner, H. (1995). "25 years of modern environmental policy in Germany: Treading a well-worn path to the top of the international field", WZB Discussion Paper(FS II 95-301), p.75.

17 울리히 벡은 근대화와 산업화 결과 파국적 환경재난과 위험이 일상화된 사회를 '위험사회'라 규정했다. 또한 근대성에 내재된 성찰성에 기반한 새로운 근대화를 통해 낡은 근대성을 재구성함으로써 생태적 위기가 극복될 수 있다고 보았다. 관련된 논의를 담은 대표적인 저서로 『위험사회』(2006, 새물결), 『정치의 재발견』(1998, 거름) 등이 있다.

18 문순홍. (2006). "제3장 성찰적 재귀성과 생태근·현대화론. 정치생태학과 녹색국가", 아르케, p.113.

19 Bündnis 90/Die Grünen. (2020). "… to Respect and to Protect … Change Creates Stability", p.29.

20 같은 글, p.43.

21 환경윤리적 입장은 도덕적인 고려의 대상이자 권리의 주체로 볼 수 있는 대상을 범주별로 구분하여 다양하게 나누는데, 대표적으로 인간중심주의, 감각중심주의, 생명중심주의, 생태중심주의 등이다. 인간중심주의는 인간만을 도덕적 가치와 권리의 주체로 보는 입장이며, 감각중심주의는 감각을 지닌 존재들, 즉 동물에도 권리를 부여하는 입장이다. 생명중심주의는 생명을 지닌 존재 그리고 생태중심주의는 생물종이나 숲, 생태계 같은 전체 자연에까지 도덕적 가치와 권리를 부여한다.

22 Bündnis 90/Die Grünen. (2020). "… to Respect and to Protect … Change Creates Stability", p.11.

23 같은 글, p.11.

24 같은 글, p.24.

25 수압균열을 통한 석유, 가스 채굴법으로 지하수 고갈과 유독성 화학물질이 유출될 위험이 있다.

26 Ileana Grabitz und Fabian Reinbold. (2023). "Das kann man nicht bei Annalena Baerbock abladen", Zeit, Juni 17 ; https://www.zeit.de/politik/2023-06/steffi-lemke-heizungsgesetz-die-gruenen-umweltschutz-interview/komplettansicht

27 '더 많은 진보를 감행하다(Mehr Fortschritt wagen)'라는 연정합의문의 제목에서 볼 수

있듯이 '진보 연정'은 녹색당, 사민당, 자민당의 연립정부(신호등 정부)를 가리킨다.

6장 | 평화외교 정책

1 Volmer, Ludger. (2009). "Die Grünen: Von der Protestbewegung zur etablierten Partei - Eine Bilanz", C.Bertelsmann, p.204.

2 Otto, Christian. (2011). "Grüne Friedensprogrammatik in den Anfängen, in: Die Grünen und der Pazifismus", Tectum Verlag.

3 반전 평화운동과 녹색당의 관계에 대한 자세한 분석은 Becker-Schaum, Christoph. (2013). "Die Grünen und die Friedensbewegung" ; https://www.boell.de/de/demokratie/archiv-gruene-geschichte-friedensbewegung-1983-16647.htm

4 Klein, Markus & Flater, Jürgen. (2003). "Der lange Weg der Grünen", C.H.Beck.

5 Otto, Christian. (2011). "Grüne Friedensprogrammatik in den Anfängen, in: Die Grünen und der Pazifismus", Tectum Verlag.

6 녹색당의 유럽연합 정책에 관해서는 이 책의 9장 참조.

7 1992년부터 사민당은 유엔의 일원으로서 독일군의 해외 파병에 찬성하는 입장이다.

8 독일군 투입에 대한 미국의 압력과 긴급한 결정 과정에 대해서는 Wolfrum, Edgar. (2013). "Deutsche Beteiligung ohne UN-Mandat?", in: Rot-Grün an der Macht: Deutschland 1998 - 2005, C.H.Beck.

9 타게스샤우와 뉴욕타임즈의 보도 내용에 대해서는 같은 책 "NATO-Luftschläge".

10 2002년의 새로운 강령에 포함된 코소보 전쟁에 관한 내용은 Klein, Markus & Flater, Jürgen. (2003). "Der lange Weg der Grünen", C.H.Beck.

11 당시 유럽의 독일어권 국가에서 독일군의 코소보 전쟁 개입을 비판하던 녹색당과 좌파 내 다양한 노선에 관해서는 Schmidinger, Thomas. (2019). "Wie vor 20 Jahren der Kosovo-Krieg die Linken und die Grünen entzweite", Der standard , May 23 ; https://www.derstandard.de/story/2000103137563/wie-vor-20-jahren-der-kosovo-krieg-die-linken-und

12 Habermas, Jürgen. (1999). "Bestialität und Humanität", Zeit, April 29.

13 Stifel, Andreas. (2018). "Vom erfolgreichen Scheitern einer Bewegung", Springer VS, p.116.

14 난민 정책에 관해서는 이 책의 7장 참조.

15 Bündnis 90/Die Grünen. (2021). "Deutschland. Alles ist drin"

16 녹색당의 선거 공약은 미리 발표된 예비 공약에 대한 당원들의 조정 신청을 받은 후 전당 대회를 통해 최종 논의와 표결을 통해 결정되었다.

17 나치 시대의 반성으로부터 탄생한 독일 기본법은 독일의 과거 헌법이 주권에 대한 내용에 서부터 시작했던 것과 달리, 인간 보편이 가진 권리에 대한 인정으로부터 시작한다. 독일 기본법 제1조는 인간 보편이 가진 권리를 독일과 독일 국민이 수호해야 한다고 밝힌다. 독 일의 기본법 제1조 1항은 "인간의 존엄은 불가침적이며, 이를 존중하고 보호하는 것은 모 든 국가 공권력의 의무이다"이고, 2020년에 만들어진 현재 녹색당 강령의 제목은 '존중 과 보호'이다.

18 Habeck, Robert. (2010). "Patriotismus: Ein linkes Plädoyer", Gütersloher Verlags- haus. 하벡은 2010년 『애국심: 좌파적 변호』라는 책을 통해 좌파 애국주의가 필요하다고 주장한 바 있다. 그는 이 책에서 자유 민주주의 국가의 가치와 공공성 같은 헌법에 대한 애국심을 주장한다.

19 당 공동대표와 원내대표 등을 역임했던 카트린 괴링-에카르트(Katrin Göring-Eckardt) 는 2020년 유엔 승인 없이도 독일군을 해외 분쟁 지역에 투입할 수 있도록 당의 정책을 변경해야 한다고 주장해서 당내에 논쟁을 불러일으켰다.

20 노드스트림2는 러시아의 국영 천연가스회사인 가즈프롬(Gazprom) 소유이며, 약 80억 유로가 투자된 사업이다. 따라서 노드스트림2에 대한 제재는 러시아에게 커다란 경제 손 실을 의미한다. 하지만 사민당과 올라프 숄츠 총리는 노드스트림2 제재에 대해 처음에는 매우 미온적인 태도를 보였다. 노드스트림2 사업을 추진한 것이 사민당이고 사민당 내부 에는 친러시아 성향의 정치인이 많았기 때문이다. 러시아 천연가스에 대한 독일의 의존도 가 높다는 현실적인 이유도 여기에 한몫을 했다.

7장 | 다문화 난민 정책

1 2018년 11월 베를린시는 3월 8일을 법정 공휴일로 지정했다. 독일은 연방제국가로 16개 주(3개 특별시 포함)정부는 독자적으로 주 의회와 주 헌법재판소를 운영하고 입법 과정 을 통해 공휴일을 지정할 수 있다. 세계 여성의 날을 공휴일로 제정할 당시 베를린은 사민 당, 녹색당, 좌파당이 행정부를 구성하여, 세 정당이 함께 법안을 제의했다. 기민당과 독일

을 위한 대안당은 이를 반대했지만 통과되었다.

2 국제주의 페미니스트* 연합은 2015년 베를린에서 결성됐으며, 교차적 페미니즘을 추구하며 여성*, 트랜스*로 정의하는 개인 및 단체를 연결하는 네트워크다. 이들에게는 3월 8일 세계 여성의 날뿐만 아니라 11월 25일 세계 여성폭력 추방의 날(International Day for the Elimination of Violence against Women)도 매우 중요한 투쟁의 날이다. 독일어에서는 여성, 남성, 중성으로 성을 구분하는데, 성별을 구분하지 않으려는, 혹은 모든 성별을 포함하려는 시도로 단어 뒤에 *를 표기한다. 여성 뒤에 *가 붙는 것은 시스 여성과 트랜스*을 포함하며, 트랜스*는 태어날 때 주어진 성별과 이후 정체화한 성별이 동일하지 않는 것으로 논바이너리, 트랜스젠더를 포괄하는 의미이다.

3 시스젠더(cisgender)란 자신이 사회에서 지정받은 성별(sex assigned at birth)과 본인이 정체화한 성별 정체성(gender identity)이 동일하거나 일치한다고 느끼는 사람을 뜻하는 단어다. 시스 남성은 자신이 태어날 때 지정받은 성별과 본인이 정체화한 성별정체성이 남성인 경우를 말한다.

4 1891년 만들어진 형법 제175조는 "자연을 거스르는 부당한 성행위는 그것이 남성들끼리든지 아니면 인간과 동물 사이의 것이든지 간에 감옥에 처하는 형벌을 받는다"고 명시했다. 나치 치하에서 처벌이 강화되면서 남성 동성애자는 최대 10년의 강제 노역에 처해졌다.

5 독일의 기본법 제3조 3항은 "누구든지 자신의 성별, 가문, 인종, 언어, 고향과 출신, 신앙, 종교적 또는 정치적 견해 때문에 불이익을 받거나 우대받지 아니한다. 누구라도 장애를 이유로 불이익을 받지 아니한다"고 규정한다. 차별금지법 제정 요구가 있기 전까지 독일에서는 이 기본법 평등 조항을 전제로 노동법, 공공서비스 부문 공무원직장협의회법과 연방공무원법, 사업장협의회법 등 개별 법률로 차별을 금지한다. 창당 초기부터 녹색당은 개별적 차별금지가 아닌 사법 영역에서의 평등대우를 목적으로 하는 차별금지법 제정을 요구했고, 2000년 유럽연합이 반차별 지침을 제정하면서 독일도 차별금지법을 반드시 도입해야 했다.

6 유럽연합의 양성평등에 관한 규정 및 권고안에 관한 자세한 설명은 박명준. (2006). "최근 제정 발효된 독일의 일반적 동등대우법(차별금지법)", 『국제노동브리프』 4(9), pp.69~75.

7 성선(난소, 정소)이나 성염색체, 성호르몬, 성기 가운데 하나 또는 다수가 일반적으로 분류되는 여성/남성 특질과 다르게 태어난 사람으로 '간성'이라고도 한다.

8 당시 독일에서 한 해 간성으로 태어난 아이는 150~340명에 달했다.

9 논바이너리란 여성과 남성으로만 구분되는 젠더 이분법에 저항하며 만들어진 용어로, 본

인을 여성 또는 남성으로 제한하여 정체화하지 않은 사람들을 말한다.

10 스웨덴 2012년, 덴마크 2014년, 몰타 2015년, 아일랜드 2015년, 노르웨이 2016년, 벨기에 2018년, 아이슬란드 2019년에 제3의 성을 법적으로 인정했다.

11 앙겔라 메르켈의 난민 수용 정책에 따라 2015년 9~12월 사이 독일로 유입된 난민 수는 50만 명에 달했다. 대부분이 시리아, 이라크, 아프가니스탄에서 내전을 피해 탈출한 사람들이었다. 2015년 한 해 동안 독일이 수용한 난민은 총 89만 명이었다.

12 2021년 기준 독일 연방의회 각 정당별 이민자 배경 의원 비율(이민자 배경 의원 수/총 의원수)은 좌파당 18.8%(13/69), 녹색당 14.9%(10/67), 사민당 9.8%(15/153), 자민당 6.3%(5/70), 기민/기사당 연합 2.9%(7/246)이다.

8장 | 농업 정책

1 2022년 기준 공식 명칭은 연방식품농업부(BMEL: Bundesministerium für Ernährung und Landwirtschaft)이다. 역대 연방정부 농업 담당 부처의 기능과 명칭은 정부에 따라 다르고, 각 주의 농업 담당 부처의 명칭과 기능 또한 조금씩 다르기 때문에, 필요한 경우 이외에는 편의상 연방정부 및 주 정부의 농업 및 식품 정책 담당 부처를 통칭하여 '농업부'라 썼다.

2 독일 연방식품농업부(BMEL) (2021). "The Ministry's history since 1949"; https://www.bmel.de/EN/ministry/history/history_node.html

3 Gerlach, S., Kropp, C., Spiller, A. & Ulmer, H. (2005). "Die Agrarwende, Neustrukturierung eines Politikfeldes. BMBF-Forschungsprojekt 'Von der Konsumwende zur Agrarwende?'", Diskussionspapier no.10, pp.3~5.

4 Feindt, P. H. & Ratschow, C. (2003). "Agrarwende: Programm, Massnahmen und institutionelle Rahmenbedingungen", BIOGUM, Univ. Hamburg.

5 같은 글, pp.6~7.

6 같은 글, pp.14~15.

7 같은 글, pp.16~17.

8 기본법은 독일의 헌법을 가리킨다. 독일의 기본법은 수시로 개정되어 처음으로 제정된 1949년 이후 현재까지 60회 이상 개정되었고, 가장 최근의 개정은 2020년 9월 29일에 이뤄졌다(2022년 4월 기준).

9 Feindt, P. H. & Ratschow, C. (2003). "Agrarwende": Programm, Massnahmen und institutionelle Rahmenbedingungen. BIOGUM, Univ. Hamburg, pp.12~14.

10 독일 연방식품농업부(BMEL) (2021). "Organic Farming in Germany", p.16.

11 Feindt, P. H. & Ratschow, C. (2003). "Agrarwende": Programm, Massnahmen und institutionelle Rahmenbedingungen. BIOGUM, Univ. Hamburg, p.5.

12 Gerlach, S., Kropp, C., Spiller, A. & Ulmer, H. (2005). "Die Agrarwende, Neustrukturierung eines Politikfeldes. BMBF-Forschungsprojekt 'Von der Konsumwende zur Agrarwende?', Diskussionspapier no.10, pp.6~10.

13 Leopold, S. (2021). "Bundestagswahl: Agrarpolitik für 42 Prozent der Wähler wichtig", Agrarheute, Juli 13 ; https://www.agrarheute.com/politik/bundestagswahl-agrarpolitik-fuer-42-prozent-waehler-wichtig-583292

14 크리스퍼 유전자 가위는 특정 유전자 염기서열을 절단하는 기술 중 하나로, 기존의 유전자 조작 기법에 비해 간편하고 정교하게 유전자 편집하는 기술로 평가받는다. 기존의 GMO 작물은 박테리아를 인위적으로 식물에 넣어 외부 유전자를 삽입하는 방식으로 개발되었는데, 그 과정에서 의도되지 않은 외부 유전자 유입 가능성 때문에 안전성에 대한 비판이 있었다.

15 베를린, 함부르크, 브레멘(Bremen), 브란덴부르크, 작센(Sachsen), 작센-안할트, 슐레스비히-홀슈타인, 헤센 등.

16 Theile, M. (2021). "Lohnt sich nicht", Zeit Online, September 21 ; https://www.zeit.de/2021/38/agrarpolitik-die-gruenen-landwirtschaft-bio-bauern-landespolitik/komplettansicht

17 같은 글.

18 농업미래위원회(ZKL). (2021). "The Future of Agriculture - A common agenda", p.34.

19 같은 글, p.35~36.

20 독일 연방환경청(UBA: Umweltbundesamt). (2021). "Indicator: Nitrate in groundwater", December 14 ; https://www.umweltbundesamt.de/en/data/environmental-indicators/indicator-nitrate-in-groundwater

21 독일 연방환경청(UBA). (2015). "Threats to biodiversity", September 24 ; https://www.umweltbundesamt.de/en/topics/soil-agriculture/ecological-impact-of-farming/threats-to-biodiversity

22 농업미래위원회(ZKL). (2021). "The Future of Agriculture – A common agenda", p.37.

23 Junge, S. (2021). "Wachsen oder Weichen – Deutsche Landwirtschaft im Strukturwandel", Bpb, January 21 ; https://www.bpb.de/themen/umwelt/landwirtschaft/325872/wachsen-oder-weichen-deutsche-landwirtschaft-im-strukturwandel/

24 Lehmann, N. (2021). "Warum Bauern die Ampel-Koalition nicht fürchten müssen", Agrarheute, October 20 ; https://www.agrarheute.com/politik/bauern-ampel-koalition-fuerchten-muessen-586475

25 DZ Bank. (2020). "Deutsche Landwirtschaft unter Druck", p.18.

26 Junge, S. (2021). "Wachsen oder Weichen – Deutsche Landwirtschaft im Strukturwandel", Bpb, January 21 ; https://www.bpb.de/themen/umwelt/landwirtschaft/325872/wachsen-der-weichen-deutsche-landwirtschaft-im-strukturwandel/

27 농업미래위원회(ZKL). (2021). "The Future of Agriculture-A common agenda", pp.24~25.

28 BDL, BDP, BVE, DBV, DRV, DLG, IVA, LSV, VLK, ZVG. (2021). "Klares Bekenntnis zum Zukunftsstandort Deutschland", Juni 30 ; https://www.bauernverband.de/topartikel/klares-bekenntnis-zum-zukunftsstandort-deutschland

29 식품환경은 개인의 식생활에 영향을 미치는 물리적, 사회문화적, 경제적, 정치적인 환경을 가리킨다. 예를 들어 학교 내 탄산음료 자판기의 설치 여부가 학생들의 설탕 섭취에 영향을 미칠 수 있는데, 이 경우 자판기는 학생들의 설탕 섭취에 영향을 미치는 물리적인 식품환경에 해당한다.

30 농업미래위원회(ZKL). (2021). "The Future of Agriculture – A common agenda", pp.100~107.

31 Iser, J. C. (2022). "Eine 'Hausfreundschaft', für die Agrarwende", Zeit Online, January 18 ; https://www.zeit.de/wirtschaft/2022-01/landwirtschaft-cem-oezdemir-steffi-lemke-agrarwende

32 Jungjohann, A. (2019). "Governing Ecologically: How Germany's Green Party leverages its influenceto promote ecological modernisation", Heinrich Böll Stiftung.

9장 | 유럽연합 정책

1 녹색당의 평화외교 정책에 관해서는 이 책의 6장 참조.

2 녹색당의 기후정치에 관해서는 이 책의 2장 참조.

3 '미래를 위한 금요일' 시위와 독일 녹색당의 선전에 대해서는 이 책의 1, 2장 참조.

4 2019년 유럽의회 선거에서 독일의 높은 투표율에 대해서는 Bukow, Sebastian. (2019). In Heinrich Böll Stiftung, Europawahl in Deutschland. pp.8~12.

5 유럽의회의 전신은 1952년 유럽석탄철강공동체(European Coal and Steel Community)의 탄생과 함께 만들어진 공동의회(Assembly)다. 유럽석탄철강공동체는 프랑스와 독일을 중심으로 서유럽 국가들의 석탄 및 철강 시장의 공동 관리를 목적으로 만들어졌다. 철강은 당시 중공업의 핵심 원료였으며, 석탄은 폭 넓게 사용되는 주요 에너지원이었기 때문에 공동 관리 시장의 탄생은 경제적으로 의미가 컸다. 뿐만 아니라 석탄과 철강의 수요가 전쟁을 위한 군수 산업의 동향을 파악할 수 있게 한다는 점에서 전범국이던 서독의 군사적 움직임을 감시하면서 서유럽 국가 사이의 새로운 동맹 관계를 형성하려는 목적도 있었다. 여기에 포괄적인 유럽 경제 공동체의 형성을 목적으로 맺어진 1957년 로마 조약(Treaty of Rome)과 함께 유럽경제공동체(European Economic Community)와 유럽원자력공동체(EURATOM)가 만들어졌고, 공동의회는 유럽의회로 이름을 바꾼다. 1967년 유럽석탄철강공동체, 유럽경제공동체, 유럽원자력공동체를 포함하여 이들과 함께 만들어진 다양한 기구들이 하나로 통합되면서 유럽공동체가 탄생한다. 1993년 마스트리히트 조약과 함께 유럽공동체는 유럽연합이라는 새 명칭을 사용하였고, 경제공동체 뿐 아니라 통화 및 정치공동체를 추구하게 된다.

6 유럽 단위의 환경운동 연대가 유럽 녹색당까지 이어지는 역사적 흐름에 대해서는 Schmidt, Frithjof. (2004). In Heinrich Böll Stiftung, Die Grünen in Europa. pp.49~57.

7 에코로파의 탄생과 독일 녹색당의 관계에 대해서는 https://www.boell.de/de/2019/03/15/von-bruessel-nach-bonn-die-gruendung-der-spv-die-gruenen-und-die-europawahl-von-1979

8 기민당의 정치인이었던 헤르베르트 그룰은 1975년 『약탈당하는 행성』이라는 저서를 통해 독일 환경운동의 주요 인물로 떠오른다. 그는 경제 성장 이데올로기와 소비를 중심으로 하는 현재 체제가 환경 문제의 원인이라고 주장했으며, 이를 극복하기 위해서는 전 지구적 변화가 필요하다고 주장했다. 그는 유럽의 이민 정책에 반대했으며 국가 단위의 문

화적 동일성을 중요시한 보수주의자였다. 그룹은 독일 녹색당의 탄생에도 중요한 역할을 했지만, 녹색당에서 좌파 세력이 중요 자리를 차지하자 1981년 탈당한다.

9 유럽공동체에 대한 페트라 켈리의 이상과 활동에 대해서는 Camp, Robert. (2004). In Heinrich Böll Stiftung, Die Grünen in Europa. pp.12~29.

10 녹색당의 평화주의가 분단 시기 독일에서 가졌던 정치적 의미에 관해서는 이 책의 제6장 참조.

11 1989년과 1994년 유럽의회 선거 녹색당 공동 선언문에 대한 분석을 통한 유럽 녹색당의 입장 변화에 대해서는 Becker-Schaum, Christoph. (2012). In Heinrich Böll Stiftung, Grünes Gedächtnis. pp. 74~76.

12 유럽의회에서는 직선제 실시 이후 초기에는 독일 사민당이나 영국 노동당, 프랑스 사회당 으로 대표되는 사회당 그룹(Party of European Socialists)이 가장 큰 원내교섭단체를 차지하고 있었지만, 1999년 이후부터는 독일 기민당이나 영국 보수당(브렉시트 이전까 지)으로 대표되는 유럽 인민당-유럽민주당 연합(European People's Party-European Democrats)이 가장 큰 원내교섭단체를 구성하고 있다. 이외에도 각국 자유당 연합의 교 섭단체나, 좌파당 연합의 교섭단체, 유럽연합에 반대하는 국가주의 세력의 교섭단체 등 이 유럽의회에서 활동하고 있다.

13 1993년 덴마크 코펜하겐에서 열렸던 유럽이사회는 '코펜하겐 기준(Copenhagen crite- ria)'을 마련하고 기존의 사회주의 진영에 속했던 중부와 동부 유럽 국가들을 유럽연합의 회원국으로 적극 수용하기 위한 세 가지 기준안을 마련한다. 이후 유럽연합은 동유럽 국 가들과 다양한 협력 관계와 협상을 통해 점차 동유럽 국가들을 회원국으로 승인할 준비 를 한다. 그리고 2004년 체코, 헝가리를 포함한 10개국이 새롭게 유럽연합 회원국이 되었 으며, 2007년에는 불가리아, 루마니아가 회원국이 된다. 가장 최근에는 2010년 크로아티 아가 회원국이 되어 현재 유럽연합 회원국 수는 총 27개이다. 동유럽 국가의 유럽연합 가 입과정에 대해서는 강원택, 조홍식. (2009). 『하나의 유럽』, 서울: 푸른길. pp.102~107.

14 독일은 제2차 세계대전 패전 이후 승전국이었던 미국, 영국, 프랑스, 소비에트연방의 관리 체제에 들어간다.

15 독일의 통일과 유럽연합 탄생의 연관성에 관해서는 강원택, 조홍식. (2009). 『하나 의 유럽』, 서울: 푸른길. pp.90~92 ; https://www.bpb.de/themen/deutschlandar- chiv/176187/die-europaeische-union-voraussetzung-des-vereinigten-deutsch- lands/

16 베를린 장벽 붕괴와 통일 과정에서 서독 녹색당의 입장과 당내 분위기는 https://www.

boell.de/de/2015/09/23/das-wetter-vor-25-jahren-die-gruenen-und-die-wie-dervereinigung

17 마스트리히트 조약에 대한 인준 절차는 각국의 법에 따라 이루어졌다. 대부분의 국가는 의회에서 조약을 인준했으며 국민투표를 통해 인준한 대표적인 국가는 덴마크와 프랑스 다. 덴마크에서는 첫 투표에서 50.7%의 반대로 비준이 부결되었다가, 유럽연합 참여 조건의 일부 조정 이후 재투표를 통해 56.8%의 찬성으로 조약이 통과되었다. 프랑스에서는 56.8%의 찬성으로 조약이 비준되었다.

18 독일 통일과 동서 녹색당의 합당 과정은 이 책의 6장 참조.

19 동독 녹색당은 동독 시절 반정부 시민운동 인사들의 연합체인 '동맹 90'과 연합을 이루고 있었다. 서독 녹색당과 합당 이후 녹색당의 공식 명칭은 동독 선거연합의 명칭을 따랐지만, 여전히 독일 녹색당을 부르는 일반적 명칭은 이전과 동일하게 '녹색당(Die Grünen)'이다.

20 1997년 일본 교토에서 열린 기후 변화 협약 제3차 당사국 회의에서 채택된 의정서이다. 유럽연합을 포함한 선진국의 온실가스 감축 목표를 규정한다.

21 당시 유럽연합 회원국은 영국을 포함해 15개 국가였다. 하지만 2004년에만 10개국의 가입이 결정되었고, 그 후에 3개국이 새롭게 가입했지만 영국이 탈퇴하면서 2022년 기준 유럽연합의 회원국 숫자는 27개이다.

10장 | 정당 내 민주주의 정책

1 16개 주 중에서 베를린, 함부르크, 브레멘은 주이면서 동시에 시이기도 하다. 주 의회 선거의 경우 브레멘만 4년에 한 번씩 주 의회 선거를 실시하고, 기초의회 선거의 경우 바이에른 주만 6년에 한 번씩 기초의회 선거를 실시한다.

2 독일의 행정 구조는 수직적으로 연방(Bund), 주(Land) 또는 도시주(Stadtstaat), 현(Regierungsbezirk), 군(Kreis)/군급시(Kreisfreie Stadt), 게마인데(Gemeinde) 5개로 나뉜다. 녹색당은 주/도시주를 대표하는 주 녹색당, 현과 군/군급시를 대표하는 기초 지역당, 게마인데 단위를 묶는 지역 모임으로 구성된다.

3 연방 당대표 2인과 사무총장, 총무, 부 당대표 2인으로 구성된 6인의 대표진을 말한다.

4 1985년 헤센 주에서 녹색당은 사민당과 첫 주 연립정부 구성을 시작으로 브란덴부르크 (1990년), 니더작센(1990년), 브레멘(1991년), 헤센(1991년) 주에서 연립정부에 참여했

다. 1993년 구동독 녹색당과 구서독 녹색당의 합당에 따른 첫 강령 개정에서 녹색당은 현실 정치의 책임을 감내하는 실용적인 개혁 정치를 하겠다고 발표했는데, 이때 많은 근본주의자 그룹의 당원들이 녹색당의 현실주의와 사회정의(Soziale Grerechtigkeit) 후퇴를 비판하며 탈당했다.

5 2022년 말 기준 녹색당의 당원수는 12만 5,737명이다. 이로써 10만 명을 넘는 당원을 보유하는 정당은 사민당(약 37만 9,861명), 기민당(37만 1,986명), 기사당(13만 379명), 녹색당 총 4개 정당이 되었다(연방통계청 2022).

6 빌리 브란트는 23년간 사민당의 당수(1964-1987년)이면서 베를린 시장(1957-1966년), 연방외무부 장관(1966-1969년), 연방총리(1969-1974년)를 역임했으며, 앙겔라 메르켈 또한 18년간 기민당의 당수(2000-2018년)이며 연방총리(2005-2021년)였다.

7 초기 녹색당은 수평적인 당내 조직 문화를 만들기 위해 당대표 또는 운영위원장이라는 명칭이 아닌 대변인(Sprechern)라 칭하고 3인 대변인(대표)을 선출했다.

8 1991년 노이뮌스터(Neumünster)에서 열린 전당대회를 시작으로 2000년 칼스루에와 2002년 브레멘 전당대회에서도 겸직금지제 폐지를 두고 대의원 투표를 진행했지만 3분의2 이상 찬성을 얻어내지는 못했다.

9 최고후보는 일반적으로 정당별 정당명부 1위를 차지하는 후보자를 가리킨다. 원칙적으로 선거 이후 집권할 경우 가장 중요한 직위를 맡는데, 그동안 기민당과 사민당은 최고후보가 곧 총리후보가 되었다. 최고후보는 정당의 선거운동을 이끄는 중요한 인물로, 보통 소수정당의 경우도 선거 후 정부에 참여하는 경우 가장 중요한 부서 중 하나에 배정된다.

10 주 의회 선거와 기초의회 선거의 투표권/피선거권 연령은 각 주별 선거법에 따라 상이하다. 브란덴부르크(2011년), 브레멘(2011년), 함부르크(2013년), 슐레스비히-홀슈타인(2013년) 4개 주의 경우 주 의회 선거에서 16세부터 투표권을 부여하며, 기초의회 선거에서는 니더작센(1995년), 작센-안할트(1998년), 슐레스비히-홀슈타인(1998년), 메클렌부르크-포어포메른(1999년), 노르트라인-베스트팔렌(1999년), 베를린(2005년), 브레멘(2007년), 브란덴부르크(2011년), 함부르크(2013년), 바덴-뷔르템베르크(2013년), 튀링엔(2014년) 11개 주에서 16세부터 투표권을 부여한다.

11 2019년 기준 기민당의 평균 당원 연령은 61세로 가장 높고, 기사당 60세, 사민당 60세, 좌파당 55세, 기민당 51세이다(연방통계청 2021).

12 연정 협상 과정에서 사민당, 자민당, 녹색당은 기존의 하르츠IV 정책을 보안하는 시민수당을 지급하기로 합의했지만, 결과적으로는 장기실업자에게 지급되는 금액은 449유로였다. 이것은 실업자에게 매월 지급되는 기존 실업급여에서 단 3유로만 인상된 것이었다.

모두를 위한 녹색정치
정책으로 본 독일 녹색당

2024년 1월 31일 초판 1쇄 발행

지은이   김인건, 박상준, 손어진
펴낸이   천소희
편집   박수희

펴낸곳   열매하나
등록   2017년 6월 1일 제25100-2017-000043호
주소   (57941) 전라남도 순천시 원가곡길 75
전화   02.6376.2846 | **팩스** 02.6499.2884
전자우편   yeolmaehana@naver.com
인스타그램   @yeolmaehana

ISBN   979-11-90222-33-4 93340

이 도서는 아모레퍼시픽의 아리따글꼴을 사용하여 디자인되었습니다.

이 도서는 한국출판문화산업진흥원의 '2023년 중소출판사 출판콘텐츠 창작 지원 사업'의 일환으로 국민체육진흥기금을 지원받아 제작되었습니다.

 삶을 틔우는 마음 속 환한 열매하나